평창
두메산골
50년

Fifty Years of the Pyeongchang Remote Mountain Villages

Return to Bongsanri and Yongsanri

HAN Sang-Bok

Photos by HAN Sang-Bok and EOM Sang-Bin

송천 용산교 삼거리에 세워진 수하리(도암댐)와 용산리(용평, 알펜시아 리조트)
도로 표지판. 2009. 3. 26

평창 두메산골 50년

다시 찾은 봉산리와 용산리

1960-2010

한상복 지음
엄상빈 사진

눈빛

한상복(韓相福) 1935년생으로 서울대학교 사회학과 학사 및 석사, 미국 미시건주립대학교에서 인류학 박사 학위를 받았다. 서울대학교 문리대 고고인류학과 및 사회대 인류학과 교수, 미국 스탠포드대학교 객원교수 및 일본 유구대학 객원연구원을 역임하였고, 현재 서울대학교 인류학과 명예교수로 있다. 주요 저서로는 『인류와 문화』(편저 1976), 『한국인과 한국문화』(편저 1982), 『한국 농촌의 사회문화적 변화에 관한 인류학적 연구』(공저 1990), 『한국의 낙도 민속지』(공저 1992), 『중국 연변의 조선족』(공저 1993), 『Life in Urban Korea』(공저 1971), 『Korean Fishermen』(1977), 『Asian Peoples and Their Cultures』(편저 1986), 『Water Supply and Sanitation in Korean Communities』(공저 1988), 『Traditional Cultures of the Pacific Societies』(공편저 1990) 등이 있다.

엄상빈(嚴湘彬) 1954년생으로 강원대학교 사대에서 수학을, 상명대학교 예술·디자인대학원에서 사진을 전공했다. 1980년부터 20년간 고등학교에서 교편을 잡았으며, 퇴직 후에는 상명대학교 등에서 사진을 가르쳤다. 주요 저서 및 사진집으로는 『Mt. Mckinley』(대성출판사 1988), 『히말라야 안나푸르나 팡』(광명출판사 1993), 『청호동 가는 길』(도서출판 일 1998), 『생명의 소리』(눈빛출판사 2006), 『학교 이야기』(눈빛출판사 2006), 『들풀 같은 사람들』(눈빛출판사 2008) 등이 있다. 「개발지구」(1987) 등 10회의 개인전을 열었으며, 다수의 단체전 및 기획전에 참여했다.

한국의마을·어제와오늘·1

평창 두메산골 50년

한상복 지음 | 엄상빈 사진

초판 1쇄 발행일 —— 2011년 7월 6일

발행인 —— 이규상

편집인 —— 안미숙

발행처 —— 눈빛출판사

　　　　　서울시 마포구 상암동 1653 이안상암 2단지 506호

　　　　　전화 336-2167 팩스 324-8273

등록번호 —— 제1-839호

등록일 —— 1988년 11월 16일

편집 —— 성윤미·김은정

출력·인쇄 —— 예림인쇄

제책 —— 일광문화사

값 18,000원

그 마을이 거기 있었을까

「한국의마을·어제와오늘」 총서를 펴내며

박 현 수
20세기민중생활사연구단 단장

20세기 한국 민중이 겪은 사회나 문화의 변화는 공자가 본 전국시대 중국의 풍속 변화보다 폭넓었으며, 스펜서나 마르크스가 지켜본 혁명시대 유럽의 사회 변화보다 훨씬 더 깊고 격렬하였다. 세계사의 한복판에 있었음에도 불구하고 가까운 옛날의 우리 조상과 우리 이웃들은 어디까지나 역사 없는 사람들이었다. 우리의 지식과 학문은 수입한 개념과 이론, 그리고 자료에 의존한 나머지 우리의 이웃을 우리 눈으로 살피어 우리 학문을 꾸며 내지 못하였다. 그러면서 인문학이 빈사 상태에 빠졌다고 호소하며 인문학의 상품가치를 설득하는 모습을 보게 된다. 역사의 민주화 없는 인문학 살리기가 가능한 일일까. 그것이 가능하다면 그 인문학은 과연 무엇을 위한 학문이며, 그것을 살려 내어 어디에 쓸 것인가.

일찍이 계몽시대 유럽의 한 선비도, 역사가들은 손가락으로 꼽을 만큼의 인물들 이야기를 가지고 역사를 편찬하고 있다고 비난한 바 있다. 이제 우리는 역사 없는 수많은 이웃들을 역사의 주인공으로 내세워야 한다. 가까운 시대를 중요시하는 것이 원근법의 원리에도 맞는 것이다. 통치나 지배보다는 일상의 생활을 먼저 알아내야 한다. 의식하기 어려울 만큼 너무나 당연한 사실들이 눈에 띄는 돌출적 사건보다 중요하다. 당연히 외부자의 눈보다는 그 시대를 겪고 그 사회를 살았던 내부자의 눈을 더 중요시해야 할 것이다. 이러한 인식을 떠나 역사를 민주화할 수 없으며, 인문학을 살려 낼 수 없다.

개발이라는 이름으로 우리의 과거와 그 자취를 말살하는 반달리즘에 맞서서 지키고 증언하는 일은 한시도 미룰 수 없는 이 시대 지식인의 사명이다. 가까운 시대, 가까운 사람들의 가까운 생활을 어떻게 볼 것인지 따지는 방법론적 담론에 앞서, 그것들이 어떠했는지 기록하고 보존하는 사실 발견적 작업이 역사를 민주화하는 데 필요한 과정이다. 크고 시급한 시민적 사명에 비하면 하찮은 일일지 몰라도, 이러한 일을 수행하면 이른바 인문학은 빈사 상태를 벗어나는 정도가 아니라 힘들지만 확실하고 유일한 바탕을 마련할 것이다.

이러한 인식을 바탕으로 2002년에 결성된 20세기민중생활사연구단은 그러한 거대한 과제를 위한 조그만 출발을 고할 수 있게 되었다. 날마다 사라져 가는 지난 백 년의 민중생활 자취를 기록하고 해석하여 한국 현대사를 새롭게 구축함으로써, 역사를 민주화하고 새로운 인문학의 토대를 구축한다는 것이 이 조직이 내건 기치였다. 기존 학문 체계의 벽을 허물고 백 명이 넘는 소장학도들이 여기에 참여하였다. '민중생활사의 기록과 해석을 통한 한국 근현대사의 재구성'과 '가까운 옛날'이라는 제목의 과제를 수행한 연구단은 10여 개의 대학·학회 등으로 컨소시엄을 구성하여 연구와 조사를 실험하게 되었다.

현재의 위치와 목적지를 연결하면 거기에 길이 나타난다. 흔히 각 학문은 주어진 방법론을 바탕으로 목적과 목표를 설정하지만 민중생활사의 경우는 그 당위성과 목적이 방법론을 규정할 수밖에 없다. 20세기민중생활사는 오늘에서 어제로 가는 여행이며, 오늘을 알기 위해 어제를 출발하는 여행이다. 역사학에 준거하는 연구 작업은 이런 목적을 세울지라도 문헌자료 탐색과 그 사료 비판에 얽매어 기존 연구 성과를 벗어나기 어렵다.

민중생활사는 그 자체의 연구를 방해하는 문헌자료로부터 자유스러워야 한다. 추체험(追體驗)을 통한 문헌자료보다 직접 체험이 보여주는 구술자료가 더욱 중요하다. 역사를 표방한 연구보다 결코 덜 믿음직하지 않은 동시대 작가들의 소설을 활용해야 한다. 무한한 내용을 품고 있는 옛날 사진은 가까운 옛날에 관해 많은 것을 이야기한다. 기록을 의도하지는 않았지만 어쩔 수 없이 한 시대의 정경들을 감추지 못하는 영화 필름은 문헌 사료들보다 더욱 적절한 자료가 될 수 있다.

정해진 레시피에 따라 주어진 재료로 요리할 처지가 못 되는 만큼, 민중생활사 작업의 현단계는 들판에 나아가 이삭을 줍는 일이었다. 방대한 양의 이삭들은 디지털 방식으로 집성되었지만 그 일부분은 종이에 인쇄된 책들로 간행되었다. 46명의 이름 없는 민중들이 살아온 한평생 이야기들을 받아 적은 46권짜리인 「한국민중구술열전」, '장삿길 인생길' 등 6권으로 된 「20세기 한국민중의 구술자서전」, 3권의 '어제와 오늘'을 포함하는 6권의 「사진으로 기록한 이 시대 우리 이웃」 등이 대표적 간행물이다. 그 밖에 전라북도 화호리 마을에 관한 기록집과 영화나 소설을 이용한 민중생활사 연구 사례집도 의미 있는 연구 결과물이라고 할 수 있다.

가까운 옛날로 거슬러 올라가는 것은 고향을 찾아가는 일이다. 시간이라는 차원과 공간이라는 차원이 서로 독립적인 것이 아님을 우리는 민중생활사 연구 작업을 통해서도 보게 되었다. 자취와 증거들은 날마다 사라져 간다. 고향이 사라지면서 어제도 사라져 간다. 고향은 이제 아무 데도 없다. 있는 것은 고향이 아니라 향수다. 그런데 농촌 마을 아닌 고향을 생각할 수 있을까. 고향이라는 관념은 농촌 마을이라는 실체와 도시생활이라는 실체 사이에서 존재한다. 정착 농민의 고향은 떠돌이 노마드가 거쳐간 숙영지가 아니다.

한국 방송 역사상 최장수 드라마였다는 '전원일기'는 농촌에 마을이 존속하고, 그것이 마을 떠나 도시로 간 사람들의 정서적 상실감을 보상해 줄 수 있는 시기의 드라마였다. 그것이 방영을 시작하고 끝을 낸 시기가 각각 1980년과 2002년이었다. 산업별 취업자 통계에서 농림수산업 취업자가 3분의 1(34%)로 떨어지던 해에 시작하여 12분의 1(8.4%)로만 남게 된 해에 끝난 셈이다.

농촌 마을은 이제 역사적 존재가 되었다. 고향과 동의어가 될 수 있는 20세기 산업화, 도시화 시대의 마을 모습은 민중생활 연구를 위해 반드시 기록되어야 할 대상이다. 그것은 나아가 국가의 역사 또는 세계사 구축의 토대가 될 것이다. 백 년 전 러시아의 '자드루가' 또는 '미르'라 불리던 농촌 마을들은 얼마 전 한국 농촌의 마을과 다름없이 하나하나가 조그만 세상이었다. 전 세계가 이미 하나의 연결망으로 엮이게 되었다. 모든 개인이 직접 연결되는 네트워크 시대에 해체 위기에 처한 마을을 살핀다는 것은 무엇을 의미할까. 흔히 문명 또는 국가가 아니면 개인이 역사 서술의 기본 단위가 되었지만, 지역사회나 공동체 또는 마을이라는 단위의 중요성은 세상의 여러 문제를 해결하는 단서로서 마을의 역사가 새삼 주목을 받고 있다. 그러나 더욱 중요한 사실은 마을이 결코 개인과 국가를 연결하는 고리에 그치지 않는다는 것이다. 독자적인 단위인 마을의 민중생활사는 또한 민족지(에트노그래피)와 역사 기록(히스토리오그래피)의 단순한 결합에 그쳐서는 안 된다. 양자는 하나로 통합된 모습으로 나타나야 할 것이다.

이러한 시각에서 그동안 진행된 민중생활사의 성과를 바탕으로 우리는 마을 단위의 생활사를 시도하게 되었다. 어제로부터 오늘에 이르는 생활의 변화를 살피자면, 어제와 오늘을 한 사람의 눈으로 살피어 같은 기준으로 비교하는 것이 바람직하다. 그런데 다행스럽게도 우리는 이러한 연구 조건을 충족시킬 수 있게 되었다. 지금부터 사오십 년 전 한국 인류학이 소년기에 들어설 무렵, 여러 신예 학도들이 인류학이 발달시킨 집중적 조사방법으로써 한국의 여러 취락을 조사, 기록해 둔 것이다. 그때 장기적으로 머물며 살폈던 마을들, 전기를 모르던 산골의 벽지 마을, 전라도의 평야 마을, 경상도의 비산비야 농촌마을, 한반도 남반부의 중심에 위치한 대표적 농촌마을, 그리고 전라도 남해의 반농반어 섬마을이 조사된 바 있었다. 뿐만 아니라 충청도 철도변에 새로 생긴 소도시와 서울 청계천 옆의 판자촌도 집중적으로 조사된 바 있으며. 오일장들을 도는 장꾼들을 따라 다니며 시장들로 연결되는 마을들의 무리를 살핀 경우도 있었다. 이제는 노년기에 들어선 이들 여덟 사람이 사오십 년 만에 직접 다시 그 마을들을 찾아 세월에 따라 달라진 생활과 문화를 살피어 기록하였다.

마을 단위의 생활사는 개인의 일생을, 그들의 어깨를 누르는 세계사의 무게로써 설명하고 세계 역사를 개인의 생애 위에서 구축하는 데 기여해야 한다. 그동안 20세기민중생활사연구단은 민중의 '생애담'도 몇몇 엘리트의 '전기'와 마찬가지 비중을 가진 자료로서 다루었지만 이번의 기획에서도 마을 보통사람들의 역사로써 구성하려 한다.

「한국의마을·어제와오늘」이라 이름한 이번 작업은 다양한 마을들을 재방문하여 전통적 민족지 연구에 시간의 깊이를 부여하고, 기존 역사 서술 방식에 총체론적 구조 개념을 부여한 시도라고 할 수 있다. 그러나 이것은 민중생활사 작업의 습유(拾遺)에 그치는 것이 아니다. 역사의 민주화와 인문학의 새로운 출발을 위해 이제 마악 시작된 민중생활사 작업의 작은 마무리인 동시에 화룡점정이어야 할 것이다.

같은 뜻으로 함께 모여 열정적으로 실험적 기획을 실현하여 주신 한상복, 최협, 김광억, 박종렬, 전경수, 유명기, 이덕성 님께 깊이 감사드린다. 포토그래피와 에트노그래피의 협동 가능성을 증명하여 주신 사진가 엄상빈, 전미숙, 신기선, 황인모 님께도 감사드린다. 무엇보다도 이 총서가 조사연구에 협조해 주신 여러 마을 어른들께 조그만 선물이라도 되었으면 좋겠다. 우리의 작업이 품고 있는 가치와 어려움에 대한 이해를 바탕으로 느린 작업 속도를 참아 준 눈빛 출판사 가족들이 참으로 고마웠다.

지난해 이른 봄, 일찍부터 평창의 두메산골을 기록한 한상복 선생님은 이번 재조사를 위해 집을 비운 사이에 부인께서 쓰러지시는 어려움을 겪게 되었다. 부인께서 내일이라도 벌떡 일어나시기를 빈다.

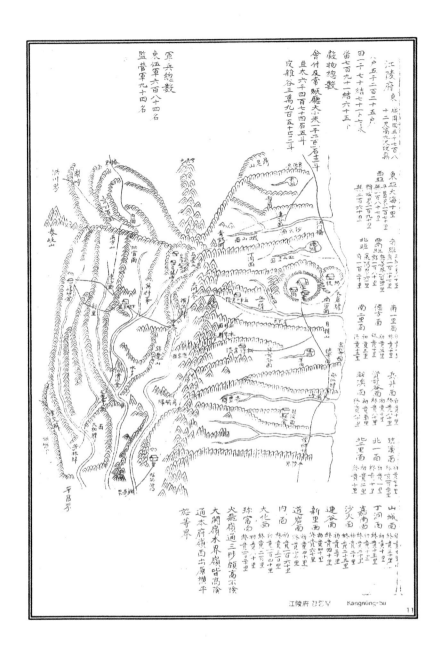

백두대간·대관령·횡계역·도암면·진부면 위치와 지지가 기록된 『해동지도』 강릉부(자료: 『해동지도』, 조선시대 영조 연간, 작자 미상, 규장각 도서)

머리말

　이 책은 한국의 대표적 두메산골 마을인 강원도 평창군 진부면 봉산리와 대관령면 용산리 사람들의 50여 년에 걸친 생활양식과 그 변화를 실증적으로 조사연구해서 글과 사진으로 기록한 것이다. 1959-60년에는 두 마을이 모두 행정구역으로는 평창군 도암면에 속해 있었다. 그 당시 두 번의 단기(2-3일) 탐색조사와 한 번의 장기(40일)간 여름철 현지조사를 했고, 다음 해에 단기 보충 추가조사를 했다. 그 조사는 나의 독자적인 첫 번째 인류학적 현지조사였다. 그 뒤 반세기가 지난 2009-10년에 같은 마을을 8계절에 걸쳐 10여 차례 단기간의 현지조사를 계속해서 50년 동안의 연속과 변화를 확인하였다. 이 시기에는 행정적으로 봉산리가 진부면에 속해 있었고, 용산리는 대관령면에 속해 있었다.

　50여 년 전에는 두 마을이 모두 벽지 산촌이었다. 그러나 봉산리가 용산2리보다 더 오지였다. 반세기가 지난 뒤에도 봉산리는 여전히 두메산골로 남아 있었다. 하지만 용산리는 벽지 산촌이라는 말이 어울리지 않게 달라져 있었다.

　조사연구의 목적과 방법, 조사지역 선정 이유 및 현지조사 경위는 제1장 조사연구의 배경에서 비교적 상세하게 밝혔다. 이 책의 주요 내용은 크게 두 편으로 나누어져 있다.

　첫째 편은 50년 전의 조사지역 환경과 역사 및 주민생활의 여러 측면을 비교적 상세하게 다룬 민족지(民族誌, ethnography) 기록이다. 그 대부분이 나의 대학 졸업논문과 대학원 석사논문 및 전문학회지에 발표했던 연구보고서와 논문들을 약간 수정하고 보완한 것이다. 옛날의 원자료를 이번에 정리하여 새로 쓴 내용은 가족·친족·혼인·교육·생활권·외부 사회와의 관계 등이다.

둘째 편은 지난 50년 동안의 변화를 추적 조사하여 연속과 변화를 기록한 것이다. 우선 50년에 걸친 연속극의 주요 장면과 변화를 일으킨 주인공·계기·사건 등을 밝혔다. 그리고 첫째 편에서 다룬 내용 하나하나가 어떻게 남아 있고 변했는가를 기술하였다. 반세기 전에 두 마을에 살다가 외지로 나간 사람들의 근황과 특성을 알아본 다음, 강릉과 부산까지 찾아가서 고향 떠난 사람들의 생활사를 추적했다. 50여 년의 파노라마를 통해 연속과 단절과 변화를 정리한 것은 이번 조사연구의 결과였다.

50여 년 전 이 조사연구를 처음 시작할 당시 나는 군복무를 마치고 서울대학교 문리과대학 사회학과 2학년 학생으로 복학하여, 이해영 교수 연구실에서 연탄난로 불을 돌보면서 공부하고 있었다. 그분의 영향으로 인류학에 관심을 가지게 되었고, 나의 산촌 보충 추가조사에 그분을 모시고 갔었다. 그분의 지도로 대학 졸업논문과 대학원 석사논문을 썼다. 그 뒤에도 나는 계속해서 학문과 인생의 지도를 그분한테서 받아왔다. 이 작은 조사연구 결과에도 그분의 여운이 깃들어 있다고 확신한다.

이번 현지조사 연구를 가능하게 지원해 준 20세기민중생활사연구단과 영남대학교 문화인류학과 명예교수 박현수 단장께 고마운 뜻을 전한다. 50년 전의 현지조사 연구는 부모님과 숙부님의 재정 지원으로 이루어졌다. 그 당시와 현재의 두 마을 사람들 특히 전 현직 이장과 반장을 비롯하여 귀중한 자료를 제공해 주신 분들, 그리고 마을을 떠나 외지에 살면서도 조사연구에 적극적으로 협조한 고향 떠난 분들의 배려가 없었더라면 이 조사연구는 불가능했을 것이다. 그 모든 분들께 감사를 드린다. 각종 통계와 문헌자료를 제공해 준 면사무소·초등학교·군청·교육청·문화원 그리고 이번 현지조사 연구 초기에 여러 가지로 편의를 제공해 준 강원대학교 인류학과 김세건 교수, 대학원생 손윤정 양으로부터 많은 도움을 받았다.

첫 번의 현지조사에는 후배 소설가 이철구가 동행하였고, 이번 현지조사에는 사진가 엄상빈 선생이 함께했다. 두 분께 감사를 드린다.

50년 전의 흑백사진은 필자가 찍은 것이고, 이번의 컬러 사진은 대부분 엄상빈 선생이 촬영한 것이다. 그는 나의 본문 원고를 꼼꼼히 읽고 사진과 그림의 선택을 도와주었다. 뿐만 아니라, 50년 전과 후의 내 현지 노트 기록, 편지, 스케치, 여러 종류의 조사표와 문서의 자료 처리과정 등을 사진으로 처리하여 덧붙이는 아이디어를 제공해 주었다.

저자와 사진가의 손을 떠난 본문·지도·그림·표·사진 일체의 원고를 넘겨받아 전문출판의 노하우를 바탕으로 이 한 권의 책으로 꾸며서 펴낸 눈빛출판사 이규상 대표와 안미숙 편집장께 고마운 뜻을 밝힌다. 끝으로 이 조사연구를 진행하고 이 책을 집필하고 출판이 끝나도록 병상에서 한 번도 깨어나지 못한 아내에게, 그리고 그동안 견디기 어려운 시간을 보낸 손녀에게, 나도 가슴 옥죄이는 고통을 함께 겪으면서 드디어 한 가지 일을 끝냈다는 소식을 전하고 싶다.

2011년 6월 15일
한상복

차례

둘째 편, 두 마을이 겪은 50년의 변화 1960-2010

일러두기

1. 이 책에 수록한 흑백사진은 한상복 선생이 1960년 현지조사시 촬영한 것이며, 컬러 사진은 대부분 사진가 엄상빈 선생이 2009-2010년에 걸쳐 촬영한 것이다. 일부 협조 받은 사진과 자료사진은 사진설명에 촬영자를 밝혔다.

2. 이 책에 이름과 함께 표기된 현재 연령은 모두 2010년을 기준으로 하였다.

3. 현지 거주자의 구술 및 증언은 어법과 표기법에 맞지 않더라도 모두 현지음에 따라 채록 인용하였다. 농기구와 농작물의 표기 등도 현지음에 따라 표기하였다.

4. 주거지와 경작지의 면적을 나타내는 단위의 표기는 모두 평수(1평=3.3m^2)로 표기하였으며, 거리를 나타내는 단위인 '리'는 모두 미터법으로 고쳐 표기하였다.

1. 조사연구의 배경

1. 조사연구의 목적과 분석단위 및 방법

현재의 강원도 평창군 진부면 봉산리(鳳山里)와 대관령면 용산2리(龍山二里)는 반세기 전(1960)에 내가 현지조사 연구를 했던 발왕산 골짜기의 두 마을이다. 그 연구는 내가 평생 처음으로 행한 나 자신의 독자적인 현지조사 연구였다. 그 당시 나는 대학 재학 중 군복무를 마친 서울대 사회학과 학부생으로 문화인류학에 관심을 가지고 있었다. 당시의 연구 목적과 분석단위를 그대로 옮기면 다음과 같다(한상복 1964a:133−134).

사회인류학에 있어서 현지조사의 목적은 인간 사회의 관행에 대하여 정확하고 의미 있는 일반법칙을 찾아내는 데 있고, 그 목적을 달성하는 방법은 보통 전체 관련적(총체적) 방법에 기초하여 상이한 사회 유형을 상당수 비교하는 것이다. 한국 사회의 전체적인 구조를 파악하는 데 있어서 필자는 편의상 몇 가지의 가상적인 연구영역을 설정해 보았다. 즉 제1영역으로 비교적 고립된 상태로 남아 있는 사회를 잡고, 이것을 다시 산촌과 섬마을의 연구영역으로 세분하며, 제2영역으로는 농촌 사회의 연구, 제3영역이 도시 사회의 연구이다. 이것은 물론 시간의 추이를 고려하여 동시대의 수평적(공시적) 연구와 역사적인 수직적(통시적) 연구를 아울러 해야만 될 것이나, 개인적인 능력과 조사연구의 재정적 여건으로 말미암아 부득이 장기간의 계속적인 연구과제로 두고 1959년부터 우선 제1영역의 제1부로서 산간 촌락의 조사에 착수하였던바 그 결과의 일부를 여기에 보고하고자 한다.

이 조사에서는 분석단위를 전체로서의 한 촌락으로 규정하고 그것의 하위단위로서 가족과 개인의 행동을 보았다. 앞서 사용한 '고립'이라는 말은 분석단위인 촌락

<사진 1-1> 1960년 현지조사 노트 세 권.

이 다른 외부의 지역사회와 지리적으로 격리되어 있고, 동질적이며, 경제적으로 자급적이고, 사회 조직이 촌락 내에 중층적으로 누적되었다는 것, 촌락의 성원들이 전통적으로 행동한다는 것 등에서 추상한 것이다. 그러나 엄밀한 의미에서 볼 때 이 촌락은 문자 그대로 완전히 고립된 사회라고는 말할 수 없다. 그 촌락 자체가 한국이라는 전체 사회의 일부요, 국가의 법률과 정치에 의해서 지배되며, 한국의 역사와 전통을 공유하고 있는 한 그것은 독립적인 전일 사회가 아니라 수평적으로나 수직적으로나 의존적인 사회라 할 것이다. 다만 그것의 정도에 따라 이와 같은 용어법을 사용했다는 것을 밝혀 둔다.

조사연구 방법은 관찰과 질문을 주로 하는 질적인 인류학적 현지조사 방법과 양적인 사회학적 통계 분석 방법을 병용하였다. 특히 현지조사에서 관찰하고 질문할 항목들을 빠뜨리지 않도록 미리 조사 내용을 대·중·소 항목으로 분류해 목록을 작성하고 현지조사 과정에서 항상 지니고 다니면서 활용하였다(부록, 산촌조사 관찰·질문 항목 참조). 그리고 통계 자료가 필요한 인구학적 내용, 토지 소유, 수입과 지출 등의 내용에 대해서는 질문지를 작성하여 가구주를 대상으로 전수조사를 실시하였다. 질

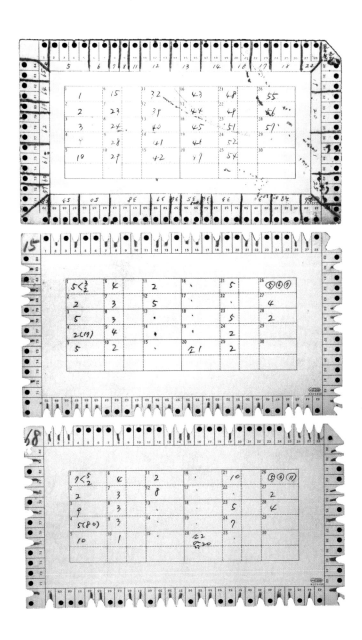

〈사진 1-2〉 조사표 질문 응답 자료의 부호화 지침 맥비 카드.
〈사진 1-3〉 질문 응답 자료의 부호에 따라 펀칭을 끝낸 응답자 15번 카드.
〈사진 1-4〉 질문 응답 자료의 부호에 따라 펀칭을 끝낸 응답자 68번 카드.

문지의 응답 내용은 편집과 부호화 과정을 거쳐 맥비 카드(McBee Key Sort Card) 분류법에 따라 통계 처리되었다.

그 뒤로 반세기가 지난 2009-10년 현재의 이번 조사연구 목적과 분석단위 및 방법도 50년 전의 것과 크게 다르지 않았다. 다만 과거에 내가 조사연구했던 두메산골 마을과 가족 및 개인들이 지난 반세기(1960-2010) 동안에 어떻게 변했는가를 밝히고, 현재의 상황을 조사연구하여 50년 전과 비교함으로써 공시적·통시적 연구를 시도해 보는 것이 이번 조사연구의 목적이었다. 이번 조사연구의 분석단위도 반세기 전과 마찬가지로 마을·가족·개인이었다. 그러나 조사연구 방법은 주민들의 생활현장 관찰과 그들과의 비형식적인 면접 및 각종 문서들을 조사 확인하는 인류학적 현지조사 방법을 주로 쓰고, 질문지에 의한 계량적 방법은 사용하지 않았다. 봉산리와 용산2리의 가구수와 인구수가 통계 처리를 할 수 없을 정도로 감소했기 때문이었다.

2. 왜 봉산리와 용산2리를 선정했는가

봉산리와 용산2리를 조사연구 지역으로 선정한 데에는 다음과 같은 몇 가지 조건들이 고려되었다. 첫째, 1959년 당시 봉산리는 강원도에서뿐만 아니라 한국 전체에서도 제일가는 오지 중의 오지 두메산골이었다. 그렇다면 왜 오지의 고립 사회를 조사연구 대상으로 선정했는가? 도시에서 멀리 떨어진 두메산골이나 고립된 섬마을에는 급속히 사라져 가는 우리의 오랜 전통문화와 생활관습이 상대적으로 많이 남아 있을 것이라고 생각했기 때문이었다. 특히 봉산리는 한국의 산악을 대표하는 태백산맥의 발왕산(發旺山, 1,458m)과 박지산(博芝山, 일명 두타산 1,391m) 및 두루봉(1,225m)에 둘러싸여 있어서 서울-강릉 옛 길이나 현재의 영동고속도로 역촌(驛村)인 진부와 횡계에서 20킬로미터 이상 떨어진 외딴 마을이다. 1970년대에 새마을사업으로 평창군 진부-신기리-박지산 굴아우-봉산리-정선군 구절리를 연결하는 포장도로가 건설되기 전에는 봉산리에서 진부·횡계·구절리 어디를 가나 20킬로미터 이상을 걸어야 했다. 지금도 봉산리는 외부와의 접촉이 거의 단절된 오지 중의 오지이며, 휴대전화도 통하지 않고 눈이 쌓이는 겨울 한철에는 외부와의 차량통행이 불가능하기 때문에 외부 사회와의 소통 및 왕래가 어려운 형편이다.

둘째, 용산2리는 서울에서 강릉으로 가는 구 도로에서 10킬로미터 안팎의 거리에 있어 한국의 일반 산촌에 비하면 오지이긴 하지만, 봉산리와 비교하면 상대적으로 외부와의 접촉이 쉽고 빈번하며 변화의 속도와 정도가 커서, 두 마을의 비교연구가 가능하다고 판단되었기 때문에 이 마을을 연구대상 지역으로 선정했다. 실제로 현재 횡계에서 용산2리로 들어가면 마을 입구에 1975년 개장된 한국 제일의 용평스키장 슬로프들이 발왕산 북사면에 전개되어 있다. 1985년에는 대중 골프장이 개장되었고, 1999년에는 용평스키장에서 동계 아시아 스키대회가 열렸다. 2009년에는 용산 1리에 알펜시아 스키장 리조트를 추가로 완공하고 국제스키연맹 스키 점프대회를 개최하였다. 그리고 2018년 동계올림픽을 이곳으로 유치하기 위한 국가 차원의 준비 작업이 현재 진행 중에 있다. 이처럼 용산2리의 변화 속도와 정도는 봉산리와 큰 대조를 이루고 있다. 이 두 마을의 변화를 한국의 고립된 섬마을 어촌과 농촌 및 도시와 비교하면 더 큰 차이를 발견할 수 있을 것으로 확신한다.

셋째, 이 지역을 선정하여 조사연구하는 데 있어서 나는 특별한 편의를 가지고 있었다. 대학에 다닐 때 매년 겨울방학 정이월에 대관령 횡계에서 문리대 산악회의 회원들이 십여 일씩 민박을 하면서 스키를 타는 동안에 그 지역 주민들과 친하게 되었고, 그들의 생활방식에도 익숙해졌다. 따라서 비교적 장기간에 걸쳐 그 지역 마을 주민들과 친밀한 관계를 유지하면서 인류학적 현지조사 연구를 할 수 있는 조건이 자연스럽게 형성되었다.

3. 현지조사·추적조사 연구의 경위

현재의 태백산맥 발왕산 남쪽 골짜기인 평창군 진부면 봉산리와 북쪽 골짜기인 평창군 대관령면(과거의 도암면) 용산2리를 내가 처음 찾아간 것은 1959년 2월이었다. 오대산 등산을 마치고 월정사를 거쳐 강릉-서울 국도변에 있는 도암면 유천리(楡川里)의 면사무소 앞 국밥집에서 우연히 흰 바지저고리를 입고 머리를 길게 땋아 뒤로 늘어뜨린 스무 살 안팎의 한 청년을 만났다. 그 당시 나는 현지조사 대상지역으로 벽지 산간마을을 찾고 있는 중이었다. 그 청년의 차림새가 마치 조선시대 보통사람의 복색처럼 보였다. 어디서 왔느냐고 물었더니 '봉두곤'이라고 했다. 그 마을이 바로 강원도에서도 가장 오지 중의 오지로 알려진 평창군 도암면 봉산리의 한 자연부락이라고 했다.

바로 그 다음 날 아침 나는 유천리를 떠나 걸어서 횡계리를 경유하여 봉산리로 향했다. 점심 나절이 되어서야 발왕산 북쪽 기슭에 있는 용산2리 돌암(도암)에 도착했다. 발왕산 남쪽 기슭의 봉산리로 넘어가는 마지막 동네였다. 지금의 용평스키장 리조트에서 2킬로미터 이상 더 올라간 곳에 '돌암'이라는 자연부락이 있고, 그 마을에 김수진(당시 36세) 이장이 살고 있었다. 그 집에서 점심을 먹고 봉산리로 간다고 했더니 지금은 갈 수가 없다고 이장이 말렸다. 해발 1천 미터 이상의 발왕재를 넘어가야 하는데 눈이 허리까지 쌓여서 갈 수가 없다는 것이었다. 눈길이 아니더라도 한나절은 더 걸리는데, 눈 속을 뚫고 가려면 하루 종일 걸어도 못 간다고 말했다. 겨우내 쌓인 눈 때문에 길도 확인할 수 없다고 했다. 그래서 12월부터 4월까지 다섯 달 동안은 돌암과 봉두곤을 왕래하는 사람이 하나도 없다는 것이었다. 눈구덩이에 발을 헛디디거나 눈보라를 만나면 흔적도 없이 눈 속에 묻힐 것이고, 굶주린 멧돼지나 곰을 만나면 그것들의 밥이 되기 일쑤라 도저히 못 간다고 위협까지 하면서 만류했다.

그러나 당년 24세의 청년 대학생은 모험을 단행했다. 등산 장비로 가지고 다니는 지도·나침반·전지가 있었고 비상식도 갖추고 있었다. 마을 끝자락부터는 발자국 하나 없는 해발 1천 미터 이상의 발왕재 눈길을 한나절 내내 걸었다. 산속의 겨울 해는 무척 짧았다. 발왕재를 넘어 발왕산 남쪽 골짜기로 내려서자 어스레하게 땅거미가 시작되었고, 얼마 못 가서 이내 어둠이 앞을 가렸다. 불빛을 따라 봉산리 발왕골의 한 외딴집에 들어간 것은 밤 아홉 시가 지나서였다. 처음엔 집주인 박봉화(당시 45세) 이장이 나를 수상한 사람으로 의심했지만, 나의 신원이 밝혀진 다음에는 내게 후한 대접을 해주었다. 그래서 첫 번째의 탐색조사를 하게 됐다.

그 다음 해 1960년 3월, 도암면 횡계리 지르메산 슬로프에서 2주 동안 문리대 산악회 스키 합숙을 마치고 두 번째의 탐색적인 예비조사를 위해 용산2리를 거쳐 봉산리를 또 한 번 다녀왔다. 그리고 그해 여름방학에는 「산촌조사 관찰·질문 항목」과 「산간촌락 조사표」를 준비한 다음, 문리과대학 사회학과 주임교수 최문환 선생의 추천을 받아 문리과대학장 이희승 선생 명의로 된 「학술조사 협조 의뢰」 공문을 받아 가지고, 7월 20일부터 8월 30일까지 친구였던 소설가 이철구(당시 23세)와 함께 40일 동안 봉산리와 용산2리에서 현지조사를 하면서 자료를 수집했다.

〈사진 1-5〉 응답자 68번 용산2리 간동 김수진 씨의 「산간촌락 조사표」.
〈사진 1-6〉 대학 졸업논문. 1961. 7.

현지조사 기간 동안에는 두 마을 이장 댁에 묵으면서 마을 사람들과 똑같이 날마다 아침·점심·저녁에 주식으로 감자만 먹고 지냈다. 거의 3주가량 지났을 무렵 봉산리 이장 댁에서 아침상을 받고 이철구는 얼굴을 찌푸리더니 들었던 숟가락을 놓고 밖으로 나갔다. 내가 식사를 마칠 때까지도 그는 들어오지 않았다. 밖에 나가 집 주변을 샅샅이 찾아보아도 그는 보이지 않았다. 점심때가 다 되어 돌아온 그의 사연은 간단하지 않았다. 그날 아침에도 감자 한 사발을 또 받고 울음이 복받치더라고 했다. 그때 문득 머리에 떠오른 것이 며칠 전 4킬로미터쯤 떨어진 곳에 있는 농가에서 면접조사를 하다가 우연히 보았던 시렁 위의 국수였다고 했다. 그래서 곧장

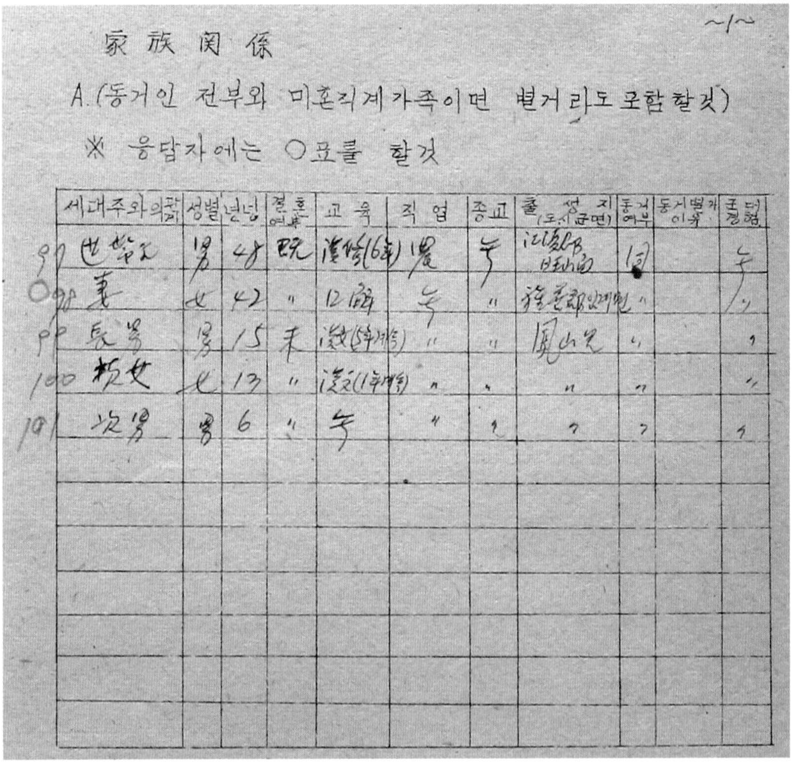

〈사진 1-7〉 봉산리 봉두곤 응답자 15번 최기영 씨의 「산간촌락 조사표」 가족관계 자료.

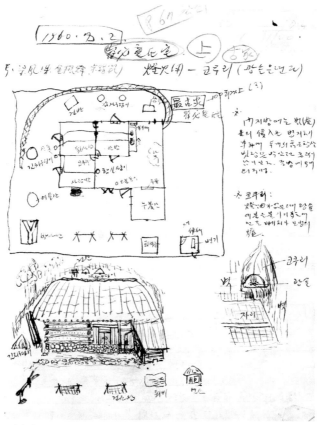

〈사진 1-8〉 봉산리에서 가장 오래 된 최필용 씨 주택 평면도와 스케치.
1960. 8. 2

그 집까지 달려가서 돈을 드리겠으니 국수를 삶아 달라고 해서 국수 한 그
릇을 먹고 왔다는 것이었다.

　우리는 봉산리 마을 사람들을 따라 진부장에도 함께 갔고, 민의원(民議
院)과 참의원(參議院) 의원 선거투표소에도 마을 사람들과 함께 갔으며,
도암면사무소와 용산국민학교에 함께 가서 필요한 자료를 얻기도 했다.
그해 늦가을에는 봉산리 청년 다섯 사람이 토봉 꿀을 한 초롱씩 지고 문리
과대학으로 찾아왔기에 사회학과 이해영 교수 연구실에서 공부하고 있던

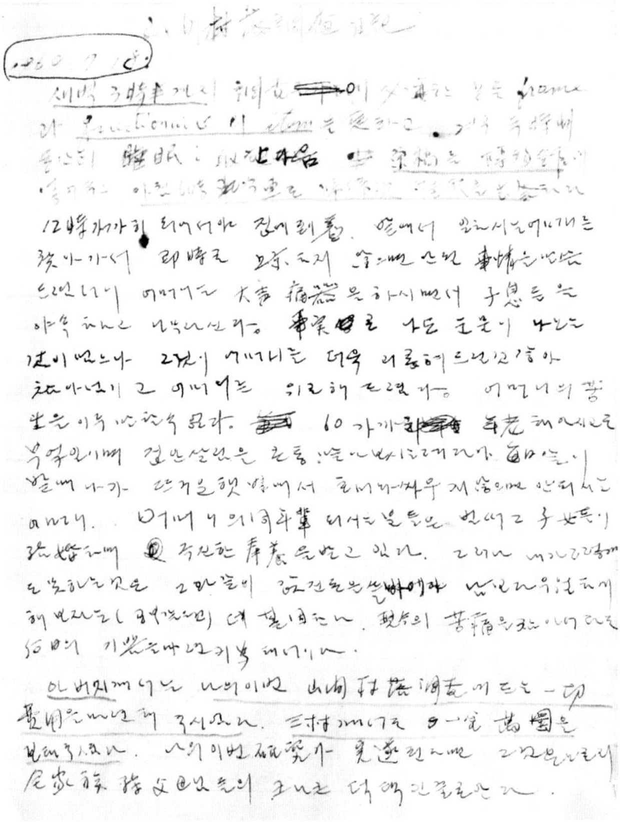

〈사진 1-9〉 현지 출발 직전에 작성한 산간촌락 조사일기. 1960. 7. 18

내가 교수님들께 꿀을 팔아 준 적도 있었다.

　1961년 8월에는 나의 지도교수였던 이해영 선생을 모시고 봉산리와 용산2리에 가서 4박5일 동안 보충 추가조사를 실시하였다. 봉산리와 용산2리 자료를 이용하여 나는 대학 졸업논문 「한국 산촌주민의 문화와 사회적 성격」(한상복 1961)과 대학원 석사논문 「한국 산간촌락의 연구」(한상복 1964a)를 이해영 교수 지도하에 썼다. 「한국 산촌주민의 의식주」(한상복 1964b)와 「한국 산촌주민의 의식(儀式)과 신앙」(한상복 1966)이라는 두 개의 논문, 그리고 잊을 수 없는 산과 산사람들에 대한 회고록의 하나로 「발왕산 계곡의 봉산 사람들」(한상복 1974)이라는 수필을 썼다. 그 밖에도 아직 분석과 정리가 안 된 현지조사 노트와 일지 등의 자료가 그대로 남아 있어 이번에 이용하였다.

1976년 8월에는 한국문화인류학회의 강원도 영서지방 민속종합조사지역 산촌의 하나인 정선군 북면 여량5리 조사를 마치고, 대학원생 유명기·정희두와 함께 구절리를 거쳐 걸어서 봉산리에 들렸다. 그 마을의 대표 어른격인 최기영 씨(당시 63세) 댁에서 하룻밤을 지내면서 16년 동안에 달라진 나 자신과 봉산리 사람들의 삶의 흔적을 서로 확인하였다. 그해 가을에는 또 최기영 씨의 장남 최종선(당시 30세, 2008년 작고)과 같은 마을 청년 세 명이 토봉 꿀을 가지고 와서 이번에는 인류학과 조교였던 대학원생 전경수가 서울대 교수들에게 꿀을 팔아 주느라고 큰 고생을 했다.

2007년 2학기에는 강원대학교 인류학과 김세건 교수가 대학원 강의 시간에 봉산리와 용산2리에 관한 나의 논문들을 학생들에게 읽히고, 11월 3일 한나절 동안 대학원생들이 직접 그 마을을 방문하여 관찰과 면접을 통해 1960년 이후 마을과 주민생활의 변화를 확인해서 보고서를 작성하여 제출하도록 했다. 현미선과 이재욱이 봉산리를 방문했고, 손윤정과 황현주는 용산2리를 방문 조사했다. 그들은 봉산리에서 이장(당시 53세)과 반장(당시 54세) 그리고 전직 봉산분교 여선생님(당시 65세)을 만나 인터뷰를 했다. 그 인터뷰 내용(현미선·이재욱 2007:5)에 따르면 "봉산리 이장님은 한복을 입고 있는 예는 전혀 없으며, 과거(1960년 조사 당시)에도 한복을 입고 (남자가) 머리를 기르지는 않았다며 논문(한상복 1964b)의 진실성 여부를 의심하실 정도로 강하게 부정하였다"라고 한다. 그들은 불과 몇 시간 동안의 관찰과 면접을 통해서 느낀 봉산리에 대한 인상을 다음과 같이 썼다(위의 인터뷰 내용 9쪽).

이장님께서 상투 틀고 짚신 신었던 과거 봉산리 주민 모습을 극구 부정하셨던 것에서 볼 수 있는 것처럼 봉산리는 이제 더 이상 '고립' 산촌이 아니다. 하지만 외부와의 접촉에 의해 영향을 받고 변화도 있겠지만 봉산리만의 독특한 문화는 계속 재생산될 것이다.

더 구체적인 봉산리 마을 주민들의 인터뷰 내용은 다음과 같다.

H(현미선): 그런데 이 조사보고서 보면 그 당시만 해도 남자들이 머리 길게 땋아서 하고 상투도 틀고 한복 입고 다녔다고 했는데….

J(손장수 이장): 이 조사가 실제적으로 나와서 이렇게 얼굴을 보고 조사를 한 것이 아니라 과장이 돼서 그런 거야.

L(이재욱): 여기 이분은 여기 살면서 조사하셨어요.

J: 과장돼서 그런 거야. 혹시 있긴 했었겠지. 한두 분. 그럴 리가 없지. 논문 잘 써야 돼요. 거짓말로 쓰면 안 되고. 그걸 써 가지고 여기 이렇게 썼다고 얘길 해주셔야 된단 말이에요. 과장이 되면은 이런 식이란 말이야. 남자가 머리 태가 있니 없니….

J: 이 글은 어디서 나온 거예요?

L: 서울대 한상복 교수라는 분이 육십년도에 봉산리에 들어와 가지고 한집 한집을 다 다니면서 조사한….

J: 그때 몇 년 됐어요? 올해.

L. 사십칠 년 전이죠.

J. 사십칠 년 전이면 내가 그때 어드메 있을 때야?

H. 그때 여기 사셨어요?

J: 그때 여 살았어요. 촌에 와 대학생들이 글 가르치고.

J2(전직 봉산분교 여선생님): 아니야.

J: 왜 아니야. 그때 맞지.

J3(김순남 반장): 육십년도면 이장이 다섯 살? 여섯 살 때나?

J; 내가 올해 쉰세 살 됐으니까내.

L: 그럼 그때 여섯 살 일곱 살 되셨겠네요.

J: 맞아요. 그 정도.

J2: 쪼그말 때 뭘 배웠다고요?

L: 학생들하고 같이 왔었어요?

J: 네. 왔었어요.

J2: 그때(1960년대 중반)는 이화여대 댕겼을 땐데.

J: 거긴 해마다 매년 왔댔지.

L. 아, 이장님도 여기서 태어나시고요?

J: (도리도리~).

L: 아, 그렇진 않으시고요?

J3: 내가 여 본토백이지.

L: 그럼 선생님처럼 이렇게 본토백이는 몇 분정도 있어요?

J3: 본토백이… 나 같은 본토백이는… (잠시 생각) … 크게 없네. 난 여기서 났어요. 아주 본토백이지.

용산2리에서는 반장 이길렬 씨(당시 56세) 부부와 이연종(당시 78세) 할머니를 만나 인터뷰를 했다. 손윤정과 황현주의 「용산2리 마을 주민 인터뷰 내용」(2007) 중에서 이연종 할머니와 이길렬 씨의 이야기를 여기에 차례로 옮기면 아래와 같다.

－(이연종 할머니께) 봉산리는?

봉산? 봉산이 어디나 하믄, 저 하얀 구름 띠 있는데 요쪽으로 마이 갈기 난 게 요렇게 나오잖어. 그 산…. 거서 큰 재를 넘어 가므능 그쪽 너머 한두 시간 가믄 거가 봉산리지. 봉산리 사람들이 일루 댕기미 선거하고 했는데, 글루 어디 갈 데가 없으니까 그렇지. 거도 다 도암면이니까 일루 왔지.

－봉산리에서 왜 용산리 쪽으로 왔는가?

그쪽이 이쪽 관리니까 일루 왔지.

－지금은 진부인데?

봉산이? 진부 됐다고? 그 밑으론 강릉 땅인데.

－용산리도 강릉?

아니. 여긴 원래에 평창군 땅이야. 면 이름은 도암면이랬는데 이제는 이름도 바꿔가지고 뭐.

－봉산리와 용산리 크기는?

아, 여게가 더 크지. 거게 뭐 집이 얼마 되지도 않아. 아주 요런 골짜구니 쪽 빠져 요렇게 올라가는데.

－용산리 인구는?

많았지. 여게는 용산리 안에만 여섯 개 반이랬댔는데, 이제는 마커… 이제는 합쳐서 두 개 반인가. 마커 떠나갔으니 뭐.

－스키장은?

스키장 들어오고도 꽤 오래까지 있었는데, 한집 두집 다 좋은 데로 가뿌리니… 뭐이 좋아요. 도로는 그깟여네꺼 안 들어와도 편하게 살면 좋지. 그 사람들 들어와 가지고 좋은 기 뭐….

–(이길렬 씨에게) 지금도 발왕재를 넘어 봉산리에 가는가?

지금에는 거길 안 가지 뭐요. … 옛날에는 선거를 하믄은 봉산서 발왕재를 넘어 가지고 아침에 일찍 넘어 가지고 고무신 신고, 두루마기 입고 봉산 사람들이 넘어 당기고…. 길이 반들반들했지요. 여기 사람도 넘어 당기고…. 우리 집에서 봉산 가는 그 길로 가면 한 네 시간이면은 됐다니까요. 옛날엔 눈이 왔다 하면 일 메다… 일 메다 오십… 이랬는데 뭐…. 이젠 우리 같은 사람이 한 번 구경 삼아 가면 갈지 몰라도… 이젠 나무가 엄청나게 커 가지고… 사람이 일부러 다니진 않죠.

2009년 1월부터는 20세기민중생활사연구단(단장 박현수)의 '한국의 마을–어제와 오늘' 연구과제의 하나로 지난 반세기 동안 발왕산 골짜기의 진부면 봉산리와 대관령면 용산2리 사람들의 생활상에 나타난 연속과 변화를 점검하는 현지조사를 내가 직접 실시하였다. 우선 1월 13일자로 이 연구과제에 관한 협조 요청 공문을 연구단장 명의로 평창군수, 진부면장, 대관령면장, 봉산리와 용산2리 이장들에게 발송하였다. 1월 19일에는 나 혼자 평창군 진부면사무소를 방문하여 이진호 총무계장의 협조로 봉산리 행정구역의 변화와 주민의 인구동태에 관한 자료를 수집하였다. 음력설 명절에 마을을 방문하려고 봉산리 손장수 이장과 전화로 상의했더니 겨울엔 세 집만 살고 있는데, 그들도 명절에는 자손들이나 일가친척을 찾아 밖으로 나가기 때문에 마을에 사람이 없다고 했다. 용산2리도 사정은 비슷했다.

하는 수 없이 설 지나고 2월부터는 강원대 인류학과 김세건 교수와 대학원생 손윤정 양(평창군 용평면 장평리 출신)과 함께 대관령면(옛 도암면) 사무소에 들러 김진용 총무계장과 최호영 면장의 도움을 받아 용산2리 행정 및 인구 자료를 얻고 용산2리 이길렬 반장을 만나 그동안의 변화에 대한 이야기를 들었다. 그리고 마을을 한 바퀴 돌아보았다. 김세건 교수와 손윤정 양은 그 뒤에도 조사지역 현장의 녹음자료를 문자화하는 일에 많은 시간과 노력을 할애하여 주었다. 특히 손윤정 양은 조사지역 인근인 평

〈사진 1-10〉 용산2리 전임 이장들과 함께 50년 전과 현재의 주민 대조 확인. 2009. 3. 25
〈사진 1-11〉 부녀회원들과 함께 50년 전의 사진첩 인물 확인. 2009. 3. 25

창군 용평면 출신이라 조사지역의 독특한 방언 녹음까지도 그대로 빠짐없이 기록해 주었다.

　진부면 거문초등학교에도 들려 정승환 선생께 필요한 자료, 특히 과거 20년(1978~98년) 동안 봉산분교장의 졸업생 통계 자료를 의뢰했다. 1주일 뒤에는 평창군청 이경식 감사기획실장(전 도암면장)과 고창식 평창문화원장을 면담하고 『평창군지』와 매년 발간하는 평창군 종합문화지 『노성(魯城)의 맥(脈)』, 그 밖의 역사·사회·민속에 관한 자료를 얻었다. 평창교육청 강남현 재산담당 및 이종진 인사담당 장학사들을 방문하여 폐교된 거문초등하교 봉산분교장과 용산초등학교 및 도성초등학교 원복분교장의 개교부터 폐교까지의 귀중한 문헌자료를 수집하였다. 이번에도 김세건 교수와 손윤정 양의 도움이 컸다.

　이상과 같은 마을 외부로부터의 개략적인 통계 및 문헌자료를 바탕으로 해서 3월부터는 20세기민중생활사연구단에서 소개해 준 사진가 엄상빈 선생과 함께 두 마을에 직접 들어가 이장과 반장들을 만났고, 주민들이 살아온 지난 이야기들을 들었으며, 생활현장을 관찰하면서 사진을 찍기 시작했다. 봉산리에서는 손장수(50년 전 조사 당시 5세) 이장을 한 번 만날 수 있었고, 김순남(50년 전 조사 당시 6세) 반장은 여러 번 만날 수 있어서 큰 도움을 받았다. 특히 여러 차례에 걸친 숙식을 김순남 반장 댁에서 제공하였다. 용산2리에서는 박영록(현재 31세) 이장과 그의 부친 박근선 씨(50년 전 조사 당시 20세), 그리고 이길렬 반장의 협조를 받았으며, 특히 그들은 우리가 마을회관에서 숙박할 수 있게 편의를 제공해 주었다. 3월 25일에는 영남대 박현수, 경북대 이덕성 두 인류학 교수가 조사지역을 방문하여 횡계리 황태덕장, 용평스키장, 용산2리 영농회를 참관하였다.

　그 뒤로는 사진가 엄상빈 선생과 함께 수시로 2~3일씩 두 마을을 단기간 여러 차례 방문하여 마을 사람들의 계에도 참여했고, 서낭당 제사도 함께 지내며, 농사의 파종과 이식, 비료 주기와 수확 현장까지 직접 관찰했다. 혼인식에도 하객의 일원이 되어 축하하고 사진 찍고 잔치음식을 함께 나누어 먹었다. 지금까지 대대로 살고 있는 마을 사람들, 가까운 인접지역 횡계, 유천, 진부로 이사 간 사람들, 그리고 강릉, 주문진, 홍천, 논산, 서울, 부산 등 먼 객지로 나가서 봉산리와 용산2리를 고향으로만 기억하며 살아가는 사람들을 대부분 확인하였다. 그들 중의 몇 분은 직접 방문하여 그동안 살아온 이야기를 듣고 사진을 찍었다.

대관령면 횡계리 독가촌(일명 전략촌)에서는 반세기 전 봉산리 현지조사 당시에 군 입대를 하게 되어 환송회를 해주었던 송재복 씨(60년 조사 당시 20세)와 최기수 씨(조사 당시 22세)를 몇 차례 만나 그동안에 지내온 이야기를 들었다. 그리고 지르메 양떼목장을 방문하여 대관령의 축산 및 관광사업에 관한 자료를 수집하였다.

강릉에서는 특히 반세기 전 용산2리 예비탐사 두 차례와 현지조사 20여 일 동안, 그리고 보충 추가조사 때 우리가 묵었던 이장 김수진 씨 댁의 장남 김원식 씨(조사 당시 16세)를 세 번 방문하였다. 첫 번째는 2009년 4월, 용산2리에서 있은 한 결혼식에서 김원식 씨를 만나 함께 강릉 자택으로

〈사진 1-12〉 박근선 씨 댁에서 돌암 서낭제 문서를 확인 중인 저자. 2009. 3. 31

가서 1박2일 동안 그 댁에서 숙식을 하며 그의 개인 생애사와 가족사 이야기를 들었다. 두 번째는 추석 직후 강릉시 사천면에 있는 안동 김씨 선산에서 김원식 씨의 일가 시향제를 참관하면서 사진가 엄상빈 선생이 사진을 찍었다. 세 번째는 2010년 10월에 그의 자택을 방문하여 보충 추가조사를 하였다.

또 용산2리에서 초등학교 2학년 때까지만 살다가 1967년 부산으로 이사 간 최헌길 씨(조사 당시 2세) 부부를 만난 일은 좀 특이하고 긴 사연이 있었다. 2009년 2월 어느 날 인터넷에 들어가 '강원도 평창군 도암면 용산2리'를 검색했더니 반갑게도 인터넷 사이트 〈글나라〉에 '아빠의 편지'라는 꼭지에서 「아빠의 고향」이라는 글을 찾았다. 거기서 필자는 자기의 고향에 대해 이렇게 썼다.

> 아빠의 고향은 강원도 벽촌이다. … 예전엔 아빠의 고향을 설명하려면 한참이 걸렸다. 강원도에다 평창군에다 도암면에다 용산에다 2리까지 붙여도 대부분 '거기가 어딘데?'라고 되물었기 때문이었다. … 그러나 지금은 서글프긴 해도 아빠의 고향은 간단하게 설명되고 쉽게 알아들을 수 있는 곳이 되었다. '강원도 횡계 근방에 있는 용평스키장' 하면 이야기가 끝난다. … 지금의 스키장이 바로 아빠의 고향이다.

2녀1남의 자녀들에게 쓴 '아빠의 편지'는 2001년 7월 21일부터 시작하여 2005년 1월 25일까지 24번 글에서 예고 없이 중단되었다. 글의 내용은 자기 자신과 부인, 그리고 자녀들 한 사람 한 사람에 대한 이야기와 친구·스승·가족·친족·고향 마을·초등학교에 대한 이야기들이었다. 글을 읽다 보니 눈물이 날 정도로 가슴이 찡한 경우도 많았고, 혼자 킬킬거리며 웃는 일도 적지 않았다. 마치 그 댁 식구들을 잘 알고 있는 것처럼 느껴지기도 했다. 그런데 그 뒤로 4년이 넘도록 그 편지는 한 번도 이어지지 않았다.

그래서 부인의 전자우편 주소를 찾아서 메일을 보냈다. 나 자신을 간단히 소개하고, 50년 전의 용산2리 현지조사와 이번의 조사연구 경위를 밝힌 다음, 필자 부부를 만나 용산2리와 부산 이야기며, 어렵고 힘들었던 일, 두 분이 이룬 성공담, 자녀들의 자랑스러운 모습, 고향 사람들과의 관계 등등 듣고 싶은 얘기가 많다고 썼다. 고맙게도 두 분이 답장을 했고 서울에서 한 차례, 부산에서 한 차례 직접 만나 최씨가 경영하는 큐라이트 신호전달기기 김해공장과 부인이 운영하는 사단법인 한국독서문화재단, '토끼와 옹달샘' 교육현장, 감천동 태극도 도무원을 참관하고, 용산2리 출신으로 부산에 거주하는 최씨들을 만나 참으로 귀중한 이야기들을 들었다. 편지도 이십 수차례에 걸쳐 오고 갔다.

2010년에도 이 보고서를 쓰면서 좀더 확인해야 할 사실과 부족한 자료를 보완하기 위한 보충 추가조사를 실시하였다. 1월 4일 서울에는 기상관측을 시작한 1907년 이후 100여 년 만에 하루 최대의 적설량 25.8센티미터의 눈이 내렸다고 다음 날 일간신문들이 대서특필하였다. 그런데 같은 날 하루 동안에 대관령에는 31.5센티미터의 적설량을 기록했다는 보도가 있었다. 대관령면 횡계리에서는 1월 16일부터 24일까지 눈꽃축제가 열렸고, 용산2리 박영록 이장이 축제 사진촬영을 도와주었다.

1월 20일부터 1박2일 예정으로 보충 추가조사를 위해 늘 그랬던 것처럼 우리 집 세 식구가 6시에 아침을 함께 먹고 나는 6시 반에 집을 나섰다. 중앙선 전철을 타고 가다가 양정역에서 내려 엄상빈 선생의 차로 한 시간쯤 달려 홍천 부근을 지날 때, 집사람이 나에게 넘겨준 휴대전화에서 신호가 울렸다. 딸의 전화였다. 어머니가 뇌출혈로 쓰러지셔서 구급차에 실려 보라매병원으로 가고 있으니 빨리 돌아오라는 내용이었다. 급히 병원으로 돌아갔으나 이미 의식은 없었고, 수술을 두 번이나 했는 데도 1년 반이 지나도록 아직 병세는 호전되지 않은 채 그대로이다.

9월 말과 10월 초에 걸친 기간에도 보충 추가조사를 하였다. 그때는 고랭지 감자와 배추 수확기로 한창 바쁜 시기였다. 용산2리 이장 댁 감자 수확 일꾼들은 강원도 동해시에서 집단으로 온 사람들이었다. 배추 수확 일꾼들은 전라남도 나주 사람이 밭떼기로 배추를 사서 나주 지역 일꾼들을 대관령으로 데리고 와서 장기간 배추를 수확하여 출하시키는 작업을 하고 있었다. 10월 1일에는 대관령 일대의 기온이 영하로 내려가서 밤에는 서리가 내리고 얼음이 얼었다. 다음 날에는 비까지 내린다는 일기예보가 있어 일꾼들이 새벽 세 시까지 수확과 출하 작업을 하고 있었다. 이틀 동안의 용산리 조사를 마치고 우리는 강릉의 김원식 씨를 방문하여 보충자료를 수집하였다.

12월 17-18일에는 58년째 한결같은 우정을 지켜 온 오승환 박사, 이영호 사장, 조화연 대표와 함께 오대산 월정사에 들렀다가 용산2리 용평스키장 리조트 콘도에 머무르며 용산2리 곧은골까지 둘러보고, 이길렬 반장의 아들인 충주대 졸업반 학생을 만나 앞날의 계획에 대한 이야기를 나누었다. 그리고 다음 날 횡계리와 대관령 선자령 일대를 답사하였다. 내가 처음 용산2리를 방문했던 것이 1959년 2월 오대산에 올라갔다가 월정사를 경유하여 내려온 직후였다. 51년이 지난 뒤에 또 오대산 월정사를 경유하여 용산2리에 와서 마무리 인터뷰를 했으니, 마치 어린 연어가 바닷가 연안 민물을 떠나 대양을 돌아보고 나서 나이 먹은 연어가 되어 다시 제 고향 출발지로 되돌아온 것 같은 느낌이 들었다.

끝으로 조사연구보고서 초고를 다 쓰고 나서 세 분께 보내어 논평과 수정 보완을 부탁드렸다. 우선 현지조사에 줄곧 함께 참여하여 사진을 촬영한 엄상빈 선생께는 사진 선택과 설명이 적절한지를 확인하고, 수정·보완할 것을 요청하여 만족스러운 사진편집 작업을 도움받았다. 둘째로 박현수 연구단장께는 조사연구보고서의 내용과 체제에 대한 검토를 부탁해 논평을 수용하고 반영하였다. 셋째로 부산의 최헌길 사장 부부께는 그들 자신과 가족의 사생활 내용 부분과 회사의 비밀 사항을 잘못 다루지 않았는가를 확인하여 수정 보완해 달라고 부탁드려 보내온 내용을 그대로 반영시켰다.

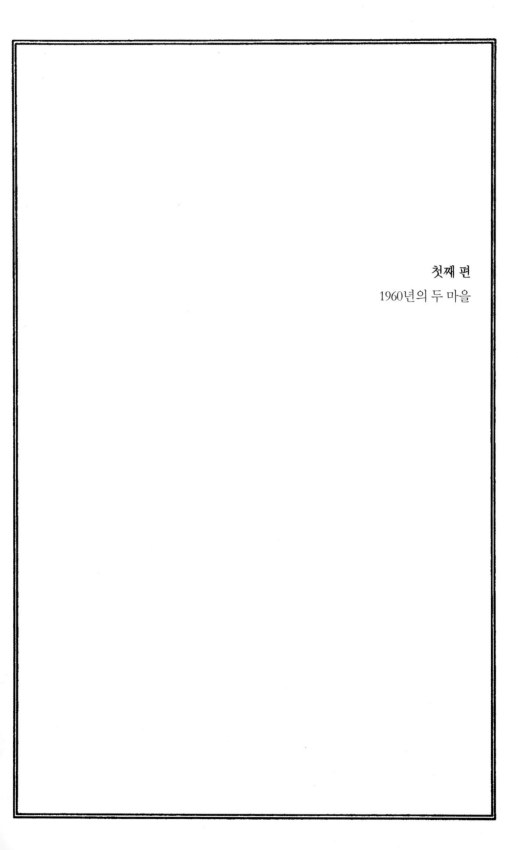

첫째 편
1960년의 두 마을

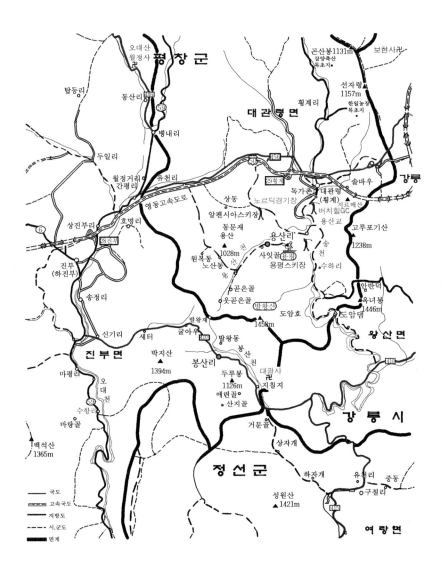

〈지도 2-1〉 강원도 평창군 진부면과 대관령면 약도. 2010

2. 봉산리와 용산2리 개관

1. 위치와 환경

2010년 현재, 우리의 조사지역 봉산리는 행정구역상 강원도 평창군 진부면에 속해 있고, 용산2리는 평창군 대관령면에 소속되어 있다. 그러나 50여 년 전에는 봉산리와 용산2리 두 마을 모두 평창군의 가장 동북쪽에 위치한 도암면(대관령면의 옛 명칭)에 속해 있었다.

평창군은 태백산맥과 차령산맥의 분기점에 위치하며, 산악지대가 대부분을 차지하고 있다. 총 면적의 83.9퍼센트가 임야이고, 밭이 8.3퍼센트, 논은 1.6퍼센트, 목장용지가 1.3퍼센트, 대지가 0.3퍼센트이며, 나머지는 하천과 도랑(2.9퍼센트), 도로(1퍼센트), 기타 잡종지(0.7퍼센트) 등이다 (평창군 2003(상):265 참조).

〈지도 2-1〉에서 보는 것처럼 평창군 진부면은 평창군의 북쪽 끝에 위치하고 있다. 북으로는 태백산맥의 준령인 오대산(1,563m)과 월정사가 양양군 남쪽 끝과 접해 있고, 남으로는 박지산(1,394m)이 있으며, 서로는 차령산맥의 계방산(1,577m)이 홍천군 내면과 경계를 이루고 있다. 하천은 남한강의 상류인 오대천이 북쪽의 오대산에서 남으로 흐르고 있다.

평창군 대관령면은 진부면의 동쪽에 위치하고 대관령을 경계로 영동과 영서를 오가는 관문 역할을 하고 있기 때문에 최근에 면의 명칭도 도암면에서 대관령면으로 변경되었다. 북으로는 태백산맥의 동대산(1,434m)과 황병산(1,407m)이 솟아 있다. 황병산에서 발원한 송천은 정선 아우라지가

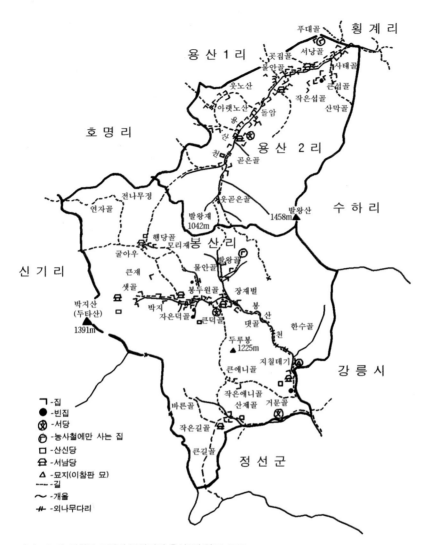

푸대골 횡계리
용산1리
곳집골 서낭골
물안골 사태골
웃노산 큰섭골
아랫노산 돌암 작은섭골
용 산막골
호명리 산 용산2리
천 곧은골
전나무정
연자골 웃곧은골 발왕산
발왕재 1458m▲ 수하리
1042m
행당골
신기리 모리재봉산리
굴아우 발왕골
큰재 물안골 봉
샛골 봉두원골 장재벌
박지산 봉
(두타산) 박지 댓골 한수골
자은덕골 큰덕골 천
1391m
두루봉 지칠데기
▲1225m
큰애니골 강릉시

집
빈집 작은애니골 거문골
서당 바른골 산재골
농사철에만 사는 집 작은길골
산신당
서남당 큰길골 정선군
묘지(이창판 묘)
길
개울
외나무다리

〈지도 2-2〉 평창군 도암면 봉산리와 용산2리 약도. 1960

동강으로 연결되어 영월에서 서강과 만나 남한강을 이루고, 다시 경기도
양평 양수리 두물머리에서 북한강을 만나 한강이 된다.

　〈지도 2-2〉에서 보는 것처럼 1960년 조사 당시에는 평창군 도암면 남쪽
의 발왕산(1,458m)과 발왕재(發旺峙 1,042m)를 경계로 남쪽 골짜기에 봉
산리가 위치하고 북쪽 골짜기에 용산2리가 자리하고 있었다.

봉산리: 우리가 지금 진부면 봉산리에 가려면 보통 서울에서 강릉행 직행 고속버스로 영동고속도로를 타고 2시간 30분가량 걸려 일단 진부까지 가서, 4륜구동차로 신기리 다리를 건너 가파른 고갯길 비포장도로 20킬로미터를 더 가면 마을 중심에 도착한다. 그러나 50년 전에는 외부에서 도암면 봉산리로 들어가는 길이 세 개 있었다.

첫째 길은 서울에서 강릉 가는 완행버스로 8시간 걸려 일단 횡계까지 가서, 오솔길을 10킬로미터쯤 걸어 용산2리 마을 중심을 거쳐, 또 1천 미터 이상의 발왕재를 넘어 산길 10여 킬로미터를 걸어 봉산리 마을 중심에 도착하는 것이다.

둘째 길은 진부에서 봉산리까지 20여 킬로미터를 걸어서 해발 9백 미터 이상의 굴아우 모리재 또는 새재 고개를 넘어가는 오솔길이었다.

셋째 길은 정선군 구절리에서 봉산천 계곡 길을 따라 올라가면서 유천리와 자개리를 거쳐 봉산리에 이르는 길이었다.

어느 길로 가더라도 봉산리 마을 중심에서 외부의 버스가 지나가는 큰 길까지는 걸어서 다섯 시간 이상 소요되었다. 가장 가까운 이웃 마을 용산2리까지도 1천 미터 이상의 고개를 넘어야 했고, 겨울에 눈이 쌓이면 사람의 왕래가 거의 없었다. 그래서 11월 중순부터 이듬해 4월 중순까지 겨울의 다섯 달 동안 봉산리는 외부와 고립된 상태가 되었다. 봉산리의 주변은 동쪽으로 명주군(현 강릉시) 왕산면에 접경하였고, 남쪽으로 정선군 북면(현재는 북평면)에 인접하였으며, 서쪽으로는 평창군 진부면 신기리, 그리고 북쪽으로는 도암면(현재의 대관령면) 용산2리와 경계를 이루고 있었다.

봉산리는 태백산맥의 발왕산·박지산·두루봉(1,225m)으로 둘러싸인 골짜기의 봉산천 개울을 따라 취락이 형성된 총면적 26제곱킬로미터의 도암면(현재는 진부면)에 속한 하나의 산간오지 마을이었다. 따라서 대부분의 면적이 임야로 구성되어 있었고, 집터가 개울을 따라 여기저기 듬성듬성 분산되어 있으며, 경작지는 각 집터 둘레에 분포되어 있었다. 촌락의 도로

망도 골짜기의 개울을 따라 간선과 지선 오솔길로만 형성되어 있었기 때문에 순환도로가 없고 개울을 건너는 외나무 다리가 많았다. 나이든 사람이 외나무 다리를 건너가기가 얼마나 힘든가는 봉산리 사람들의 〈정선아라리〉 노랫말에도 나온다(봉산리 이장 박봉화 씨의 장남, 당시 20세, 박상철 창).

> 돌암 봉두곤 스물네나 다리 썩 건너스니
> 심 도장네 맏며누리 사람 살려주게
> 우리 집에 맏며누리 생각이 저절로 나네.

그래서 여름철 폭우가 쏟아질 때는 이웃 간에도 교통이 두절될 뿐만 아니라, 외나무 다리를 건너가다가 실족하여 익사하는 사례가 많았다. 10세 미만 아동의 사망원인 중 2.9퍼센트가 익사로 밝혀질 정도였다.

용산2리: 외부에서 도암면 용산2리로 들어가는 길은 옛날부터 서울과 강릉 사이의 역촌이었던 횡계를 거쳐 걸어서 들어가는 길이 가장 많이 이용되었다. 『동국여지승람』에도 "횡계는 서쪽 서울로 통하는 큰길의 역촌"이라 할 정도로 교통의 요지였다. 특히 횡계는 대관령을 경계로 영동에서 영서로 넘어오는 관문이기도 하였다. 1960년 조사 당시까지도 하루에 세 번씩만 서울-강릉을 왕래하는 버스가 진부와 횡계를 통과했다.

총면적 21제곱킬로미터인 용산2리는 남한강 상류의 송천 지류 용산천을 따라 개울 양쪽에 취락이 형성되어 있었다. 그래서 촌락의 도로망이 봉산리와 마찬가지로 단조로웠고, 마을 밖으로 통하는 교통편은 비록 오솔길을 걸어가는 것이었지만 비교적 평탄하여 외부와의 출입이 쉬운 편이었다. 용산2리의 주변에는 동쪽으로 도암면 수하리, 남쪽으로는 발왕산을 경계로 봉산리, 서쪽으로 호명리(현재는 진부면), 서북북쪽으로는 유천3리 원복동, 북쪽으로 용산1리와 경계를 이루고 있었다.

자연환경: 봉산리와 용산2리는 고도가 해발 8백 미터 이상의 높은 지대에 위치하고 있다. 1960년도 도암면(현재의 대관령면)의 「면세일람」에 따

〈사진 2-1〉 자가소비용 생계작물 옥수수 감자밭. 1960. 8.

르면, "기후가 대체로 가장 더운 여름에 섭씨 27도 안팎으로 올라가고, 가
장 추운 겨울에 영하 20도 이하로 내려가는 것이 보통이며, 강원도의 기후
로서는 다른 지방에 비하여 춥고 서늘한 편"이라고 기록되었다.

이 지방의 서리 내리는 기간은 대단히 길어서 9월 중순경에 첫서리가 내
리기 시작하여 다음 해 5월 중순경에 늦서리가 내린다고 하였다. 눈 내리
는 양은 한 번에 한 자(30.3cm)에서 두 자까지 쌓이는 것이 보통이고, 많을
때는 석 자 이상 쌓이는 경우도 있다고 하였다.

이러한 대관령의 자연환경 특성을 고려의 문신 공권(公權) 정추(鄭樞,
1333-1382)는 「횡계역(橫溪驛)」이라는 한시(漢詩)에 다음과 같이 묘사하
였다(자료: 『동국여지승람』).

日午谿亭陰氣凝　한낮 계곡 정자에 찬 기운이 서리고
四時靑女慘威稜　하루 내내 서리의 위세가 혹독하네
怪來山水春無葉　산천에 봄이 왔건만 새잎은 안 보이고

〈사진 2-2〉 시장 판매용 상업작물 양상추 농장. 2009. 8. 22

人道枝頭每夜氷 이 길 옆 나뭇가지 끝마다 얼음꽃이 맺혔네

특히 봉산리와 용산2리는 큰 산으로 둘러싸인 깊은 골짜기에 위치하고 있기 때문에 일조시간이 매우 짧다. 이처럼 한랭한 고산지대인 데다가 겨울이 길고 여름이 짧으며, 일조시간이 짧고 적설기간이 오랫동안 계속된다. 개울물이 차기 때문에 농작물이 자라고 열매를 맺는 데에 큰 영향을 주어, 옛날부터 이 지역은 벼농사가 안 되고 옥수수와 감자 그리고 여러 가지 종류의 고랭지 채소 재배가 잘되는 지역으로 널리 알려져 왔다.

사회환경: 전통적으로 봉산리와 용산2리 사람들이 마을을 벗어나서 확대된 사회관계를 맺고 있었던 주변의 지역사회는 도암면 횡계리와 진부면 하진부리 및 강릉이었다.

횡계리는 옛날부터 봉산리와 용산2리 사람들이 강릉이나 서울 방면의 먼 곳으로 나들이를 할 때 반드시 거쳐 가는 역촌이었다. 50년 전 조사 당시에도 도보 이외의 유일한 교통수단이었던 서울—강릉 사이를 왕복하는 버스의 가장 가까운 정거장이 횡계리에 있었다. 특히 횡계리에는 감자를 비롯한 고랭지 채소 종자의 원종장과 보급소가 있었다. 그리고 조사 당시까지만 해도 한국의 유일한 스키장이 횡계리에만 있었다. 나 자신도 횡계리의 지르메 슬로프에서 스키를 처음 배웠다. 그 당시에는 리프트가 없었고 산꼭대기에서 모터로 로프를 회전시켜 산 밑에서 스키를 신은 채 회전하는 밧줄을 잡고 산꼭대기로 올라가 스키를 타고 내려오곤 하였다.

횡계리에는 또 황태덕장이 있었다. 11월 중순부터 다음 해 3월까지 횡계리의 지르메 산록 화새벌 개울가에서는 햇볕과 바람이 잘 들게 통나무로 덕을 매어 놓고 거기에 속초와 주문진에서 가져온 내장 뺀 동태 꾸러미를 주렁주렁 매단 황태덕장이 장관을 이루고 있었다. 섭씨 영하 15도 이하 35도 안팎의 추위와 눈밭에 동태를 얼렸다가 하룻밤 개울물 속에 담가 살이 부풀은 다음, 다시 덕장에서 얼리기를 수십 번 반복하여 살이 완전히 부풀은 황태를 만들었다. 횡계리에서 황태덕장을 처음 시작한 것은 1957년 주문진에서 온 이광식이라는 사람이었다고 한다. 그 이전에는 함경북도에서만 가능했다고 한다.

진부는 봉산리와 용산2리 사람들이 가장 많이 이용하는 정기시장 오일장의 장터가 있는 곳이었다. 두 마을 사람들이 이용하는 시장은 멀리 대화장, 봉평장, 여량장, 임계장 등이 있었지만 일상적으로 거의 전적으로 출입하는 장은 역시 진부장이었다. 그들이 걸어서 진부장에 가는 목적은 물건을 팔고 사는 상업적인 거래 말고도 여러 가지 다른 볼일 때문이기도 하였다. 진부에는 우체국·극장·병원·약국·음식점·다방·주점 등이 있었다. 진부 시장권에 살고 있는 일가친척, 친지, 친구를 만나서 안부를 묻고 소식을 전하는 일도 거의 모두 진부장에서 이루어졌다.

조사지역 주민들의 생활권에서 진부 다음으로 중요한 역할을 하는 마을 외부의 인접 도시는 강릉이었다. 강릉은 옛날부터 관동지방의 중심지였으며, 봉산리와 용산2리가 한때는 행정적으로 명주 또는 강릉에 속해 있

〈사진 2-3〉 지르메 산록 화새벌 개울가의 황태덕장. 2009. 3. 26

〈사진 2-4〉황태덕장. 2009. 3. 26

었다. 조사 당시에도 두 마을 사람들이 큰 장을 보기 위해서는 강릉장을
이용하였다. 그리고 강릉에는 두 마을의 대성(大姓)인 강릉(동원) 최씨, 강
릉 김씨, 안동 김씨 일가들이 집중적으로 모여 살았고, 선산이 있는 곳이
기도 하였다. 그래서 두 마을 사람들은 군청 소재지인 평창보다 강릉을 왕
래하는 빈도가 훨씬 더 많았다.

2. 역사적 배경

『동국여지승람』(조선고서간행회 1911:245-246)에 따르면 이 지역은 고
조선 때 예(濊)의 자리였고, 한무제가 4군을 설치했을 때에는 임둔(臨屯)
이었으며, 고구려에서는 하서량(河西良) 또는 하비라(何悲羅)로 불리었
다. 신라 경덕왕 16년(667)에는 명주(溟洲)로 개칭하였고, 고려 태조 19년
(936)에는 동원(東原)이라고 불렀으며, 조선 세조 때(1455-1468)에는 임영
(臨瀛)이라 하였다. 그밖에 이 지방의 이름으로 동온(東溫), 경흥(慶興), 명
원(溟源), 예국(蘂國), 도원(桃源), 북빈(北濱) 등이 있었다. 조선 영조 연간

에 도별 읍지를 모아 작성한 『여지도서(與地圖書)』의 제작연대와 같은 시기에 만들어진 것으로 추정되는 작자 미상의 『해동지도(海東地圖)』 강릉부(江陵府) 한 쪽 지도에는 강릉에서 대관령을 넘어 횡계역을 거쳐서 도암면과 진부면을 지나 봉평과 홍천으로 연결되는 지명과 산(맥) 및 도로와 하천이 뚜렷하게 그려져 있고, 지도의 여백에는 상세한 지지(地誌) 자료가 기록되어 있다(10쪽 지도 참조). 그리고 1959년 도암면 「면세일람」에는 "도암면이 구한국시대에 명주군에 속하여 한일합방 시대까지 내려오다가 그 후 일시 정선군에 이관되었으며, 1914년 4월 1일 행정구역 개편에 따라 평창군에 속하여 현재에 이르렀다"라고 기록되어 있다.

봉산리: 이 지방의 민간전설에 의하면 봉산리의 일명 봉두곤(鳳頭昆)은 이미 조선시대 숙종 때(1675-1720) 이전부터 취락을 이룬 것으로 추측된다. 봉산리 이장 박봉화 씨가 들려준 민간전설에 따르면, 숙종대왕께서 자기와 같은 해, 같은 달, 같은 날, 같은 시간에 태어난 사람을 찾아보라는 분부를 신하들에게 내렸다고 한다. 그 분부를 전국에 알려 그런 사람을 찾아보았으나 발견하지 못하였는데, 우연히 지금의 봉산리에서 임금님과 동갑이고 생일 생시가 똑같은 사람을 찾았다고 한다. 그 사람은 벌을 천 통이나 기르고 있었는데, 그 소식을 들은 왕이 벌 천 통이면 장수가 천이요, 군사가 수백만도 넘을 것인즉 짐보다 못지않다 하여 친히 벼슬을 주어 봉두군(蜂頭君)이라는 칭호를 하사했다고 한다. 그래서 지금도 매년 벌의 맏배[初蜂]가 분봉하면 생기복덕한 날을 택하여 뒤뜰에 떡을 해놓고 벌대왕(蜂頭王)께 제사를 지낸다고 한다. 그것이 오늘날 문자가 잘못 전해져서 봉두곤이 되었다는 것이다. 이 전설을 달리 각색한 이설(異說)이 「도암면지」(평창문화원 1993: 143-144)에 '봉두군 이야기'로 소개되었다. 그 이야기를 그대로 옮겨 보면 다음과 같다.

조선을 세운 태조대왕 이성계가 혼란을 바로잡고 나라의 기틀을 튼튼히 다진 다음, 바쁜 나랏일의 틈을 타서 잠깐 명상에 잠겼었다.
'내가 세상에 나서 많은 고생과 노력 끝에 이처럼 나라를 얻어 새 왕국을 세웠는데 이게 모두 나의 타고난 사주(四柱)에 의한 팔자소관일 거다. 그것은 내가 어렸을 때부터 사주쟁이나 관상쟁이들이 나를 보고 왕위에 오를 팔자이며 제왕의 상(帝王之相)이라고 한 것을 보아도 과연 타고난 운명일거다. 과연 그렇다.'

생각이 여기까지 미친 태조대왕은 이 넓은 세상에 나와 한날한시에 태어난 사람이 있을지도 모른다고 여기게 되었다.

'그렇다면 그 사람은 대체 어디서 무엇을 하고 있을까? 만일 이 나라에 나와 똑같은 사주를 갖고 있는 사람이 있다면 그 사람은 나처럼 임금이 되어 있어야 할 것이 아닌가? 그렇게 생각하니 어쩌면 사주라는 것도 허무맹랑한 것 아닌가? 옳다. 그러면 그런 사람을 한번 찾아보는 수밖에….'

이렇게 생각한 태조대왕은 그날로 전국에 명을 내리는 한편 각지에 방(傍)을 붙이게 하여 자기와 생년월일시가 같은 사람을 찾기에 이르렀다. 그런데 며칠이 지나자 하루는 강원감사로부터 그런 사람을 찾았다는 직접 통보가 올라왔다. 그 소식을 듣고 태조대왕이 명을 내렸다.

"그렇다면 그 사람을 궁궐로 모셔라."

얼마 뒤 대왕 앞에 머리를 조아리고 앉아 있는 농부의 모습은 너무나 초라하였다.

"그대가 아무 해 아무 달 아무 날 아무 시에 출생한 게 분명한고?."

"예! 황공무지로소이다. 틀림이 없사옴을 아뢰오."

"그러면 그대 생업이 무엇인고?'

'예, 소인에게는 삼백여 통의 꿀벌이 있사옵니다. 벌을 치는 게 제 생업임을 아뢰오.'

태조대왕은 농부의 이 말을 듣고 수긍이 갔다.

'음, 그럴 테지.'

머릿속으로 헤아려 보니 벌이 삼백 통이면 그 벌의 머릿수가 백성의 숫자보다도 더 많은 법이고, 임금인 자신보다 이 초라한 농부가 더 많은 백성을 거느리고 있을 것이라고 생각했다. 그러고 나서 태조 임금은 그 자리에서 이 초라한 농부에게 '봉두군'의 칭호를 내리고 많은 상을 내려 환향하게 하였다.

그 뒤로 이 농부는 군(君)의 봉함을 받았으므로 고향에서 행세하는 한 사람이 되었고, 그가 사는 마을의 지명도 봉두군이라 부르게 되었다.

봉산리의 지칠지(芝七地)에 구한말 호조참판 이치욱(李致郁, 1845-1931)의 묘와 비석이 있다(〈사진 2-5〉). 그 비문에 따르면 이치욱은 본래 정선 사람으로 문장에 능하였으나 집안이 가난하여, 약관에 정선을 떠나 명주군(현재는 평창군) 도암면 봉산리에 와서 살았다고 한다. 그 뒤에 재산이 늘고 벼슬을 하여 호조참판 의금부사가 되었으며, 평생 동안 같은 자리에서 5대가 함께 살면서 수십 명의 하인들을 거느리고 살다가 신미년(1931) 12월 11일에 별세하였다고 기록되어 있다. 그 자손들은 대부분 진부에 나가 살고, 그의 장고손이 되는 이재하(李載夏, 1960년 당시 38세)만 봉산리의 장재벌로 이사하여 봉산리 이장을 지낸 바 있다. 지칠지의 그 집 옛터에는 1950년대 초까지 이치욱이 쓰던 사인교와 마구 파편 및 하인들의 장식 부대물들이 굴러다녔다고 하는데, 1960년 조사 당시에는 그런 것들이 보이지 않았다.

이치욱이 생존했던 당시에는 한수골(漢水洞)에도 70호가량이 있어서 봉산리 전체의 호수는 약 150호 이상이었다고 한다. 그러나 1960년 조사 당시에는 한수골에 한 집도 없었고, 예전에 사람들이 살던 흔적만 남아 있었다. 비록 소수이기는 하지만 봉산리의 어떤 사람들은 자기네 선조가 풍수지리설을 믿어 피란처로 1860년대에 함경도에서 봉산리로 옮겨 왔다고 말하기도 했다. 그러나 그들은 자기네 선조가 함흥 지방에서 살다가 피란하여 이곳으로 왔다는 사실만을 막연하게 알고 있을 뿐 분명한 연대와 동기는 모르고 있었다. 다만 조선 말기 삼정문란(三政紊亂)으로 농민에 대한 지방 관원의 중간 착취로 인한 함흥지방의 민란(1862)이 일어났던 무렵이 아닌가 생각된다. 일본 식민지시대에는 징병과 징용을 피해서 화전을 일구며 살려고 들어온 사람들도 많았다고 한다. 그러나 화전의 개간이 금지되면서부터

〈사진 2-5〉 봉산리 지칠지에 있는 참판공 완산이공의 묘비. 2009. 6. 3

는 그런 경향이 없어졌다. 다만 1957년에 강릉에서 '인공사'라는 제재소가 봉산리에 들어와 2년 동안 벌목과 제재 및 반출 작업을 함으로써 외부 사회로부터 인부들의 출입과 문물의 이동 및 접촉이 빈번해졌다. 그 당시에 인공사의 산판 노동자로 가족과 함께 봉산리에 들어와 살다가 제재소가 철수한 뒤에 그대로 남아 살고 있는 집이 조사 당시에 4가구 있었다.

 용산2리: 이장 김수진 씨 이야기에 따르면 1830년대에 고조부(彝鉉, 1818-1877)와 그의 형님(九鉉, 1812-?) 두 분이 강릉에 사시다가 용산리로 처음 이주했다고 한다. 그들의 묘는 황병산 흥계리(興鷄里)와 강릉 계항리(鷄項里) 선산에 모셨지만, 증조부(石黙, 1854-1938)와 종증조부(殷黙, 1861-1916)의 묘는 1960년 조사 당시까지 용산리에 있었다. 용산리에는 그 이전에 있었던 주거지와 경작지 및 도로의 흔적도 남아 있었다. 예를 들면 사잇골에는 옛날 원님이 하룻밤을 묵었던 원터와 마구간이 있었던 마방터가 있고, 도암과 큰노삼동 사이의 용산천에는 원님이 말을 타고 건너갔던 문턱바위가 있어 주민들이 모두 기억하고 있었다. 「도암면지」(평창문화원 1993: 145-146)에 따르면 용산리의 마을 유래는 그 이전에 『정감록』을 믿었던 평안도, 함경도, 황해도 사람들(영천 이씨, 안동 김씨, 나주 김씨, 연안 김씨, 해주 최씨, 해주 오씨 등)이 피난처로 이곳을 찾아와서 마을을 이루고 살았다고 한다. 그들은 산지를 개간하여 밭을 일구고 감자·옥수수·귀리 등을 심어 주식으로 하면서 생활을 영위했다고 한다. 그 씨족들이 차츰 번성하였고, 이어서 충주 김씨, 창녕 조씨, 한양 조씨, 김녕 김씨, 밀양 박씨 등이 삶의 터전을 찾아 이곳으로 와서 마을이 더 커졌다고 한다.

 용산리는 본래 강릉군 도암면 지역이었으나 고종 광무 10년(1906) 정선군에 편입되었다가 1914년 행정구역 개편에 따라 대기리와 도암리(현재의 용산2리 자연부락[동] 도암)의 일부가 병합되어 용산리로 개칭되는 동시에 평창군에 편입되었다고 한다. 1906년 당시 나주 김씨 김성호(金聖浩, 48세)가 집강(執綱, 이장)을 맡아 마을 일을 보았다고 한다. 정선군청에 갈 때는 용산리의 동문재와 발왕재를 넘어 봉산리로 길을 잡아 다녔다고 한다. 그 뒤에 마지막 집강을 맡았던 연안 김씨 김형전(金亨銓)이 1909년 6월 16일 당년 42세로 초대 도암면장이 되었다고 한다. 그 당시의 도암면사무소는 호명리(현재는 진부면)에 있었는데, 김성호의 후손이 불민한 탓으로 집강 발령장과 행장을 1950년 한국전쟁 때 모두 분실하였고, 김형전의 면장 차정장(差定狀)만이 남아 현재까지 보관되고 있다. 행정구역상으로 용산리는 1951년까지 4개 구(區)로 나뉘어 있다가, 1952년부터 용산리의 1구와 2구를 용산1리로 개칭하고, 3구와 4구를 따로 독립시켜 용산2리로 신설하였다.

3. 행정구역과 마을·골[谷]의 구성

인간집단 또는 지역사회를 말할 때 우리는 흔히 그 안에 사는 개인이나 가족의 특성뿐만 아니라 그들이 속해 있는 지역집단의 성격을 함께 떠올리는 경향이 있다. 지역집단의 성격에는 가족이나 개인의 특성이 포함되어 있기 때문이다. 지역집단은 큰 것도 있고 작은 것도 있지만 가장 기본이 되는 단위는 마을이라고 볼 수 있다. 한국의 일반 농촌에서는 지역에 따라 동(洞)·리(里)가 다 같이 면(面)에 속하는 마을의 행정구역 명칭으로 사용되고 있다. 그러나 봉산리와 용산2리에서는 리·반(班)의 행정구역 명칭의 조직 외에 동과 골이 마을의 자연부락 또는 하위 지역 명칭으로 불리고 있었다. 예컨대 봉산리와 용산2리는 행정구역으로서의 마을 명칭이다. 이와 같은 행정촌(行政村)으로서의 리는 몇 개의 반으로 구성된다. 그리고 행정촌으로서의 리는 전통적인 마을의 지명 유래에 따른 몇 개의 자연부락(동)으로 구성되기도 한다. 또 자연부락인 각 동은 또 몇 개의 골로 구성된다.

1960년 조사 당시 봉산리는 행정조직으로 볼 때 1개 리 2개 반으로 구성되어 있었고, 전통적으로는 8개 자연부락(동)과 그 하위 지역인 23개 골로 구성되어 있었다. 그리고 용산2리는 1개 리 4개 반의 행정조직과 6개 자연

<표 2-1> 봉산리와 용산2리 행정구역(리·반)과 자연부락(동) 및 골의 구성

리	반	자연부락	골(谷)[※]
봉산리	1반	발왕동(發旺洞)	발왕골, 장재벌
		봉두곤(鳳頭昆)	봉두원골, 물안골, 큰덕골, 작은덕골, 댓골
		지칠지(芝七地)	지칠데기, 한수골
		금 동(琴 洞)	거문골, 큰길골, 작은길골, 바른골
		애련동(愛連洞)	작은애니골, 큰애니골
		산제동(山祭洞)	산제골
	2반	박 지(博 芝)	박지, 샛골, 큰재
		굴 암(窟 岩)	굴아우, 연자골, 행당골, 전나무골
용산2리	1반	사태동(士泰洞)	사태골, 푸대골
		산막동(山幕洞)	산막골, 큰섭골, 작은섭골
	2반	간 동(間 洞)	사잇골, 물안골, 서낭골, 곳집골
	3반	도 암(道 岩)	돌암
	4반	노산동(老山洞)	웃노산, 아랫노산
		직 동(直 洞)	곧은골, 웃곧은골

※ 골[谷] 중에서 1960년 조사 당시 사람이 살지 않았던 골은 다음과 같다.
　봉산리: 댓골, 연자골, 전나무골, 한수골, 큰길골, 작은길골, 산제골.
　용산2리: 산막골, 곳집골, 웃곧은골.

부락(동) 및 13개 골로 구성되어 있었다(<표 2-1> 참조).

　행정조직으로서의 '리'와 '반', 그리고 자연부락 '동' 및 그 하위단위인 '골'은 각기 다음과 같은 특성을 가지고 있었다. 우선 행정조직으로서의 리는 첫째로 면과의 행정업무 연락 및 마을 전체의 행정업무 기능을 담당하는 행정단위였다. 따라서 마을 외부에 대해서는 리가 주민의 사회적 정체성과 통일성을 가지고 마을을 대표하였다. 이장은 마을 안팎의 행정업무를 맡은 대표였고, 이장 밑에는 그를 행정적으로 보조하는 반장이 있었다. 둘째로 리는 경제적으로 마을의 공유재산인 토지·임야·가옥·상여·가마·씨받을 황소 등을 소유하였고, 세금 등급을 공동으로 책정하였으며, 도로작업 구역을 공동으로 할당받는 단위이기도 하였다. 셋째로 리는 농지위원회와 국민회 등의 전국적인 공공단체가 조직되는 단위로서 외부에 대하여 마을을 대표하는 단위였다.

　그러나 마을 내부에서의 인간관계는 행정단위인 리보다 자연부락인 동을 중심으로 결속되는 것이 보통이었다. 동은 정치나 행정의 목적보다는 사회적 공동체 의식과 경제적 협동을 바탕으로 하는 마을의 하위단위였다. 이웃 집단인 몇 개의 골이 결합된 자연부락 동은 내부적으로 뚜렷한 통일성과 전통성을 보이고 있었다. 예를 들면 마을의 서낭신(城隍神)을 모시는 서낭당(〈사진 2-6, 7〉 참조) 신앙과 서낭제를 지내는 것은 리가 아니라 자연부락을 단위로 해서 거행되었다. 봉산리와 용산2리에는 여러 개의 서낭당이 있는데, 대부분 자연부락 단위로 하나의 서낭당을 공동으로 모시고 관리하며 서낭제 날도 각 자연부락마다 각기 다르다. 그뿐 아니라 두레와 품앗이를 조직하고 운영하는 것도 자연부락을 단위로 행해지고 있었다. 예를 들면 용산2리의 농악대와 두레는 사잇골[間洞] 사람들로만 조직되어 있었다.

골은 자연부락 또는 그보다 작은 지역단위로서 조사 당시에 주민이 없었던 골도 간혹 있었으나 그 이전에는 어느 골에나 사람들이 살았다고 한다. 예를 들면 봉산리의 한수골에는 지금부터 100여 년 전까지만 해도 70

〈사진 2-6〉 봉산리 발왕골 서낭목과 서낭당. 1960. 7.
〈사진 2-7〉 봉산리 발왕골 서낭목과 서낭당의 현재 모습. 2009. 6. 3

여 호가 살고 있었으나 50년 전 조사 당시에는 한 집도 없었다. 골이 지역 단위라는 것은 과거에 작성된 지도나 문서상에서 거주 지역은 물론 경작 지나 임야의 소유관계를 나타내는 지역의 기초자료로 사용되었던 것을 보아도 알 수가 있다. 이런 점에서 자연부락이 오랜 전통과 강한 공동체 의식을 바탕으로 이루어진 것이라면, 골은 사회문화적 특성보다 지역단 위로서의 특성을 나타내는 자연부락의 하위단위라고 보아야 할 것이다.

1959년 도암면 지명제정위원회가 조사한 봉산리와 용산2리의 마을과 발왕산 지명 유래는 다음과 같이 보고되었다.

봉산리: 봉바위의 봉자와 박지산의 산자를 따서 봉산리라고 불렀다.
발왕동: 발왕고개 밑에 있기 때문에 발왕동이라고 불렀다.
봉두곤: 부락 옆에 있는 바위가 새머리처럼 생겼다 하여 봉두곤이라 불렀다.
지칠지: 고성군수의 거문고 소리에 일곱 선녀가 내려왔다 하여 지칠데기라 불렀다.
금동: 이곳에서 애련이라는 기생이 늘 거문고를 뜯었다 하여 거문골이라 불렀다.
애련동: 100여 년 전 고성군수의 애첩 애련이 이곳에 살았다 하여 애련골이라고 불렀다.
산제동: 이곳에 산신을 제사 드리는 제당이 있어 산제골이라고 불렀다.
박지: 산 위에 신선이 내려와 바둑을 두었다고 하여 박지라고 불렀다.
굴암: 옛날 이곳에 큰 바위굴이 있었다 하여 굴바위 또는 굴아우라고 불렀다.

용산리: 산에서 용이 하늘로 올라갔다는 용산 이름을 따서 용산리로 불렀다.
산막동: 사냥꾼과 약초 캐는 사람들이 산막을 지었다고 하여 산막골이라고 불렀다.
간동: 아래 위의 두 부락 사이에 있다고 하여 사이골이라고 불렀다.
도암: 길모퉁이에 큰 바위가 있다 하여 도암 또는 돌암이라고 불렀다.
노산: 큰 골이 세 개가 있어 어삼동(於三洞)이라 불렀다가 지금은 느삼동이라 부른다.
직동: 골이 곧게 뻗어 있다고 하여 곧은골이라고 불렀다.
발왕산: 옛날 도승(道僧)이 그 산에 팔왕(八王)의 묘자리가 있다 하여 팔왕산이라고 불렀다. 지금은 발왕산이라고 부른다.

4. 호구와 주민 구성

1960년 현지조사 당시 조사지역의 가구수와 인구수는 봉산리에 38가구 221명(남 123, 여 98)이었고, 용산2리에는 69가구 427명(남 225, 여 202)이었다. 이 지역의 과거 인구통계 자료는 한국전쟁 때 전부 소실되었고, 1950년 이후부터 연말 인구조사 자료가 있을 뿐이다. 도암면사무소의 기록된 자료에 따르면 1950년부터 1960년까지 봉산리와 용산2리의 가구수와 인구수의 변동은 〈표 2-2〉와 같다.

봉산리와 용산2리 가구수와 인구수의 변동은 1950년 한국전쟁 이후 1955년까지 계속 감소 현상을 보였다. 그러나 1956년 이후부터 용산2리에서는 가구수와 인구수에 뚜렷한 변동이 없는데 반하여, 봉산리에서는 1957년부터 인구수 특히 남자 인구수가 급격하게 증가하였다. 그 원인은 1957년 강릉에서 '인공사'라는 제재소가 봉산리에 들어와 2년 동안 벌목하여 철도 침목과 연필용 나무 등 다양한 목재를 반출해 나갔는데, 그 제재소에 고용된 노동자들과 산판의 벌목노동자들이 가족과 함께 이주해 들어왔다가 제재소의 폐쇄와 더불어 다시 나갔기 때문이다. 제재소가 나간 뒤에도 봉산리에 남아 있었던 가구수는 4가구이며, 1960년 조사 당시까지도 그들은 한 가구를 제외하고 모두 농토를 마련하여 농업에 종사하고 있었다.

그 밖에도 봉산리 인구변동의 원인은 경제적 요인과 사회문화적 요인으로 설명이 가능하다고 주민들은 말한다. 봉산리로 이주해 들어온 인구는 산판을 따라 들어온 예외가 있기는 하지만, 일반적인 경우엔 외부에서 살다가 경제적으로 실패하여 토지와 가옥을 잃고 화전을 개간하여 살 길을 찾아 들어온 사람들이 많다는 것이다. 그리고 밖에서 곤궁한 생활을 하다가 친척을 따라 들어온 사람도 있고, 외부에서 피란처 또는 도피처를 찾아 들어온 사람들도 있다는 것이다. 그러나 화전의 개간이 금지된 이후에는 그런 이유로 들어오는 사람들이 거의 없어졌다고 한다.

반면에 봉산리의 주민들은 경제적으로 약간만 여유가 생겨도 어떤 수단

을 써서든지 외부로 나가려는 것이 그들의 가장 큰 소망이어서 봉산리의
가구수와 인구수는 점점 감소 현상을 보일 것이라고 전망하기도 했다. 그
런 상태가 앞으로 10년만 계속되면 봉산리에는 한 집도 남아 있지 않을 것
이라고 미래를 비관적으로 내다보는 사람도 있었다. 봉산리 주민들이 그
렇게 절망적인 생각을 하게 된 원인 중의 하나가 외부 사회와 격리된 교통
의 불편에 있다고 본다면, 봉산리의 지리적 조건은 인구감소 현상을 초래
하는 또 하나의 원인이 될 것으로 예상되었다.

　인구 구성에서 봉산리와 용산2리의 성비(性比, 여자 100에 대한 남자의
비율)는 대단히 높은 비율을 보이고 있었다. 1960년에 봉신리의 성비는
125.1이었고, 용산2리의 성비는 112.39였다. 〈표 2-2〉에서 여러 해 동안의
성비를 비교해 보면 남자 과다 현상이 봉산리에서는 '인공사'가 들어왔던
1957년부터 생겼으며, 그 이전에는 약간의 여자 초과현상을 유지해 왔었
다. 이 사실은 밖에서 들어온 이주민의 성비가 남자 과다였다는 것을 보여
주는 것이고, 또 노동력 인구의 성비가 상대적으로 높았다는 것을 보여주

〈표 2-2〉 봉산리와 용산2리 가구수와 인구수의 변동 (1950-1960)[※]

연도	봉산리				용산2리			
	가구수	인구 수			가구수	인구 수		
		총계	남	여		총계	남	여
1950	55	330	170	160	99	644	354	290
1951	35	311	156	155	87	497	247	250
1952	38	254	120	134	78	531	273	258
1953	35	240	-	-	75	508	-	-
1955	29	153	72	81	62	357	194	163
1956	28	140	68	72	70	442	225	217
1957	45	220	111	109	65	414	214	200
1958	46	221	118	103	59	380	195	185
1959	36	205	109	96	63	376	186	190
1960	38	221	123	98	69	427	225	202

※ 1959년도까지의 통계는 「면세일람」에 의한 것이고, 1960년도의 통계는 필자가 현지조사에서 직
　접 수집한 자료이며, 1954년도의 통계는 면사무소에도 없어 제외되었다. 1952년도 이전의 용산2
　리 통계는 용산리 3구와 4구의 것을 합한 것이다.

는 것이기도 하다. 그러나 용산2리에서는 여러 해 동안 뚜렷하게 다른 변동을 보이지 않고 계속하여 남자 과다 현상을 유지해 왔다.

1960년의 연령별 인구 구성은 봉산리와 용산2리에서 다같이 10-14세 연령계층이 현저하게 적었고, 15-19세 연령계층이 예외적으로 많았던 사실을 제외하면, 정상적인 피라미드형을 이루고 있어서 성장형 인구증가 현상을 보여주고 있었다. 앞의 두 개 연령계층이 이례적인 현상을 보였던 것은 10-14세 연령계층이 1950년 한국전쟁 직후에 출생한 인구집단이고, 15-19세 연령계층이 1945년 일본 식민지에서 해방된 직후에 출생한 인구집단이었기 때문에 정치·사회적 요인이 크게 작용했던 것으로 해석된다.

연령별 성비는 일반적으로 어느 연령계층에서나 100 이상을 보이고 있는데, 55세 이상의 노년층에서는 반대로 100 이하로 낮아지는 현상을 볼 수 있었다. 그 사실은 여자의 평균수명이 남자보다 훨씬 길다는 것을 보여주는 것으로 해석된다. 그리고 연령별 인구 구성에서 또 하나의 특징은 20세 미만의 미성년 인구가 성년 인구에 비하여 53.4퍼센트로 지나치게 많다는 사실이다. 성년 인구의 비율이 미성년 인구에 비하여 상대적으로 적다는 것은 그만큼 노동인구가 적다는 것이고, 그런 사실은 직접적으로 주민의 1인당 소득에도 영향을 주는 것으로 해석된다.

봉산리와 용산2리 주민(인구)의 구성을 출생지별로 나누어 보면 1960년 당시의 거주지 마을에서 태어난 사람이 70.37퍼센트로 가장 많았고, 그 다음으로 진부, 대화, 명주군, 정선군에서 출생한 사람이 13.77퍼센트였다. 그 밖의 강원도내 다른 곳에서 태어난 사람은 2.62퍼센트, 함경도와 경상도가 각기 1.09퍼센트, 나머지가 전라도, 평안도, 충청도, 서울에서 출생한 사람들이다. 그러나 가구 단위로 보면 가구주의 전 거주지는 도별로 강원도가 78.5퍼센트였고, 그 중에서 평창군이 30.8퍼센트, 명주군이 29.9퍼센트, 정선군이 7.5퍼센트로 접경하고 있는 3군 출신이 대부분을 차지하고 있었다. 그 다음으로 경상도(8.4%), 함경도, 평안도의 순으로 되어 있었고, 충청도와 전라도, 서울 출신이 한 가구씩 있었다. 이렇게 볼 때 봉산리와 용산2리 주민은 도별로 경기도, 황해도, 제주도를 제외한 전국 각 도 출신 사람들로 구성되었다고 말할 수 있다.

조사 당시에 봉산리와 용산2리 주민들이 몇 대째 그 마을에서 살고 있는 가를 물었더니 47퍼센트 이상이 가구주 당대에 그 마을로 이주해 왔다고 대답하였다. 2대째가 23퍼센트, 3대째는 16퍼센트, 그리고 5대 이상 그 마을에 살고 있는 가구는 7.4퍼센트로 봉산리에 1가구, 용산2리에 7가구 있었다. 그들이 이주해 온 시기는 1957년부터 1960년 사이에 이주해 온 주민이 봉산리에 8가구, 용산2리에 16가구였고, 1945년 해방 뒤부터 1956년까지 이주해 온 주민은 봉산리에 3가구, 용산2리에 12가구였다. 그리고 1930년부터 1945년 사이에 이주해 온 주민은 봉산리에 16가구, 용산2리에 15가구 있었다.

봉산리와 용산2리 주민들의 교육수준은 그 당시 국민학교(현 초등학교) 교육을 받았거나 받고 있었던 사람이 전체 인구의 17.59퍼센트였고, 나머지 82.41퍼센트는 초등학교 교육을 받지 못하고 있었다. 중학교 이상의 교육을 받은 사람은 용산2리에만 1.87퍼센트가 있었을 뿐이었고, 봉산리에는 한 사람도 없었다. 한글을 읽고 쓸 줄 모르는 문맹률은 총인구의 42.13퍼센트였다. 마을별로 따로 보면 봉산리에는 초등학교 교육을 받지 못한 사람이 총인구의 98.19퍼센트였고, 그 중에서 50.23퍼센트가 문맹이었다. 용산2리에는 76.58퍼센트가 초등학교 교육을 받지 못한 사람들이었는데 그 중에서 37.96퍼센트가 문맹이었다. 이처럼 봉산리와 용산2리의 교육수준이 한국의 다른 지역에 비하여 매우 낮았다. 봉산리의 경우는 용산2리보다 상대적으로 훨씬 더 낮았을 뿐만 아니라 주민들의 반수 이상이 문맹이었다는 사실은, 그 당시 한국의 다른 지역과 비교해 보아도 그런 사례를 찾아보기 어려웠을 것으로 생각된다.

1960년 조사 당시에 봉산리와 용산2리 주민들 중에서 일시적으로 마을을 떠나 외부로 이주한 사람이 남자 37명과 여자 7명을 합해 총 44명이었다. 그들을 연령별로 구분해 보면 20-29세의 연령집단이 절반 이상

(63.64%)이었고, 20세 미만인 사람이 22.72퍼센트였다. 20대의 사람들이 일시적으로 마을 밖으로 나간 사례가 가장 많았던 것은 남자의 병역 때문이었고, 20세 미만과 30세 이상의 사람들이 일시적으로 마을 밖으로 나간 것은 대부분 직업 때문이었다. 일시적으로 나간 사람들의 직업을 보면 군인(59.46%)이 가장 많았고, 그 다음이 농사고용인(16.22%)·학생(용산2리에만 4명)·산림노동·장사·식모·공장 직공·목공 등이었다.

일시적으로 마을을 떠났다가 다시 돌아올 예정 기간은 대부분 3년 이내인데, 그 까닭은 군복무 기간과 일치하고, 농사고용이나 산림노동도 대부분 단기간의 계약이기 때문인 것으로 풀이되었다. 마을 외부로 이주해 나간 사람들이 다시 돌아올 예정 기간이 확실하지 않은 경우도 나간 사람 총수의 22.72퍼센트나 되었는데, 그들은 대개 무단가출자로서 떠돌이 생활을 하면서 가족과의 연락도 없는 사람들이었다. 봉산리와 용산2리의 남자 중년층에는 과거에 이처럼 밖으로 나가 떠돌이 생활을 경험한 사람들이 더러 있었다. 그런 떠돌이 생활을 마을 사람들은 '외입'이라고 하며, 외입 기간은 보통 5~6년이고, 10년을 넘는 경우도 있었다고 하였다.

마을을 일시적으로 떠난 사람들의 가족관계를 보면 가구주의 장남이 31.82퍼센트로 가장 많았고, 그 다음으로 가구주(18.18%)가 많았다. 이런 현상은 병역관계를 제외하면 대개 마을의 극빈자로서 가족을 부양하기 위한 생계비를 벌기 위해서 이웃 마을이나 진부 또는 대화 등지에서 농사 고용 또는 산림노동을 하는 사람들이었다. 출생지별 인구통계에서 본 것처럼 진부와 대화는 이곳 주민들의 가장 가까운 연고지였고, 닷새에 한 번씩 장이 섰으며, 특히 대화에는 당시에 아마(亞麻) 공장이 있어서 주변의 농촌 사람들을 직공으로 끌어들이고 있었다. 그러나 실제로 그들이 마을에 남아 있는 가족의 생계를 돕는 경우는 적은 편이었다. 몇몇 가구주와 장남들만이 그들의 수입 중에서 일부를 가족의 생활비에 보태는 정도에 지나지 않았다.

지금까지 우리가 살펴본 봉산리와 용산2리의 가구와 인구 및 주민의 특성은 직업·교육·출생지 등 인구학적 측면에서 동질적인 사람들로 구성되었다고 말할 수 있다. 이러한 주민의 동질적인 구성은 그들의 가족·친족·혼인은 물론 경제생활과 의식주의 생활양식 및 사회조직과 신앙 의례에서도 동질적인 경향을 보여주는 기초가 되고 있었다.

3. 가족·친족·혼인

1. 가족의 구성과 형태

가족은 엄밀한 의미에서 가구와 구별되어야 한다. 그러나 봉산리와 용산2리에서는 한두 가족을 제외하고 거의 모든 가족구성원이 가구 성원과 일치한다. 더구나 조사지역 두 마을 주민의 생업이 거의 모두 농업이기 때문에 가족은 가장 기본적인 사회·경제적 단위라고 말할 수 있다.

조사 당시 봉산리와 용산2리의 가족 구성원수와 가족 구성 세대수로 본 가족 형태의 분포는 〈표 3-1〉과 같다. 이 표에서 보는 바와 같이 봉산리 38가족의 구성원수는 1인 가족부터 13인 가족에 이르기까지 다양하였다. 세대별 가족 구성도 1세대 가족부터 4세대 가족에 이르기까지 다양하였다. 용산2리 69가족에서도 2인부터 13인 가족에 이르기까지 가족의 구성원이 다양하였고, 세대별 가족구성이 1세대 가족부터 4세대 가족에 이르기까지 다양하였다.

가족의 평균 구성원수는 봉산리의 경우 5.82인이었고, 용산2리의 경우에는 6.19인이었다. 봉산리와 용산2리를 포함한 산촌 가족의 크기는 비슷한 시기의 농촌 가족(고황경 외 1963:19) 평균 크기 5.96인보다는 약간 적었고, 도시 가족(이효재 1959:7) 평균 크기 5.56인보다는 약간 많았는데, 가거도 어촌 가족(Han 1977:53, 1968년 조사자료) 평균 크기 5.35인보다 훨씬 더 컸던 것으로 밝혀졌다. 평균 가족의 크기를 보여주는 대표적인 경우를 봉산리 최기영 씨(48세, 부부와 2남1녀, 〈사진 3-1〉)와 용산2리 김수

〈사진 3-1〉 봉산리 최기영 씨(48세) 가족. 1960. 7.
〈사진 3-2〉 용산2리 김수진 씨(37세) 가족. 1960. 8.

〈표 3-1〉 가족구성원수와 가족구성 세대수로 본 가족 형태의 분포

가　　족 구성원수 (사　람)	봉산리					용산2리				
	가족 구성세대(世代)수					가족 구성세대(世代)수				
	1	2	3	4	계	1	2	3	4	계
1	1				1					
2	3	1			4	3				3
3		2			2		6			6
4		1			1		7	1	1	9
5		10	3		13		7	2		9
6		3	1		4		10	2	1	13
7		2	1		3		5	2		7
8		3	3		6		2	7	1	10
9					–		4	5		9
10		1	1		2		1			1
11		1			1			1		1
12					–					–
13				1	1			1		1
계	4	24	9	1	38	3	42	21	3	69

진 씨(37세, 부부와 3남1녀, 〈사진 3-2〉) 가족에서 볼 수 있다.

　세대별 가족구성은 봉산리의 38가족 중에서 24가족(63% 이상)이 2세대 가족으로 핵가족 형태가 지배적이었다. 그런 경향은 용산2리에서도 비슷하게 나타나 69가족 중에서 42가족(61%가량)이 2세대 가족으로 밝혀졌다. 이런 2세대 핵가족 형태의 경향은 그 당시 농촌의 핵가족 비율(57% 이상)보다는 높았지만, 도시의 핵가족 비율(66% 미만)보다는 낮았으며, 어촌의 핵가족 비율(70%)보다는 훨씬 더 낮았던 것으로 나타났다.

　봉산리의 1인 1대 가족은 조사 당시 굴암(窟岩)의 움막에서 혼자 사는 66세의 전춘자 할머니였다. 34세 때 남편이 외입 나가서 소식이 없고, 아들 둘도 오래 전에 집을 나가서 행상을 하고 있으며, 딸 하나는 혼인하여 삼척에 살고 있었다. 그 할머니는 마을 사람들의 도움을 받아 밭 700평에 농사를 지어 가을에 추수해서 딸네 집에 가서 살다가 이듬해 봄에 다시 봉산리로 돌아온다고 했다. 2인 1대 가족은 30대 부부 가족 세 집이었다. 2인 2

대 가족은 조사 당시에 상처하고 다섯 살 된 아들과 함께 사는 홀아비 가족뿐이었다. 13인 4대 가족은 〈그림 3-1〉에서 보는 것처럼 봉산리 최춘달(79세) 씨 가족으로 남자 노인, 장남 부부, 장손 부부, 미혼 손자 3인, 미혼 손녀 3인, 증손자 1인, 증손녀 1인으로 구성된 전형적인 직계 대가족이었다.

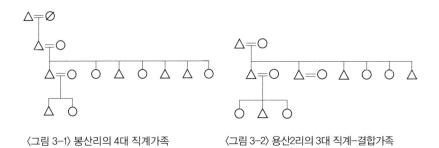

〈그림 3-1〉 봉산리의 4대 직계가족   〈그림 3-2〉 용산2리의 3대 직계-결합가족

용산2리의 2인 1대 가족은 20대와 30대의 부부가족 두 집과 아들 부부와 손자가 분가해서 강릉에 살고 있는 50대 후반의 부부 가족이었다. 그리고 〈그림 3-2〉에서 보는 것처럼 13인 3대 가족은 김성회(57세) 씨 부부와 장남 부부, 차남 부부, 미혼 아들 2인, 미혼 딸 2인, 손녀 2인, 손자 1인이 함께 사는 직계가족과 결합가족이 혼합된 대가족이었다.

가족구성원이 11명 이상인 대가족들은 봉산리와 용산2리에서 모두 6천 평에서 1만 평가량의 농토와 임야 기타 동산을 비교적 많이 소유하고 있는 부유층에 속하는 것으로 나타났다. 산촌에서는 15세 이상의 남녀는 누구나 직접 농사에 종사할 수 있는 노동력을 가진 것으로 간주되었다. 그리고 실제로 농사 이외의 다른 직업의 기회가 없기 때문에 기본적으로 농토를 비롯한 재산이 없으면 대가족의 생계를 유지할 수가 없었다. 뿐만 아니라 토지가 한정되어 있었기 때문에 차남 이하의 아들이 혼인하여 새 가족을 형성하더라도 분가할 때 재산을 나누어 줄 수 있는 능력을 가진 가족들이 별로 많지 않았다. 거기에다 나이 많은 조부모와 부모를 모시고 미혼의 어린 동생들과 자신의 자녀들을 돌보면서 조상의 제사를 지내는 의무가 장남에게 있었기 때문에 일반적으로 직계가족의 형태를 이루고, 재산상속은 장자 우선의 상속 형태를 취하여 차남 이하는 자수성가하는 경향이 있었다. 차남이나 삼남은 혼인하고도 자수성가할 때까지는 임시로 장남의 가족과 함께 살아야 했기 때문에 그동안에는 결합가족의 형태를 보여주고 있었다. 이처럼 직계가족과 결합가족 성원들이 함께 생활하는 동안에는 형제들과 그들의 부인들, 그리고 부모 사이에 보이지 않는 경쟁과 갈등과 불화가 일어날 수밖에 없었다.

2. 친족관계

봉산리와 용산2리 사람들은 가족관계의 범위를 넘어 같은 마을 안에서 함께 살고 있다는 지연(地緣)관계를 맺고 살아왔을 뿐만 아니라, 마을 안팎에서 핏줄에 의한 혈연(血緣)관계와 혼인에 의한 인연(姻緣)관계를 맺으면서 살아왔다. 일반적으로 혈연관계로 맺어진 사람들을 혈족(血族)이라 하고, 혼인관계로 맺어진 사람들을 인족(姻族)이라 하며, 혈족과 인족을 통틀어 친족(親族)이라고 했다. 봉산리와 용산2리 사람들 사이에는 그런 친족관계가 매우 복잡하게 얽혀 있었다. 혈족에는 당연히 부계 혈족과 모계 혈족이 있게 마련이었다. 그러나 한국에서는 혈연관계의 원근과 촌수를 따져서 출계(出系)를 추적하여 동성동본(同姓同本)의 일가·친척·종족(宗族), 씨족을 확인하는 데에 관습적으로나 법률적으로나 부계 혈족을 위주로 하는 부계율(父系律)을 따르는 것이 일반적인 관행이었다. 예외가 있기는 하지만 일반적으로 성씨(姓氏)가 같더라도 본관(本貫)이 다르면 일가·친척·종족·씨족이 될 수 없었다.

조사 당시에 봉산리에는 15개의 성씨가 있었으며, 같은 성씨라 하더라고 본관이 다른 경우도 많았다. 예를 들면 봉산리에는 총 38가족 중에서 김(金)씨가 12가족이었는데, 그들의 본관은 강릉(7), 삼척(3), 김녕(1), 청양(1)으로 갈라져 있었다. 최(崔)씨 9가족의 본관은 강릉(5)과 삼척(4)으로 나뉘어 있었고, 밀양 박씨(朴, 3), 전주 이씨(李 2), 경주 이씨(1), 기타 남(南), 손(孫), 송(宋), 심(沈), 안(安), 양(梁), 유(劉), 전(全), 전(田), 조(趙), 황(黃)씨가 각기 1가족씩 있었다. 성씨의 분포로 볼 때 강릉 김씨가 숫자 상으로 많았지만 서로 다른 성씨들 간의 사회·경제적 지위나 권위 또는 위계의 차등은 발견할 수 없었다. 뿐만 아니라 동성동본의 친족집단이라고 해서 특별히 강한 결속력을 보이는 것 같지도 않았다. 그러나 당내(堂內)처럼 가까운 일가친척이나 인척(姻戚) 사이에는 집안 식구들의 생일 또는 조상의 제사와 같은 특별한 행사와 어려운 일이 생겼을 때 남과는 달리 함께 즐기고 조상을 숭배하며 상부상조하는 것이 관례로 되어 있었다. 봉산리 이장 박봉화(45) 씨와 박춘원(37) 씨 형제는 발왕동에 이웃하여 살았고, 최종구(45) 씨와 최종철(35) 씨 형제는 봉두곤에 살고 있었다.

  용산2리 69가족 중에는 16개의 성씨가 있었는데, 김씨(19)가 가장 많았고, 최씨(17)가 두 번째로 많았으며, 그 다음으로 이씨(6), 권씨(4), 하씨(4), 전(全, 3)씨, 조(趙, 3)씨, 황씨(3), 강(姜, 2)씨, 주(朱, 2)씨, 기타 라(羅), 박(朴), 안(安), 염(廉), 지(池), 한(韓)씨가 각기 1가족씩 있었다. 김씨 중에는 안동 김씨(9)가 가장 많았고, 그 다음으로 강릉 김씨(4)가 많았으며, 경주, 고성, 김녕, 김해, 연안, 의성 김씨가 각기 1가족씩 있었다. 최씨 중에는 강릉 최씨(11)가 동군(東君) 최씨(6)보다 더 많았다. 그러나 강릉 최씨와 동군 최씨는 본관이 다름에도 불구하고 실제로 같은 조상의 자손이라는 사실을 두 성씨의 사람들이 모두 인정하고 있었다. 뿐만 아니라 용산2리에는 없는 경주 최씨와 전주 최씨도 같은 조상의 자손이기 때문에 강릉 최씨에는 경주, 동군, 전주 최씨계(崔氏系)가 모두 포함된다고 말하고 있었다. 이씨 6가족은 모두 본관이 전주였고, 권씨, 하씨, 전씨, 조씨, 황씨, 강씨도 모두 본관이 같은 일가들이었다. 용산2리에서도 봉산리에서와 마찬가지로 서로 다른 성씨들 간에 뚜렷한 사회적 지위나 위계의 차별은 없었다. 따라서 서로 다른 성씨들 간의 반목이나 갈등은 보이지 않았다. 다만 동군 최씨는 물안골과 서낭골의 2반에 집중적으로 모여 살았고, 안동

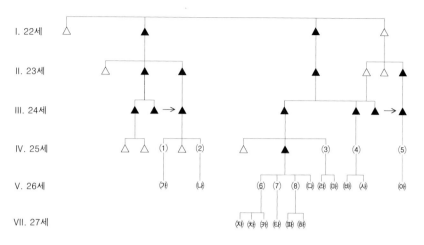

| I. 22세 | | | | | | | | | | | |

〈그림 3-3〉 용산2리 안동 김씨 정의공파 종족 계보 (1960)

△: 용산2리 거주 경험이 없었던 남성

▲: 용산2리 거주 경험이 있었던 남성

(1,2,3): 조사 당시 용산2리 거주 가족의 기혼 남성 가장

(6): 조사 당시 용산2리 이장

(가,나,다): 조사 당시 용산2리 거주 미혼 남성

→: 출계(입양)

김씨는 돌암 지역의 3반에 주로 거주하였으며, 강릉 최씨는 노삼동과 곧은골의 4반에 모여 살고 있어서 씨족들 간에 거주지역의 차이가 있었다.

족보를 가지고 있는 집들은 별로 많지 않았다. 더구나 마을 안에 공식적인 친족 조직이 형성된 사례는 발견할 수 없었다. 그러나 강릉이나 평창 또는 정선 일대의 종중 또는 문중의 파손(派孫)들이 종회 또는 종친회와 같은 종족 조직(宗族組織)을 형성하고 파보를 간행하는 사례는 더러 있었다. 이들 종족 조직은 조상숭배와 친목을 도모하는 기능 외에, 친족집단 내부에서나 지방자치 또는 국회의원 선거에서 정치적 기능을 하기도 했다고 한다. 조사 당시에는 봉산리와 용산2리에 거주하는 사람들이 그 마을에 친족집단의 공동재산으로 위토(位土)나 종산(宗山)을 소유하고 있는 경우는 없었다. 그러나 그 주변 지역이나 강릉 지역에 사는 사람들의 위토전이 봉산리와 용산2리에 있어서 그 땅을 경작하고 도조(賭租)를 내는 사람들은 조사 지역의 두 마을에 몇 가구씩 있었다.

용산2리의 안동 김씨 정의공파(正儀公派) 종족계보(〈그림 3-3〉)에서 보는 바와 같이 이 마을에 안동 김씨가 처음 이주해서 들어온 입향조(入鄕祖)는 조사 당시의 이장이었던 김수진 씨(일명 태순 씨, 26세손) (6)의 고조부(22세손)와 그의 둘째 형님이었다. 그때가 1830년대였다고 한다. 그 뒤로 거의 130년이 지난 1959-60년 조사 당시에는 용산2리에 안동 김씨 정의공파 가족이 다른 파의 1가족을 제외하면 8가족이었다. 입향조를 1대로 치면 6대까지 안농 김씨 정의공파 남지들의 수는 입향조 2명을 포함하여 조사 당시까지 34명이었고, 조사 당시에 거주했던 남자들은 8가족 22명이었다.

동군 최씨 입향조가 용산2리에 처음 이주하여 들어온 것은 안동 김씨 입

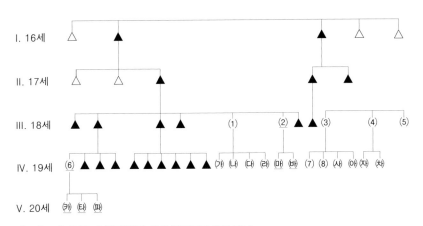

〈그림 3-4〉 용산2리 동군(강릉) 최씨 참판공파 종족 계보
△: 용산2리 거주 경험이 없었던 남성
▲: 용산2리 거주 경험이 있었던 남성
(1, 2, 3): 조사 당시 용산2리 거주 가족의 기혼 남성 가장
(2, 6): 조사 당시 용산2리와 외지를 왕래한 가족의 기혼 남성 가장
(가, 나, 다): 조사 당시 용산2리 거주 미혼 남성
(마, 바, 카, 타, 파): 조사 당시 용산2리와 외지를 왕래한 가족의 미혼 남성

향조보다 늦은 1800년대 중엽이었던 것으로 전해졌다(〈그림 3-4〉 참조). 용산2리 이주 3대째인 18세손 최찬옥 씨(1)와 최찬오 씨(2) 등 7형제와 최찬봉 씨(3)와 최찬순 씨(4) 및 최찬선 씨(5) 3형제는 조사 당시에 경제적으로나 사회적으로 전성기에 있었던 것으로 보였다. 특히 용산2리의 동군 최씨들 중에는 조사 당시에 태극도 신도가 많았다(태극도에 관해서는 7장 '신앙과 의례'에서 상세하게 설명할 것임). 조사 당시 용산2리에 동군 최씨 6가족 14명의 남자가 상주했고, 2가족 7명의 남자는 군복무와 태극도 신앙 관계로 외지를 왕래하고 있었다.

3. 혼인

동성동본불혼(同姓同本不婚)의 원칙에 따라 같은 씨족 성원들 간에는 혼인을 하지 않는 것이 한국의 오랜 관행이었다. 이런 친족의 혼인 제약조건에다가 봉산리와 용산2리처럼 쌀농사도 안 되고 일 년 내내 감자와 옥수수만 먹고 밭농사와 산나물 채취 작업을 하면서 힘들게 살아야 하는 오지 중의 오지 두메산골로 딸을 시집보내려고 하지 않았을 것이다. 그래서 봉산리와 용산2리에는 같은 마을에서 어릴 때부터 서로 잘 알고 지내며 어려운 생활을 함께 경험한 혼기의 젊은 남녀 간의 혼인이 양가의 부모나 이웃 주민들 또는 본인 당사자들의 사랑과 청혼, 또는 중매에 의해서 이루어진 사례가 많았다. 실제로 조사 당시에 두 마을의 가구주를 대상으로 지역적 통혼권을 조사한 결과는 다음과 같았다.

같은 마을 안에서 살았던 남녀 간의 촌락내혼(村落內婚) 사례가 봉산리에서는 미혼 가구주 1명을 제외한 37쌍의 부부 중 17쌍으로 거의 절반가량(46.1퍼센트)이었다. 용산2리에서는 미혼 가구주 2명을 제외한 67쌍의 부부 중 24쌍으로 3분의1(35.8퍼센트)가량이었다. 두 마을의 촌락내혼 비율을 비교해 보면 봉산리의 촌락내혼 비율이 용산2리보다 훨씬 높은 것을 알 수 있었다. 봉산리와 용산2리 주민들의 혼인관계로 맺어진 사돈이나 재사돈 또는 인척관계는 봉산리의 15개 다른 성씨들과 동성이본 성씨들,

그리고 용산2리의 16개 다른 성씨들과 동성이본 성씨들 사이에 매우 복잡하게 얽혀져 있었다. 이런 혼인의 연결망이 주민들의 결속력을 더욱 강하게 만드는 요인이 되기도 하였고, 촌락내혼은 자녀들의 언어와 일상생활 양식의 전통을 계승시키는 역할을 하가도 했다.

봉산리와 용산2리의 촌락내혼 비율(46.1퍼센트)은 다른 농촌과 어촌의 촌락내혼 비율과 뚜렷한 대조를 이루고 있었다. 쌀농사를 짓는 일반 농촌의 동족마을 경북 안동 하회마을(김택규 1964:118)에서는 촌락내혼 비율이 봉산리 경우보다 절반도 안 되는 20.4퍼센트였다. 이처럼 촌락내혼의 비율이 낮은 원인은 하회마을이 조선시대의 지배적인 양반 신분의 명문 동족이 많이 모여 살고 있었기 때문인 것으로 해석되었다. 하회마을 안에서도 동족 성원들의 통혼권에서 촌락내혼 사례는 하나도 없었는데 반해서, 비동족의 경우에는 촌락내혼의 비율이 49.3퍼센트로 나타났다(앞의 책 115쪽 참조). 반농반어인 충남 서산의 한 농어촌(Brandt 1969:140)에서도 촌락내혼 비율이 22퍼센트로 일반 농촌과 큰 차이를 보이지 않았다. 그러나 경기도 서북부의 비교적 고립된 백령도의 진촌이라는 어촌(이해영, 한상복 1973:410)에서는 촌락내혼의 비율이 54.5퍼센트로 봉산리보다도 더 높았다. 한국에서 가장 고립된 섬으로 알려진 전남 신안군 서남부의 가거도 어촌(Han 1977:58)에서는 도내혼(島內婚)의 비율이 93퍼센트로 상당히 높았다.

이처럼 촌락내혼의 비율이 높다는 사실은 그만큼 마을 안에서 혼인의 연결망이 복잡하게 얽혀 있다는 것을 의미한다. 특히 용산2리의 강릉 최씨와 동군 최씨 및 안동 김씨와 같은 한 마을의 대성(大姓)들 사이에는 상호간에 혼인해서 들어오고 나가는 여성들의 교환 빈도가 높은 경향이 있었다. 이처럼 혼인관계로 맺어진 인척관계가 처가와 시댁, 외가와 고모, 이모, 사돈댁처럼 다양하게 마을 사람들을 얽어매는 연결망을 형성하여 마을의 공동체 의식을 강화시켰다. 이런 점에서 볼 때 전통적인 유교관념상 핏줄에 의한 부계 혈연 중심의 친족관계보다는 오히려 혼인에 의한 인척과 외척 중심의 친족관계가 봉산리와 용산2리 주민들의 일상생활에서 더욱 긴밀하고 우호적이며 상호 협력하는 연대의식을 형성시켜 주었다고도 말할 수 있다.

봉산리 가구주 부부 37쌍의 초혼연령은 남편의 경우 15세부터 35세까지 다양하였고, 부인의 경우에도 15세부터 29세까지 다양하였다. 그러나 남편의 초혼연령이 30세 이상인 사례는 2명뿐이었고, 25세 이상 29세까지의 사례도 3명뿐이었다. 나머지는 20세에서 24세까지의 사례가 23명으로 가장 많았고, 그 다음으로 15세부터 19세까지의 사례가 9명으로 많았다. 부인의 초혼연령도 20세 이상의 사례가 2명뿐이었고, 15세부터 19세까지의 사례가 35명으로 거의 대부분이었다.

용산2리에서도 67쌍의 가구주 부부 초혼연령이 남편은 14세부터 31세까지, 그리고 부인은 13세부터 22세까지 다양했다. 그러나 남편의 경우 전체의 절반이 넘는 34명이 20세에서 24세 사이에 혼인했고, 26명은 15세에서 19세 사이에 혼인하였다. 1명은 14세에 혼인하였고, 6명은 25세에서 31세 사이에 혼인했다. 부인의 경우에는 51명이 15세에서 19세 사이에 혼인했고, 11명이 20세에서 22세 사이에 혼인했다. 13세에 혼인한 부인도 1명 있었다. 이상과 같은 자료를 종합해 볼 때 봉산리와 용산2리 가구주 부부들 중에서 남편들은 대부분 20세에서 24세 사이에 혼인을 했고, 부인들은 대부분 15세에서 19세 사이에 혼인을 한 것으로 요약되었다.

비슷한 시기에 경북 안동 하회마을 농촌 비동족 성원들의 초혼연령이 남성 22.2세였고, 여성 17.3세였다는 조사연구 결과는 봉산리의 남성과 여성 초혼연령과 거의 비슷한 경향을 보여주고 있었다(김택규 1964:123 참조). 그리고 농촌에서는 남자가 21-22세, 여자가 17-18세에 혼인했고, 도시에서는 남자 25-26세, 여자가 17-18세에 혼인함으로써 농촌의 조혼과 도시의 만혼 경향을 대조시킨 조사연구 결과도 산촌과 농촌 및 도시의 남녀 초혼연령을 비교해 볼 수 있는 자료였다(이효재 1972:143 참조).

지금까지 살펴본 통혼권과 초혼연령은 모두가 봉산리와 용산2리의 가구주 부부를 대상으로 분석한 결과였다. 그들의 자녀에 대해서는 통혼권과 초혼연령 및 혼인 형태를 조사하지 않았으나 일반적인 경향과 달리 예외적인 몇몇 혼인 사례들이 확인되었다. 예를 들면 조사 당시 봉산리에서 3대째 가난하게 살고 있던 61세의 김씨는 열 살 전에 어머니가 돌아가셨고, 아버지는 남의 집 일을 해주면서 돌아다니다가 18세의 아들 김씨를 같은 마을 봉산리의 딸들만 있는 집에 일꾼으로 주었다. 그 집에서는 큰 사위를 데릴사위로 들여서 농사일을 시켰는데, 그 사람이 나가 버려 김씨를 2년 동안 일꾼으로 쓰다가 20세 되던 해 15세의 둘째 딸과 혼인시켜 데릴사위로 들여앉혔다. 조사 당시에 김씨의 큰아들은 36세였는데 혼인을 못하고 있었으며, 큰딸은 12세 연상의 홀아비에게 처녀로 시집갔고, 둘째 아들은 과부에게 총각으로 장가를 갔다. 25세의 셋째 아들은 진부 어느 농가에 수양아들 겸 머슴으로 주었고, 넷째 아들도 혼기가 찼는데 딸을 줄 사람이 없어서 걱정이라고 김씨는 말했다.

조사 당시 45세였던 용산2리의 최씨는 원래 도암면 호명2리에 살았고, 22세 때 같은 마을의 15세 여성과 혼인하여 아들딸 낳고 살았다. 그러다가 광복 후 29세 때 평안북도 영변에서 내려온 20세의 여성을 첩으로 맞아들여 본처 가족을 호명2리에 두고 첩과 함께 용산2리로 이사했다. 용산2리에는 최씨의 손아래 매부와 여동생이 토박이로 살고 있었기 때문에 첩살림을 안정적으로 꾸려 나갈 수가 있었다. 조사 당시에 첩은 36세로 9세의 아들과 5세의 딸과 함께 용산2리에 살고 있었으며, 남편 최씨는 호명2리 본처 집과 용산2리 첩 집을 오가며 두 집 살림을 하고 있었다.

4. 자급자족의 생계경제

　봉산리와 용산2리 주민들은 대부분 부모한테서 물려받은 재산이 거의 없는 상태에서 맨손으로 자수성가하여 가족의 생계를 꾸려 가고 있었다. 조사 당시 가계의 책임을 지고 있는 가구주 107명(봉산리 38, 용산2리 69)에게 "부모가 어떤 방식으로 자녀들에게 재산을 분배했는가"라고 물었더니 "아무에게도 물려주지 않았다"라고 응답한 사람이 62명(봉산리 24, 용산2리 38)이었다. 부모에게는 물려줄 만한 재산도 없었으니, 자식들이 분가해도 분재할 것이 없었다. 그들은 대부분 공공교육도 받지 못했고, 특별한 기술을 습득하지도 못했다. 그들은 오직 자기의 노동력만을 가지고 거의 예외 없이 농업에만 종사해 왔다. 간혹 양봉이나 양잠을 하거나 산판 벌목작업이 있을 때 산림노동을 했다. 때로는 깊은 산간에서 약초를 채취하거나 뱀을 잡아서 파는 경우도 있었지만, 그런 일들은 어디까지나 부차적인 것에 지나지 않았고, 그들의 생업은 농업일 뿐이었다.

　조사 당시 두 마을 성인 남성들의 인구학적 조사 자료를 분석한 결과 직업 구성이 서당의 훈장과 군복무 또는 다른 일 때문에 일시적으로 마을을 떠난 사람들을 제외하면 모두가 농업이었다. 그러나 가구주 107명을 상대로 그들의 이전 직업을 물었을 때 봉산리의 13명과 용산2리의 8명이 농업 이외의 다른 직업을 가졌던 경험이 있다고 응답했다. 농업 이외의 다른 직업 중에는 산림노동이 가장 많았고, 나무장사, 광산노동 등이 포함되어 있었다.

1. 농업

원래 봉산리와 용산2리의 토지는 거의 대부분 아주 오랜 옛날에 외지 사람들이 들어와 불법으로 몰래 산간의 국유림에 불을 질러 개간한 화전이었다. 화전 농업은 비료를 주지 않아도 잘 자라는 감자·콩·조·메밀 따위를 인간의 노동력과 토지의 생산력인 자연의 지력(地力)과 불탄 재만으로 재배하는 원시적인 농법이었다. 따라서 매년 추가적인 비료를 주지 않고 동일한 토양에 작물을 재배하면 농작물이 양분을 점차로 흡수하여 지력이 약해졌다. 2-3년이 지나 자연의 지력과 재의 성분이 없어지면 화전민이 그 땅을 버리고 다시 새로운 화전을 개간하기 위해 이동하는 것이 화전 농업의 특성이었다. 그렇게 버려진 박토(薄土)를 4-5년가량 휴경(休耕)했다가 쑥이나 잡초가 무성하게 자라서 지력이 회복되면 떠나갔던 화전민이 다시 돌아와 경작하는 것이 관례였다. 그러다가 퇴비와 인분·재 등의 유기물 비료를 주면서 더 이상 이동하지 않고 일정한 토지에 정착하여 해마다 농사를 짓는 숙전(熟田)을 경작하면서 2대나 3대를 지나는 동안에 산간 농촌 마을이 형성되었다.

토지: 농업 생산의 가장 중요한 요소는 토지다. 1959년도 평창군 도암면 「면세일람」에 따르면 두 마을의 총경지면적은 봉산리 152,100평, 용산2리 283,200평이었다. 그러나 실제 경지면적은 그보다 훨씬 더 넓었던 것으로 추측되었다. 그 까닭은 산간으로 깊이 들어갈수록 그 당시까지만 해도 화전을 개간하여 경작하는 사례가 많았을 뿐만 아니라, 그것들은 모두 면사무소에서 파악되지 않았기 때문이었다. 경지면적의 구성은 봉산리 등록지 133,500평(모두 밭뿐)과 미등록지 12,600평(밭뿐), 용산2리의 등록지 282,000평(논 3,000평, 밭 279,000평)과 미등록지 1,200평(밭뿐)이었다.

일반적으로 산간지대의 경지면적은 평야지대보다 더 넓은 것으로 알려져 있다. 〈표 4-1〉에서 보는 바와 같이 봉산리와 용산2리 합계 호당 평균 경지면적은 4,068평으로 한국 농가 전체의 호당 평균 경지면적 2,673평에 비하여 훨씬 더 넓었다. 임야를 소유하거나 산림을 관리하는 농가는 봉산리에 2가구, 용산2리에 7가구 있었으며, 그 규모는 대략 12,000평 안팎이었다.

봉산리와 용산2리 합계 농가의 70퍼센트 이상이 조사 당시 1정보(3,000평) 이상의 토지를 경작하고 있었는데 반하여, 한국 전체의 일반 농가는 같은 시기에 27퍼센트가량만이 3,000평 이상의 토지를 경작하고 있었다. 1,500평 미만의 영세농가 비율도 조사지역에서는 8.4퍼센트에 불과했는데, 한국 전체의 일반 농가에서는 42.3퍼센트가 영세농이었다. 그럼에도 불구하고 조사지역에서는 기상과 토양 등 농작물의 성장조건이나 영농기술과 방법, 영농자금과 노동력의 부족으로 농업 소득이 한국 전체의 일반 농가에 비하여 상대적으로 훨씬 떨어지고 있었다.

조사지역의 토지는 과거에 대부분 화전이었으므로 그 당시에는 소작관행이 별로 없었다. 그러나 이동식 화전 농업에서 정착 형태의 숙전 집약농업으로 바뀌면서부터는 한 마을의 잉여 토지가 영세농가에게 일정한 계약에 의해서 임대되었다. 한 마을에 살던 농민 가족이 다른 곳으로 이사할 때에 토지와 가옥이 매매되지 않으면 그것들이 일정한 계약에 의해서 그 마을의 영세 농민에게 소작으로 임대되곤 하였다. 이런 과정을 통해 조

〈표 4-1〉 경작 규모별 농가 호수의 분포

지 역	년도	합 계		호 수 (백 분 률)					호당평균 경지면적 (평)
		농가 호수	경지 면적 (정보)	1,500평 미만	1,500~ 3,000평 미만	3,000~ 6,000평 미만	6,000~ 9,000평 미만	9,000평 이상	
한국 전체*	1959	226만 7,419	202만 791.6	42.3	30.3	20.9	6.2	0.3	2,673
봉산리	1960	38	50.7	5.3	23.7	42.1	23.6	5.3	4,002
용산2리	1960	69	94.4	10.1	20.3	47.8	17.4	4.4	4,404
봉산·용산 합계	1960	107	145.1	8.4	21.5	45.8	19.6	4.7	4,068

※ 한국 전체의 통계는 『경제조사월보』 1961년 3월호의 경제 통계에 의거한 것임.

사지역에서도 소작 관행이 생겼고, 부재지주도 점차 늘어나게 되었다. 그러나 조사 당시에 봉산리와 용산2리 안에 살면서 같은 마을 사람에게 소작을 준 지주는 한 사람도 없었고, 조사지역 소작지의 지주는 모두 외부의 부재지주였다.

조사 당시에 두 마을의 농가 중에서 자작농이 60.8퍼센트, 소작농이 29퍼센트, 그리고 나머지는 자작 겸 소작농이었다. 소작농은 봉산리(21.1퍼센트)보다 용산2리(33.4퍼센트)에 더 많았는데, 그 원인은 그 당시까지만 해도 봉산리에서는 비밀리에 화전을 경작하는 예가 더러 있었기 때문이라고 어떤 주민이 말했다. 경지면적에 있어서도 소작의 경시 규모가 봉산리에서는 75퍼센트 이상이 5단보 미만이었는데, 용산2리에서는 64.5퍼센트 이상이 5단보 이상이었다.

농경지의 배치는 거의 대부분 각 농가를 중심으로 주변에 분포되어 있었다. 따라서 한 마을을 구성하는 각 농가는 상당한 거리를 두고 따로따로 분산되어 있어서 농가수에 비하여 한 마을의 면적 또는 경계 범위가 매우 넓었다. 그런 주거 형태와 농경지의 배치는 화전 개간에서 비롯된 것으로 추측되었다. 실제로 봉산리와 용산2리에서는 농가의 주택과 부대시설 및 마당 등의 주택지를 중심으로 텃밭 또는 채마전이 둘러싸여 있었고, 그 바깥에 그 농가의 경작지가 분포되어 있었으며, 마을 바깥 주변에 국유림의 산림이 배치되어 있었다. 이러한 농가의 주택 및 주택지, 채마전, 경작지, 삼림의 배치 형태를 독일의 중세 봉건적 농업촌락인 '게르만적 촌락공동체의 토지점취양식(土地占取樣式)'(大塚久雄 1959:94)에서도 볼 수 있다. 주택 및 주택지(Haus und Hof)·채마전(Wurt)·공동경지(Ackerland)·공동지(Almende)·삼림목지(Weide)의 배치와 비교해 보는 것도 흥미 있는 작업이었다(한상복 1964a:150-151 참조).

토지의 매매는 흔하지 않았다. 집안에 혼인·우환·초상과 같은 큰일로 급하게 많은 돈이 필요한 경우, 또는 가족이 마을 밖으로 이사해 나갈 경우 그 자리에 들어올 사람이 있는 한에서만 가옥과 함께 토지가 매매되었

〈사진 4-1〉 봉산리 농민이 이사할 때 버려진 가옥과 토지. 1960. 7.
〈사진 4-2〉 용산2리 농민이 이사할 때 버려진 가옥과 토지. 2009. 3. 3

다. 토지의 가격에는 일정한 기준이 없지만, 일반적으로 주택지로부터 경작지까지의 거리와 경사도 및 토양의 비옥도에 따라 결정된다고 주민들은 말했다. 봉산리의 한 주민은 1959년에 집 주변에 비교적 양지바른 비옥한 토지 4,600평과 방이 두 개인 주택을 포함하여 25,000환(2,500원)에 구입했다고 한다. 이런 경우에 주택 가격은 포함시키지 않고 토지 가격만 계산해 보더라도 한 평에 6환 16전(60錢 16厘)밖에 되지 않았다. 따라서 이 지역에서는 토지의 가치가 경제적 교환가치로서는 별로 중요성을 갖지 못했고, 거기에 투입되는 자본과 노동이 결부되어 발생하는 농업의 생산적 가치로서만 중요성을 가졌던 것으로 해석되었다.

작물과 노동: 앞의 토지 소유 상황에서 본 바와 같이 봉산리에는 논이 전혀 없었고, 용산2리에만 논이 약간 있으나 대부분의 토지가 밭이었기 때문에 이 두 마을에서는 밭작물을 주로 재배하고 있었다. 특히 이 지역은 고원 산악지대로 경사가 급하고 햇볕 비치는 시간이 짧으며, 기온이 낮고 서리와 눈 내리는 기간이 길기 때문에 벼농사를 거의 하지 않고 있었다. 용산2리 입구에만 있는 논 10단보(1정보)에서도 기온이 한랭하고 물이 차기 때문에 다른 일반 농촌에서처럼 벼의 성장이 잘되지 않는다는 것이 그곳 주민들의 경험에서 확인된 농업 지식이었다. 따라서 조사지역에서는 한국의 일반 농촌에서 중요하게 다루어지는 벼농사의 수리(水利)와 관개(灌漑)를 둘러싼 문제가 별로 심각하지 않았다.

주요 농작물은 감자·옥수수·콩·팥·귀리·호밀·메밀 등이었다. 보리와 밀은 재배하지 않았다. 따라서 식량으로 쌀이나 보리가 필요할 때는 진부장에 가서 사 오는 수밖에 없었다. 일 년을 통틀어 주민들의 주식은 감자와 옥수수가 대부분을 차지하였고, 그 중에서도 옥수수보다 감자의 소비량이 훨씬 더 많았다. 대관령 고랭지 채소로 이름난 배추와 무는 이 지역의 특산물이었다. 그 밖의 특용작물로는 당귀·강활·천궁·작약·고분(枯분) 등의 약초를 재배하고 있었으나, 이런 환금작물들은 주로 시장에서 거래되었기 때문에 운반 거리 관계로 용산2리에서만 재배되었고 봉산리에서는 거의 재배되지 않고 있었다. 봉산리에서 가장 가까운 시장인 진부장까지의 거리가 20킬로미터 이상이고, 운송수단은 오로지 사람의 등짐뿐이었으므로 환금작물 재배에 어려움이 많았다. 교통과 운반의 어려움 이외에도 특용작물 재배에는 노동력과 비료가 많이 투입되어야 했기 때문에 기본 자금이 없이는 재배하기가 곤란하였다. 따라서 대부분의 농작물은 자가소비용 곡물과 채소류였으며, 삼[大麻]과 아마(亞麻)를 재배할 뿐이었다. 삼은 이곳 부녀자들이 가내수공업으로 주민들의 옷감인 삼베를 짜는 원료로 이용되었고, 아마는 밧줄 섬유를 만드는 대화 지방의 아마 공장으로 반출되고 있었다.

밭을 가는 일은 일반적으로 소 한 마리가 중간 크기의 쟁기처럼 생긴 '극쟁이'를 멍에에 걸치고 끄는 '호리' 또는 '극쟁이질'과 소 두 마리가 큰 쟁기처럼 생긴 극쟁이를 하나의 긴 일자 멍에에 걸치고 함께 끄는 '겨리' 또는 '보구래질'로 하고 있었다. 특히 밭을 깊게 갈 때는 삼각형 보습의 큰 극쟁이를 소 두 마리가 끄는 겨리질로 하였다. 그리고 보통 밭을 갈거나 밭고랑을 켤 때는 중간 크기의 삼각형 보습을 댄 극쟁이를 소 한 마리가 끄는 호리질로 하였다. 좁은 옥수수 밭고랑의 잡초를 훑쳐낼 때는 작은 쟁기처럼 생긴 극쟁이의 두 성에 나무가달을 양손으로 잡고 메에 붙들어 맨 두 개의 새끼줄을 양쪽 어깨에 걸쳐서 두 손으로 나무가달과 함께 잡아 한 사람이 끄는 '훌치'로 하고 있었다. 소가 옥수수 대를 쓰러뜨리고 짓밟기 쉽기 때문이었다. 그러나 예외적으로 진 밭이나 논의 흙을 깊이 갈거나 떠넘길 때는 보습이 날카롭고 휘어진 일반 쟁기를 이용하는 경우도 있었다. 하지만 조사지역의 밭에는 돌이 많아서 일반적인 쟁기를 쓸 수 없기 때문에 극쟁이의 호리질과 겨리질 또는 보구래질을 하는 것이 관행으로 되어 있었다.

이곳의 주요 농작물인 옥수수와 감자의 일반적인 경작 방식만을 간단히 살펴보면 다음과 같다. 우선 옥수수는 경작하는 데에 많은 일손이 필요하지 않았고, 어떤 토양에서나 잘 자랐으며, 이곳의 한랭한 기후에도 잘 견

〈사진 4-3〉 소 두 마리가 큰 극쟁이를 끄는 겨리질. 1960. 8.

였기 때문에 주식용으로 널리 재배되고 있었다. 4월 중순에 밭을 갈지 않은 채 겨리로 이랑을 만들어 고랑에 퇴비를 넣고 두둑에 구멍을 내면서 한 구멍에 두세 알씩 종자를 넣고 흙을 덮었다. 고랑마다 촘촘하게 심으면 옥수수 알이 작아지기 때문에 콩이나 팥을 심어 간작을 하기도 하였다. 파종후 한 달쯤 지나 '애벌매기'를 하면서 두 대씩만 남기고 솎아 주었다. 그러고 나서 보름 뒤에 훌치로 골을 쳐서 훌쳐 주었다. 수확은 9월 초부터 시작하여 중순까지는 모두 끝냈다.

감자밭은 겨울에 얼었던 땅이 풀리자마자 3월 말이나 4월 초에 겨리로 막 갈아 뒤엎어 두어야 했다. 그리고 호리로 이랑을 만들어 퇴비를 넣고 재를 약간 뿌린 다음에 감자씨를 놓고 괭이로 묻었다. 한 달쯤 지나서 애벌매기를 했고, 또 십여 일 지나 북을 주면서 두벌매기를 했다. 이런 농사일에 사용되는 도구는 호미·괭이·쇠스랑 등의 원시적인 단순 농기구들뿐이었다. 수확은 7월부터 시작하여 9월까지 밭에 그대로 묻어 두었다가 서

〈사진 4-4〉 감자밭에서 소 한 마리가 중간 크기의 극쟁이를 끄는 호리질. 2010. 9. 30

리가 내리기 전에 모두 캤다. 수확한 밭작물과 산에서 채취한 땔감 나무를 운반하는 도구는 지게와 발구가 있을 뿐이었다. 발구는 물건을 실어 나르는 커다란 썰매로, 소가 끄는 소발구와 사람이 끄는 사람발구로 구분되어 있었다. 가을에 수확한 감자와 무·배추 등은 당장 먹을 것과 김장용을 제외하고는 집 앞에 구덩이를 파서 땅속에 저장해 두고 다음 해 봄까지 먹었다. 옥수수와 콩 등의 곡식은 싸릿개비로 독처럼 엮어서 쇠똥을 발라 말린 용기 조록(채독)에 저장해 두고 일 년 내내 먹었다.

　노동의 형태로는 가족노동·교환노동·공동노동·부역노동·고용노동 등이 있었다. 가족노동은 어느 농가에서나 동원할 수 있는 기본적인 형태로, 남녀노소의 구별 없이 온 가족이 참여하는 노동 형태였다.

　교환노동은 '품앗이'라고도 했는데, 이 지역에서는 '질'이라고 했다. 가족노동만으로는 한 집의 노동력이 자급자족되지 않았기 때문에 여러 집 사람들 개개인이 1대1로 품을 지고 갚는다. 품삯을 주지 않고도 힘든 일을

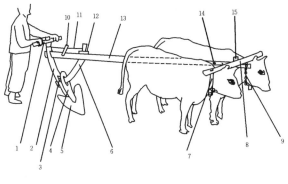

1. 탑손
2. 술
3. 덧방나무
4. 덧방
5. 보습
6. 한마루
7. 목젖게
8. 멍에
9. 목젖게끈
10. 탕개
11. 탕갯줄
12. 떼
13. 성에
14. 하마리구멍
15. 홀아비 꼬쟁이

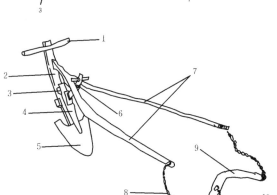

1. 탑손
2. 술
3. 덧방나무
4. 덧방(덧장)
5. 보습
6. 한마루
7. 성에
8. 멍에다줄
9. 멍에
10. 목젖게줄
11. 목젖게

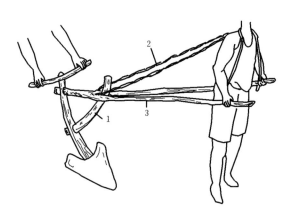

1. 한마루
2. 새끼줄
3. 가달

〈그림 4-1〉 소 두 마리가 끄는 겨리의 큰 극쟁이 부분 명칭.
〈그림 4-2〉 소 한 마리가 끄는 호리의 중간 크기 극쟁이 부분 명칭.
〈그림 4-3〉 한 사람이 끄는 훌치의 작은 극쟁이 부분 명칭.

〈사진 4-5〉 지게 지고 산으로 가는 남정네들. 1960. 7.

서로 거들어 줌으로써 노동의 효율을 높이는 것이 바로 교환노동 형태인 품앗이 또는 질이었다(품앗이와 두레에 관해서는 6장 3절 '품앗이와 두레의 협동'을 참조할 것).

공동노동은 '두레'라고 하여 한 마을의 모든 농민이 그 마을의 경작지에 대하여 자타의 구별 없이 일제히 매우 조직적으로 집단작업을 하는 노동 형태였다(鈴木榮太郎 1943:59-60). 봉산리와 용산2리에서는 특히 옥수수와 감자 파종 작업에 한해서 각 농가 경작 면적의 대소를 막론하고 자타의 구별 없이 두레 공동으로 작업을 하고 있었다. 따라서 두레로 작업할 경우에는 파종하는 데에 품이 열 개 드는 집에서 다섯 개 드는 집에 다섯 개의 품을 갚지 않는 것이 관례로 되어 있었다. 이런 관행은 각 농가의 경작면

〈사진 4-6〉 물건을 실어 나르는 커다란 썰매 모양의
소발구. 1960. 7.
〈사진 4-7〉 싸릿개비를 엮어서 만든 독 모양의 저장
용기 조록(채독). 1960. 7.

적과 노동력의 차이를 계산해서 나중에 노임을 주고받는 한국 일반 농촌
의 두레 관행과는 다른 양상이었다.

　농업 생산과 관련된 부역 노동으로는 파종기와 수확기에 일손이 없는
집을 위해서 마을 사람들이 힘을 합하여 도와주는 '울력'이 있었다. 특히
파종기와 수확기에는 시기를 놓치면 낭패를 보기 때문에 아침저녁으로

틈을 내어 일을 해주면 그 집에서는 노임이나 보수를 주지 않고 술과 식사만 대접하였다. 이처럼 여러 사람이 힘을 합하여 하는 일을 일반적으로 울력이라고 하였다.

고용노동에는 해머슴[年雇]·달머슴[月雇]·날품[日雇]이 있었다. 해머슴은 한 해 단위의 고용인데, 봉산리에는 해방 전엔 있었다고 하나 조사 당시에는 없었고, 용산2리에서는 두 집에서 머슴을 두고 있었다. 조사지역에서 다른 마을로 머슴살이 나간 사람들은 여러 명 있었다. 해머슴의 노임은 일 년에 현물로 강냉이 열 가마를 주고, 숙식과 옷 세 벌·고무신·담배를 제공하고 있었다. 노임을 현금으로 지불할 경우에는 그 당시의 현물 시세에 따르고, 지불 방식은 처음 들어올 때 반액을 선불하고, 나머지 절반은 일 년 뒤에 지불하였다. 달머슴의 노임은 일반적으로 현금으로 매월 800원을 지불하고 숙식과 술 담배를 제공하고 있었다. 날품삯은 현금 40원 또는 현물로 세 품(1일 3인분 노동량)에 강냉이 두 말을 주고 2식을 제공하였다. 이 지역의 농업노동 임금은 일반적으로 평지 농촌의 70퍼센트 정도로 환산되었고, 도시의 날품삯과 비교하면 터무니없이 낮은 수준이었다.

흉년이 들고 기근이 심한 해에는 마을의 젊은 남자들이 해머슴 새경을 미리 선불로 받아 식구들을 먹여 살리고 외부로 머슴살이 나가는 경우가 많았다. 그럴 때는 다음 해 농사를 부녀자들과 아이들이 지었다. 흉년의 주된 원인은 심한 비바람 때문에 옥수수의 결실기에 대가 쓰러지고 뿌리가 뽑히거나, 감자를 캐기 전에 장마가 계속되어서 썩어 버려서 수확량이 줄어들기 때문이었다. 1957년에는 강한 비바람 때문에 흉년이 들어 마을의 젊은 남자들 중에 많은 사람들이 외지로 머슴살이를 나갔다. 마을에 남아 있는 식구들은 칡과 송기·산채·메밀싹 등을 감자와 옥수수에 섞어 먹으면서 목숨을 이어왔다.

2. 부업

마을 사람들이 농업에 종사하면서 여가를 이용하여 생계를 위해 농업 이외의 수입을 얻는 부업 형태는 매우 다양하였다. 우선 제1종 부업인 나무장사·양봉(토봉)·양잠·산채와 산약 채취·뱀을 잡아서 시장에 파는 등의 일이 있었다. 이런 제1종 부업만 가지고 있는 사람들이 봉산리에 23.68퍼센트, 용산2리에 7.25퍼센트 있었다. 제2종 부업인 산판노동·날품팔이, 기타 각종 고용직만 가지고 있는 사람들은 봉산리에 18.42퍼센트, 용산2리에 24.64퍼센트 있었다. 그리고 제1종 부업과 제2종 부업을 함께 가지고 있는 사람들은 봉산리에 15.79퍼센트, 용산2리에 11.59퍼센트 있었다.

종합적으로 제1종 부업이든 제2종 부업이든 간에 농업 이외의 부업을 가지고 있는 사람들은 봉산리에 57.89퍼센트, 용산2리에 43.48퍼센트로 전체 직업인들의 절반가량이 부업을 가지고 있었다. 이러한 부업에 투입된 연간노동량을 노동일수로 환산해 보면 〈표 4-2〉와 같다.

〈사진 4-8〉 집 뒤란 돌담 밑의 토종 꿀벌통. 1960. 7.

〈표 4-2〉 부업에 투입된 연간 노동일수

연 간 부업노동일수	제1종 부업			제2종 부업		
	봉산리(%)	용산2리(%)	합계(%)	봉산리(%)	용산2리(%)	합계(%)
10일 미만					2.90	1.87
10-19일	2.63	1.45	1.87	2.63	13.10	9.35
20-29일		4.35	2.80	5.26	7.25	6.54
30-45일	10.53	5.80	7.38	10.53	4.35	6.54
45-60일	7.89		2.80		2.90	1.87
60-90일				2.63	1.45	1.87
3개월 이상	15.79	7.25	10.28	10.53	4.35	6.54
없음	63.16	81.15	74.87	68.42	63.70	65.42
합계	100.00	100.00	100.00	100.00	100.00	100.00

〈표 4-2〉에서 제1종 부업에 많은 노동량을 투입하는 사람들은 주로 마을의 부유층에 속하거나 그 마을에 오랫동안 거주한 사람들이며, 수입도 그들이 높은 것으로 나타났다. 반대로 제2종 부업에 3개월 이상 노동량을 투입하는 사람들은 대개 마을의 가난한 사람들이거나 이주해 온 지 얼마 되지 않은 사람들, 또는 과거에 농업 이외의 다른 직업을 가졌던 사람들이었다.

부업에서 얻는 수입도 아주 특수한 사례를 제외하고는 1년에 3천 원을 넘지 못하는 것이 두 마을 사람들의 부업 분석에서 나타난 공통된 현상이었다. 또 한 가지 특징적인 것은 부업의 종류와 거기서 얻는 수입이 봉산리와 용산2리에서 뚜렷이 다른 것을 발견할 수 있었다. 봉산리에서는 산채와 산약 채취 또는 여러 가지 형태의 육체노동처럼 자본이나 특수한 기술을 필요로 하지 않는 부정기적인 단순노동에만 의존하는 사례가 많았던 것으로 나타났다. 그러나 용산2리에서는 양봉과 양잠 등 어느 정도의 기본 자금과 기술을 요하는 부업이 우세했던 것을 볼 수 있었다.

3. 시장과 거래

1960년 당시에 봉산리와 용산2리 주민들의 유일한 교역과 상거래 장소는 닷새마다 한 번씩 열리는 정기시장 장터였다. 그 당시 봉산리 사람들이 이용하던 정기시장은 평창군 진부면 하진부리의 진부장(3·8일), 평창군 대화면 대화리의 대화장(4·9일), 정선군 임계면 송계리의 임계장(5·10일), 정선군 북면 여량리의 여량장(1·6일), 평창군 봉평면 창동리의 봉평장(2·7일)이었다. 용산2리에서는 거리 관계로 정선군의 임계장과 여량장을 거의 이용하지 않았고, 진부장과 봉평장 및 대화장을 이용하고 있었다.

이들 오일장들은 모두 지역주민들의 생활물자 수요와 공급의 필요에 따라 교통이 편리한 곳에 개설되었다. 정기시장에서 상업적 거래와 교역 기능을 촉진시키는 역할을 하는 것은 주로 장날에 맞추어 가까운 장들을 차례로 돌아다니는 순회상인 보부상(褓負商)들과 지역 주민들의 공급과 수요였다. 보상(褓商, 봇짐장수)과 부상(負商, 등짐장수)을 가리키는 보부상은 공산품을 비롯한 일상용품과 각 지역 특산물들을 정기시장에 가지고 와서 지역 주민들에게 파는 공급자였다. 지역주민들은 자기네들이 직접 생산한 각기 다른 여러 가지 농수산물과 임산물, 수공예품들을 시장에 가지고 가서 팔고 사는 주요 상품의 공급자인 동시에 수요자였다.

대화장은 조선시대부터 전국적으로 잘 알려진 큰 정기시장이었다. 『만기요람(萬機要覽)』 향시조(鄕市條)에 기록된 전국 15개의 큰 시장 중에 강원도에서는 유일하게 대화장만 포함될 정도로 이름난 시장이었다. 그 당시에는 대화가 한양과 강릉을 오가는 영동지방 간선도로의 중요한 역촌이었기 때문에 강원도의 주요 물산이 이곳에 집중되었다고 한다. 일본 식민지시대와 해방 이후 1950년대 말까지도 대화장의 세력은 평창에서 가장 컸다고 한다.

봉평장도 옛날부터 큰 장으로 이름이 나 있었다. 1930년대의 봉평장 모습과 진부, 대화, 제천장 일대를 돌아다니던 장돌뱅이의 이야기는 이효석의 단편소설 『메밀꽃 필 무렵』에 잘 그려져 있다. 무명과 주단 등의 피륙을 팔던 노점가게 트림전, 나무장사 패거리, 석유 한 병과 생선 한 마리 사러 나온 장꾼들, 장난꾼 각다귀, 날아드는 파리 떼, 시장 거리 주막집 등으로 묘사된 봉평장은 그 당시 여느 장터 모습의 한 장면과 다름이 없다. 반 평생을 같은 주막에서 잠자고 밤을 새면서 장에서 장으로 함께 걸어 다녔던 것은 장돌뱅이의 유일한 장짐 운송수단인 당나귀, 그리고 가족보다 더 오랜 세월을 더불어 살아오면서 피차간에 서로의 인생역정을 누구보다도 잘 아는 동료 장돌뱅이들이었다.

여량장과 임계장은 봉산리 사람들만 이용하고 용산2리에서는 이용하지 않았다. 그 까닭은 봉산리가 평창군의 동남쪽 끝에 위치하여 정선군의 동북쪽 끝과 경계를 이루고 있었기 때문이었다. 특히 봉산리의 거문골에서는 진부까지의 거리가 20킬로미터인데, 여량까지의 거리는 12킬로미터밖에 되지 않는 가까운 거리에 있었기 때문에 여량장을 많이 이용하고 있었다. 그러나 여량장은 시장 규모가 작아 큰 장을 보기 위해서는 여량 사람도 정선장으로 갔다. 그래서 여량장에는 "장꾼이 셋인데 풍각쟁이는 아홉"이라는 말이 있었고, "싸움이 일어나도 말릴 사람이 없다"는 말도 있었다. 임계장도 크지는 않았지만 특히 소시장으로 유명했고, 소가 크고 값이 쌌기 때문에 봉산리의 봉두곤에서 28킬로미터나 되는 먼 곳인데도, 소를 살 때는 항상 임계장을 이용하고 있었다. 임계장이 가장 번성한 때는 주변 지역에 금광이나 철광 등의 광산 경기가 좋았던 일본 식민지시대였다. 그 당시에는 광산노동자들이 임계장을 많이 이용했으나 해방 뒤부터는 광산의 불경기로 고객들이 떠나면서 임계장의 장세도 꺾였다고 한다.

봉산리와 용산2리의 두 마을 사람들이 공통으로 가장 많이 이용하고 있었던 정기시장은 가장 가까운 진부장이었다. 해방 전에는 도암면 횡계리에도 정기시장 도암장이 있었다고 하는데 조사 당시에는 횡계에 도암장이라는 것이 없었다. 『증보문헌비고(增補文獻備考)』에 따르면 진부장은 대화장·봉평장과 함께 18세기 말부터 있었고, 그 당시 장날은 3·8일이 아니었고 5·10일이었다고 한다. 그러다가 1906년에 진부면이 강릉부에서 평창군으로 편입되면서 평창 읍내장의 장날(5·10일)과 겹쳐서 3·8일로 변경된 것이라고 한다.

진부장의 시장권은 평창군 진부면과 도암면 전부, 봉평면 일부 및 정선군 북면, 홍천군 내면 창촌, 양양군 일부까지 포함하고 있어서 그 범위가 직경 32킬로미터에 이르렀다. 장터의 위치는 서울과 강릉을 오가는 구도로 버스정거장 뒤쪽의 골목과 광장 일대였다. 장터의 배치는 중앙에 상설점포와 포목전·잡화상이 있었고, 그 주변에 곡물전·약시장·소시장·비료시장·뱀시장 등이 있었다.

　특히 진부의 약시장은 옛날부터 유명했는데, 1950년의 한국전쟁 이후별로 활발하지 못했다가, 50년대 말부터 그 수요가 많아져서 그 지역 일대의 약초 재배가 활기를 띠었다. 그리고 약초 재배가 늘어나면서 화학비료의 수요가 늘어나서 진부장에 약시장과 비료시장이 더욱 활성화되었다. 약시장은 가을과 봄철에 크게 열렸는데, 한국에서는 옛날부터 대구·전주·원주에 약령시(藥令市)가 설치되어 매매의 방법과 관청과의 관계가 특수한 형태를 취해 왔다. 특히 원주 약령시의 약재는 대부분이 진부장과 그 인근 지역에서 공급되었다고 한다(文定昌 1941:22). 조사 당시 용산2리는 진부장에 약재를 공급하는 주요 약초 재배지 중의 하나였다.

　진부장 권역에 속하는 대부분의 산촌 마을에는 가게가 전혀 없었고, 도붓장사(行商人)도 거의 들어오지 않았기 때문에 닷새 만에 한 번씩 열리는 정기시장이 유일한 교역과 상거래 장소로서의 기능을 하고 있었다. 조사지역 주민들이 진부장에 내다 파는 물건은 감자·옥수수·콩·팥·조 등의 농산물, 약초·산채·버섯·뱀 등의 임산물, 닭·달걀·토봉 꿀·삼베·누에고치 등의 축산물, 양봉·양잠 산물과 부들자리·광주리·바소쿠리·조록 등의 수공업 제품들이었다. 그들이 시장에서 사는 물건은 쌀·보리 등의 식량, 소금·어물·육류·국수·과실·소주·담배·옷감·실·고무신·솜·비누·성냥·화장품·석유·창호지·식기·문방구·농기구·비료·씨앗 등이었다.

　시장은 경제적 기능 외에도 여러 가지 사회문화적 기능을 하고 있었다. 장이 서는 진부에는 우체국·신문지국·서점·문방구점·임시영화관·병원·한의원·약국·술집·음식점 등이 있었고, 서울과 강릉을 오가는 버스 정거장이 있었다. 봉산리에서 진부장에 한번 다녀오려면 최소한 12시간 이상 걸려야 했다. 나가는 데에만 걸어서 5시간 이상 걸렸기 때문이다. 그러니까 봉산리 사람들은 장에 다녀오는 빈도가 매우 낮았다. 그 대신 한번 나가면 여러 가지 일을 한꺼번에 겸해서 처리하였다. 용산2리 주민들도 마찬가지였다.

마을 사람들이 미리 동행자들과 약속을 해서 아침을 일찍 먹고 출발해도 점심때가 돼야 진부장에 도착하였다. 가져간 물건을 팔고, 국밥 한 그릇과 막걸리나 소주 한잔 마시고 나서, 만날 사람 만나고, 필요한 물건 사가지고, 다른 용건들을 보아야 했다. 병원이나 약방에 들르기도 했고, 우체국과 신문지국은 반드시 들르는 곳이었다.

우체국에서는 관할구역의 각 마을 수대로 칸막이 편지함을 만들어 놓고, 우편물을 거기에 넣어 두었다. 닷새 만에 한 번씩 장꾼들 편에 우편물을 전달하는 것이었다. 등기우편물만 우체부가 직접 가서 전달하고 확인 도장을 받아 갔다. 봉산리는 가구수에 비하여 구역이 넓기 때문에 등기우편물도 이장 집에 두고 갔다. 신문지국에서도 마찬가지였다. 서울에서 오는 버스 편에 신문을 받아 구독자 명단에 따라 한 장날에서 다음 장날까지의 기간인 한 파수씩 신문을 묶어 구획된 신문함에 넣어 두면, 역시 장꾼들이 들러 한꺼번에 가지고 가서 구독자들에게 배달하였다. 이처럼 부리나케 장을 보고 와도 봉산리에 되돌아오는 시간은 한밤중이 되기가 일쑤였다. 그래서 장에 가는 사람들은 주로 남자들이었다.

4. 생활수준과 농가의 수입·지출

농가 수입과 지출에 따른 생활수준을 측정하기 위해서는 각 농가에서 직접 수입과 지출을 기록하는 자계주의기장(自計主義記帳) 방법에 의한 자료가 필요했지만, 봉산리와 용산2리 농가의 가구주들은 대부분 그런 계산과 기록에 익숙하지 않았다. 그래서 마을의 대표적인 사례로 봉산리의 최상층·중간층·최하층 농가를 추천받아 1959년도 1년 동안의 수입과 지출에 대하여 집중적인 질문을 통해 타계주의면접(他計主義面接) 방법에 의한 자료를 수집하여 상호평가를 실시함으로써 재확인하는 접근법을 택하였다.

대표적인 사례로 선정된 최상층의 농가는 어른 부부와 남자 노인(부친) 및 3명의 자녀를 포함한 6인 가족으로 구성되었으며, 2.5정보의 경지면적을 소유하고 있었다. 중간층 농가는 어른 부부와 자녀가 4명인 6인 가족으로 구성되었고, 2정보의 경지면적을 소유하고 있었다. 최하층의 농가는 어른 부부와 자녀 3명의 5명인 가족으로 구성되어 있었으며, 0.5정보의 토지를 소작으로 경작하고 있었다. 농가 수입과 지출 일체는 조사 당시의 시장가격에 따라 화폐가치로 환산되었다. 1960년 조사 당시의 화폐단위는 '환'이었는데, 1962년 6월 10일, 통화개혁에 의해 화폐가치를 10분의 1로 절하한 동시에 화폐단위를 '원'으로 변경하였다. 이 보고서에서는 조사 당

〈표 4-3〉 주요 생활용품 도매물가(서울 지역)※

분류	품명(단위)	도매물가 (원)	분류	품명(단위)	도매물가 (원)
곡물	쌀(경기미, 말)	178	부식	청주(조화, 12병)	126
	보리쌀(상품, 말)	90		김(개량 중품, 100속)	500
	콩(황태, 말)	135	직물 · 잡화	광목(백두산, 필)	79
	팥(상품, 말)	180		옥양목(백학, 필)	103
	밀가루(중품, 포)	24		흰 고무신(남자용, 100족)	540
부식	배추(상품, 관)	품절		흰 고무신(여자용, 100족)	380
	무(상품, 관)	1		면사(백마, 23수手)	2,350
	사과(상품, 상자)	15		인견사 (지스권卷, 200파운드)	1,560
	배(상품, 상자)	20		모사(공작, LBS)	33
	멸치(상품, 관)	12	의약품	유(油)페니시링(병 스키브)	5
	건명태(상품, 짝)	550		스트렙마이싱(미장병)	2.2
	오징어(상품, 100축)	450		다이야찡(1,000정 들이)	45
	간장(샘표, 말)	45	연료	숯(흑탄, 섬俵)	12
	계란(상품, 100개)	33		연탄(19공탄 100개)	50
	쇠고기(정육, 근)	8		휘발유(드럼 D/M)	345
	설탕(흰 설탕, 50근)	101	귀금속	금(소매, 99% 돈중)	87

※ 자료: 1960년 8월 9일 16시 현재 서울상공회의소 제공(서울신문 게재).

〈표4-4〉봉산리 농가의 생활수준별 연간 수입

항목		(단위)	단가 (원)	최상층 수량	최상층 금액	중간층 수량	중간층 금액	최하층 수량	최하층 금액
수 입	농 업 수 입	농작물 수입	강냉이(말)	60	160	9,600	150	9,000	30	1,800
			감자(말)	20	200	4,000	250	5,000	20	400
			콩(말)	120	80	9,600	50	6,000	2	240
			팥(말)	150	10	1,500	10	1,500		
			호밀(말)	30	10	300	15	450		
			조(말)	60	10	600	10	600	5	300
			귀리(말)	20	30	600				
			메밀(말)	70	20	1,400				
			약초(근)	40	100	4,000	40	1,600		
			무·배추(관)	1	20	20	20	20	5	5
			고추(근)	170	5	850	2	340	2	340
			기타 식료품			1,000		1,000		300
			소 계			33,470		25,500		3,385
		농작물 외 수입	소(마리)※		4	25,000	1	10,000		
			양잠(장)				1	1,000		
			토종양봉(통)		2	500	10	4,000		
			소 계			25,500		15,000		
	농업이외의 수입		임산물 채취(일)		90	2,000			90	2,000
			뱀 수집					1,000		
			농림업노동(일)						30	1,200
			토지 임대료			3,500				
			소 계			5,500		1,000		3,200
	수 입 총 계					64,470		41,510		6,585

※ 최상층 4마리 중 3마리는 다른 농가에 도지소로 준 것임.

시의 환화 가치를 10분의 1로 절하한 원화로 기술한다. 참고로 조사 당시 〈1960년 8월 9일 16시 현재〉서울상공회의소가 제공한 서울의 도매물가(서울신문 게재)를 원화로 환산하여 제시하면 〈표 4-3〉과 같다.

봉산리의 상중하 생활수준별 연간 수입 내역은 〈표 4-4〉와 같았다. 중간층의 농가 수입을 기준으로 최상층과 최하층의 농가 수입을 비교한 결과는 다음과 같았다. 중간층 농가의 연간 총수입이 41,510원(최상층 64,470원, 최하층 6,585원)이었는데, 그중에서 농업 수입이 40,510원(최상층 58,970원, 최하층 3,385원), 농업 이외의 수입이 1,000원(최상층 5,500원, 최하층 3,200원)이었다. 총수입 중에서 농업 수입이 차지하는 비율은 중간층 농가의 경우 97.6퍼센트(최상층 91.5퍼센트, 최하층 51.4퍼센트)였고, 농업 이외의 수입이 차지하는 비율은 중간층 농가에서 2.4퍼센트(최상층 8.5퍼센트, 최하층 48.6퍼센트)였다.

농업 수입을 다시 농작물 수입과 농작물 이외의 수입으로 구분하면 중간층 농가의 농작물 수입은 25,500원(최상층 33,470원, 최하층 3,385원)으로 농업 수입의 62.9퍼센트(최상층 56.8퍼센트, 최하층 100퍼센트)였다. 농작물 외의 수입은 중간층의 경우 15,000원(최상층 25,500원, 최하층 0원)으로, 농업 수입의 37.0퍼센트(최상층 43.2퍼센트, 최하층 0퍼센트)였다.

이처럼 봉산리의 농가 수입이 거의 전적으로 농업 수입에 의존하고 있다는 사실은 한국 농촌의 일반적인 농가 수입과 크게 다르지 않았다. 그러나 농업 수입이 전적으로 농작물 수입에만 의존하고 있지 않다는 사실은, 봉산리의 독특한 자연환경 때문에 한국의 일반적인 농가 수입과는 다른 특징이라고 해석되었다. 더구나 그런 현상들을 생활수준이 다른 경제적 계층 간에 비교해 보았을 때 농작물 이외의 수입은 생활수준이 높은 상층으로 올라갈수록 증가하였고, 최하층 농가에서는 농작물 이외의 수입이 전혀 없었다는 사실이 발견되었다. 그 원인은 주로 소를 키운다든가 양봉 또는 양잠을 하려면 상당한 자본이 필요했기 때문인 것으로 해석되었다.

농업 이외의 수입은 농업 경영에 속하지 않는 산채나 야생 약초와 버섯 등의 임산물 채취와 뱀이나 족제비 등의 포획, 농업노동, 산림노동 등의 임금노동과 토지 임대료 등으로 구성되어 있었다. 그런데 생활수준이 낮은 하층으로 내려갈수록 임산물 채취나 농업노동 또는 산림노동 등의 노임 수입에 크게 의존하고 있었으며, 생활수준이 높은 상층으로 올라갈수록 토산물 수집이나 토지 임대료 등 자본을 투자해서 이윤이 발생하는 수

〈표 4-5〉 봉산리 농가의 생활수준별 연간 지출

항목 (단위)			단가 (원)	최상층		중간층		최하층	
				수량	금액	수량	금액	수량	금액
지출 / 농업생산비지출	씨앗값	강냉이(말)	60	3	180	3	180	1	60
		감자(말)	20	50	1,000	60	1,200	4	80
		콩(말)	120	8	960	7	840	0.5	60
		팥(말)	150	2	300	2	300		
		호밀(말)	30	2	60	2	60		
		조(말)	60	0.2	12	0.2	12	0.1	6
		귀리(말)	20	5	100				
		메밀(말)	70	5	350				
		약초(근)	40	3	120	2	80		
		채소 기타 조미료			300		300		
		비료값(유안 45kg)	370	4	1,480	2	7,200		
		농기구값			1,000		1,000		
		품값 기타 비용			800				
		조세 기타 공과금			1,200		1,000		400
		농업생산비지출 총계			7,862		5,712		656
생계비지출	음식물비	강냉이(말)	60	130	7,800	120	7,200	50	3,000
		감자(말)	20	150	3,000	200	4,000	80	1,600
		쌀(말)	175	20	3,500	20	3,500		
		콩(말)[1]	120	40	4,800	35	4,200	5	600
		팥(말)	150	5	750	4	600		
		호밀(말)	30	8	240	13	390	3	90
		조(말)	60	10	600	10	600	5	300
		귀리(말)	20	20	400				
		메밀(말)	70	15	1,050	5	350		
		무·배추(관)	1	20	20	20	20	10	10
		고추(근)	170	5	850	5	850	2	340
		소금(말)	28.5	20	570	20	570	10	285
		생선과 육류			300		400		
		조미료 식료품			1,000		1,000		300
		소계			24,880		23,680		6,525
	의주	의복비(옷감·세탁)			3,000		3,000		500
		주거비(광열·가구)			1,000		1,000		200
		소계			4,000		4,000		700
	잡비	의약·위생비[2]			1,000		1,000		
		혼상제례비[3]			13,000		1,000		
		교제비			1,000		3,000		200
		교육비							
		오락비			500		500		
		소계			15,500		5,500		200
		생계비 지출 총계			44,380		33,180		7,425
		연간 지출 총계			52,242		38,892		8,081

※1. 주식용 콩과 부식용 메주·두부·콩나물 포함.
※2. 이발·미용 포함.
※3. 장녀의 혼인 있었음.

입에 의존하고 있었다.

　농가 지출에는 농업생산비 지출과 생계비 지출이 포함되었고, 재산형성비 지출은 포함되지 않았다. 〈표 4–5〉에서 볼 수 있는 것처럼 중간층 농가의 연간 총지출은 38,892원(최상층 52,242원, 최하층 8,081원)이었는데, 그 중에서 농업생산비 지출이 5,712원(최상층 7,862원, 최하층 656원)이었고 생계비 지출은 33,180원(최상층 44,380원, 최하층 7,425원)이었다.

　총지출에서 농업생산비 지출이 차지하는 비율은 중간층 농가의 경우 14.7퍼센트(최상층 15퍼센트, 최하층 8.1퍼센트)였고, 생계비 지출이 차지하는 비율은 중간층에서 85.3퍼센트(최상층 85퍼센트, 최하층 91.9퍼센트)였다. 요컨대 봉산리 주민들은 총지출의 대부분을 생계비 지출에 충당하고 있었다.

　농업생산비 지출에서는 중간층 농가의 경우 강냉이·감자·콩·팥·약초 등의 씨앗값이 52퍼센트(최상층 56.9퍼센트, 최하층 39퍼센트)로 절반 이상을 차지했고, 나머지 48퍼센트(최상층 43.1퍼센트, 최하층 61퍼센트)는 비료값·농기구 대금·품값·조세 및 공과금 등으로 지출되었다. 그러나 농업생산비와 직접적인 관계가 없는 조세 및 공과금을 제외하면 최하층의 경우 농업 생산에서 씨앗값만 들이고 화학비료나 농약을 전혀 사용하지 않았다. 김매고 수확하는 자기노동 이외에 아무런 투자 없이 병충해까지도 자연에만 의존하는 농업 경영을 하고 있다는 사실을 보여주고 있었다. 이런 농업 경영 방식은 평야지대의 일반 농촌에서 비료와 농약을 많이 쓰는 농업 경영 방식과 매우 다른 원시적인 영농 방식이라고 해석할 수도 있지만, 다른 한편으로는 옛날부터 전해져 내려온 유기농법이라고 볼 수도 있었다.

　연간 생계비 지출을 연간 총수입과 비교해 보았을 때 중간층 농가에서는 생계비 지출이 총수입의 79.9퍼센트(최상층 68.8퍼센트, 최하층 112.8퍼센트)로 연간 총수입의 대부분을 생계비로 지출하고 있었다. 그리고 연간 생계비 지출을 연간 농업 수입과 비교하면 중간층 농가에서는 생계비 지출이 농업 수입의 81.9퍼센트(최상층 75.3퍼센트, 최하층 238.7퍼센트)였다. 이렇게 볼 때 최하층의 농가는 한 해 동안의 총수입을 가지고도 그해의 생계비를 충당할 수가 없었고, 농업 수입만으로는 생계비의 절반도 충당할 수 없었다는 결론에 이르게 되었다.

연간 총생계비 지출에서 식생활비가 차지하는 비율은 중간층에서 71.4퍼센트(최상층 56.1퍼센트, 최하층 87.9퍼센트)였고, 의복비(주로 옷감)와 주거비(주로 등유)가 차지하는 비율은 각각 9퍼센트(최상층 6.8퍼센트, 최하층 6.7퍼센트)와 3퍼센트(최상층 2.3퍼센트, 최하층 2.7퍼센트)로 각 계층에서 음식물비가 가장 많았고, 그 다음에 의복비와 주거비 순으로 지출되었다. 그리고 봉산리 주민들의 의·식·주 생활비는 상·중·하층 사이에 큰 차이 없이 비슷하게 지출되었다. 그밖에 의약·이발료를 포함한 의료위생비·교제비·교육비·오락비 등을 포함한 잡비 지출도 각 층에서 거의 동질적으로 보잘것없었다.

요컨대 봉산리 주민들의 생계는 어느 계층에서나 농업 생산에서 대부분의 수입을 얻어 식생활에 거의 전부를 지출했다고 볼 수 있다. 다만 평년의 경우 중간층 이상의 농가에서는 혼인과 중병 또는 초상과 같은 큰일이 없는 한에서 약간의 여축(餘蓄)이 가능했지만, 하층 농가에서는 매년의 농업 수입과 농업 이외의 수입으로도 그 해의 생계비와 다음 해의 농업생산비 지출도 감당할 수 없는 형편이었다. 실제로 1959년도의 연간 총수입에서 총지출을 뺀 나머지 잉여금 저축이 최상층에서는 12,228원이었고, 중간층에서는 2,618원이었으며, 최하층에서는 결손금 부채가 1,496원이었다. 봉산리 주민들 사이에서 그런 차이가 있다고 하더라도 그것은 어디까지나 봉산리 안에서만 비교할 수 있는 생활수준의 차이였다. 그들을 1959년도 한국의 평균적인 농촌 주민들과 비교해 보면 봉산리의 최상층이 한국의 평균적인 농촌의 중간층보다도 낮은 수준이 될 수도 있을 것으로 해석되었다.

5. 의식주 생활양식

의식주 생활양식은 다양한 인간집단 특히 문화를 달리하는 민족·종족 (種族) 계급 등의 정체성(正體性)를 보여주는 상징적인 문화의 공통분모 라고 말할 수 있다. 우리가 앞에서 살펴본 봉산리 상·중·하층 농가의 생계 비 지출 가운데 음식물비·의복비·주거비가 거의 동질적이었던 것은 그들 의 의식주 생활양식이 동질적이라는 것을 반영하는 것이기도 하였다. 여 기서는 봉산리와 용산2리 주민들의 의식주 생활을 생계비 지출이나 소비 의 경제적 측면에서가 아니라 생활양식이라는 문화의 측면에서 살펴보기 로 하겠다.

1. 의생활

일반적으로 말해서 옷 또는 의복은 사람의 몸을 보호하는 기능을 할 뿐 만 아니라 생활양식 또는 문화의 표현으로 사회적 상징의 기능을 하기도 한다. 실제로 옷을 입는 사람의 연령·성별·신분·지위·계급·직업·종교· 거주 지역·종족·민족 등의 속성에 따라 옷의 형태와 품질 및 색채의 세부 에 이르기까지 다양한 차이를 보여주고 있다. 뿐만 아니라 시간이 지나면 서 다른 생활양식이 변화함에 따라 복식(服飾)도 변화한다. 그리고 어떤 지역에서는 벌써 오래 전에 사라진 복식을 다른 지역에서는 아직도 그대 로 보존하면서 실제로 입고 있다. 따라서 의생활을 통해서 특정한 시대의 특정한 사회와 문화 현상을 이해할 수도 있고, 거꾸로 의생활 이외의 다른 생활양식을 통해서 특정한 시대와 특정한 사회의 의생활을 알아볼 수도

〈사진 5-1〉 봉산리 이덕수 씨(22세) 가족의 옷
차림. 1960. 7.
〈사진 5-2〉 봉산리 처녀들의 옷차림. 1960. 7.

〈사진 5-3〉 용산2리 처녀들의 옷차림. 1960. 8.

있다.

  조사 당시 한국의 도시는 물론 농촌에서도 전통적인 한복보다 양복을
더 많이 입는 경향이 있었다. 그러나 조사지역 봉산리와 용산2리에서는
당시에 대부분의 주민들이 재래식 한복을 입고 있었으며, 양복은 널리 보
급되지 않고 있었다. 이 지역에 양복이 보급되기 시작한 것은 1950년에 한
국전쟁이 일어나서 피란민들이 들어왔을 때였다고 한다. 그 뒤로 10년이
지난 조사 당시까지도 젊은 남성들만 군대에서 제대할 때 입고 돌아온 군
제대복을 작업복으로 입고 있었으며, 노인들과 아이들 및 여성들은 거의
대부분 한복을 입고 있었다. 다만 겨울철의 내복은 그 효용가치가 널리 인
식되어 많이 보급되고 있는 것을 볼 수 있었다.

  그렇다면 이처럼 조사지역 주민들의 복식 모방이 강하지 못하고 양복도
널리 보급되지 못한 까닭은 무엇이었는가? 그 한 가지 이유를 주민생활의
지리적 사회적 고립성에서 찾아볼 수 있었고, 또 다른 이유를 경제적 취약
성에서 찾아볼 수 있었다. 외부 사회 특히 도시와 상대적으로 고립되고 교

통이 불편하여 사회문화적 접촉의 빈도가 높지 않았기 때문이라고 해석되었다. 도시의 상류계층 사람들은 외래문화를 재빨리 받아들여 그것을 민감하게 표현하는 경향이 있지만, 농촌이나 산촌으로 들어갈수록 하류계층 사람들은 오히려 재래의 고유문화와 전통을 고수는 성향을 가지고 있음을 볼 수 있었다.

이곳 주민들은 대부분이 한복을 입고 있다는 사실 이외에도 외관상 다른 지역 사람들과 구별되는 몇 가지의 고유한 특징을 가지고 있었다. 첫째는 미혼 남성이 머리를 땋아 늘인 모습과 중년 이상 남성들이 상투를 튼 모습이고, 둘째는 나들이 갈 때 이곳 주민들은 거의 대부분 피나무 껍질이나 칡 껍질 또는 삼을 꼬아서 만든 작은 망태기 모양의 주루막을 등에 메고 다니는 모습이었다. 나들이뿐만 아니라 시장에 갈 때나 일하러 갈 때 또는 면사무소에 갈 때에도 봉산리 사람들은 거의 예외 없이 도시의 여인들이 핸드백을 들고 다니는 것처럼 소지품이 있거나 없거나를 막론하고 항상 주루막을 메고 다니는 것을 볼 수 있었다.

의복의 재료를 얻는 것은 거의 자급적이었다. 겨울철의 사냥에서 잡은 멧돼지 가죽으로 훌륭한 조끼를 만들어 입고, 칡과 피나무 껍질 또는 삼으로 미투리를 만들어 신었다. 삼베와 명주실은 주민들이 자급할 수 있는 주요 의복의 재료가 되고 있었다. 그들이 직접 재배한 삼베는 주민들이 가장 널리 쓰는 옷감이었다. 누에고치에서 뽑은 명주실과 옷감은 고급 옷의 재료로 이용되었다.

삼은 어느 집에서나 재배하는데 4월 20일경에 파종하여 두벌김을 매고, 8월 20일경에 5-6자(尺) 크기의 삼을 베어 잎을 치고 길이에 따라 층별로 가려 묶어서 삼구덩이에 넣고 찐다. 삼을 찔 때는 10여 가구가 공동으로 삼구덩이를 파고 수증기로 익히는데, 삼구덩이의 구조는 〈그림 5-1〉과 같다.

삼구덩이는 삼구덕과 화덕의 두 부분으로 나누어져 있으며, 그 사이에 수증기 통로가 연결되어 있다. 삼구덕에는 받침나무를 깔고 그 위에 삼다

발을 올려놓는다. 그리고 수증기를 더 많이 흡수하도록 삼다발 위에 풀을 얹어놓고, 그 위에는 다시 흙을 덮어 수증기가 새어나가지 못하도록 한다.

화덕에는 맨 밑에 지름 10-20센티미터, 길이 1미터가량의 통나무를 땔감으로 쌓아 놓고 불태워서 숯이 될 즈음에 큰 돌을 쌓아 달군 다음 작은 돌로 덮는다. 화덕의 뜨거운 돌에 물을 부으면 수증기가 증기 통로를 통하여 삼구덕에 들어가서 삼을 익힌다.

다음 날 삼을 꺼내는데 만약 잘 익지 않았을 경우에는 그와 같은 삼 찌는 과정을 몇 번이고 되풀이한다. 이 원리를 이용하여 동리 아이들은 밭에 나가서 콩이나 옥수수 또는 감자 등을 쪄서 먹기도 했다. 그것을 마을 사람들은 '삼쪼기' 또는 '삼굿구이'라고 했다.

익힌 삼은 물에 담갔다가 껍질을 벗겨 말린 다음에 9월 10일경부터 부녀자들이 모여앉아 삼을 쪼갠다. 쪼갠 삼은 바래서 뭉쳐 두었다가 겨울에 끝과 머리를 잇는데 그것을 '삼삼기'라고 한다. 삼 삼을 때에는 한 끝을 입에 물고 쪼개어 다른 삼머리에 이어서 다시 뭉쳐 두었다가 물레로 꼬아 돌개(돌꼇)에 감는다. 그것을 또 잿물에 담갔다가 다시 익혀서 여울물에 씻는데, 그때 겉껍질이 떨어져 나간다. 깨끗이 씻은 삼을 햇볕에 쬐어 바래고 뜨물에 적셔서 왼돌개(왼돌꼇)질로 푼다.

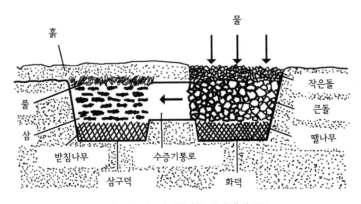

〈그림 5-1〉 삼구덩이(蒸麻坎 증마감)의 구조.

〈사진 5-4〉 깨끗이 씻은 삼 껍질 섬유를 햇볕에 바래기 위한 걸대. 1960. 8.

이상과 같은 과정을 거쳐 삼껍질은 일종의 완전한 직물 섬유가 된다. 그 섬유는 다시 날아서 새(승새)와 바디에 매는데, 이때 밑에 불을 피우고 풀칠을 하여 말린다. 삼베를 짜기 전까지의 작업은 이것으로 끝난다.

그처럼 복잡한 작업과정을 거쳐서 주민들은 자기들의 옷감을 스스로 만들어 이용하고 있었다. 그 과정은 주민들의 생활에 매우 중요한 작업이었기 때문에 농악을 연주할 때에도 '삼베 길쌈하기'라 하여 무동(舞童)들이 그 과정을 흉내 내어 되풀이하기도 하였다. 예를 들면 삼쪼개기를 비롯하여 삼삼기·삼뭉치기·물레질·돌개질·익히기·윈돌개질·날기·베매기·짜기를 농악 연주의 음률에 맞추어 율동적으로 흉내 내는 것이었다.

베틀은 나무로 만들었다. 그 구조는 베틀·도투마리·북이라는 세 부분으로 구성되어 있었다. 베틀 부분을 구성하는 것은 베틀·가름대·베틀기둥·베틀앞다리·베틀뒷다리·앉을깨 등이다. 도투마리 부분을 구성하는 것은 도투마리·사치미·배비·용두머리·눈썹대·눌림대·잉앗대·바디집·바디·끌줄·끌신·끌신개나무·비겨미·초하리·분대·말코 등이다. 북 부분은 북과 북뚜껑으로 구성되어 있는데 북 속에는 꾸리가 들어간다. 베 폭(幅)은 일정하지만 베의 품질은 올의 가늘고 굵음에 따라 4세(細)부터 15세까지 차등이 있다.

베짜기는 부녀자들의 일이었다. 여인이 베틀에 앉아 베를 짜면서 바디소리에 맞추어 부르는 〈베틀가〉는 4·4조의 노래로 그들이 살아 온 고장과 삶의 모습을 그대로 표현하는 일종의 서사시와 같은 것이었다. 조사 당시 용산2리에서 채록한 〈베틀가〉의 일부를 소개하면 아래와 같다.

동무동무 일천동무　당태실로 맺은동무　동무집이 어대인가　한산두산 넘어가서
대추나무 여덟나무　드레우물 첫집일세　다북다북 다북네야　네어드메 울면가나
원진골로 우리어메　젖먹으러 울면간다　네어메는 마구뒤에　삼년묵은 소뼉다구
살붙으면 오마더라　썩기쉽지 살붙을까　구융밑에 썩은팥이　싹트이면 온다더라
썩기쉽지 싹틀라고　부뚜막에 짧은박이　싹트이면 온다더라　썩기쉽지 싹틀라고
어메베던 베개베고　어메깔던 깔개깔고　어메덥던 이불덮고　얼마만치 울었던지
베개머리 소(沼)이됐네

그 당시 대부분의 부녀자들은 혼인 전에 베짜기에 숙련해져 있었으며, 베짜기는 훌륭한 신부의 필요한 자격요건이었다. 여자는 혼인과 더불어 시집이라는 새로운 삶의 굴레 속에서 자신에게 주어진 운명을 숙명으로 알고 따라야 했었다.

이 지역에서 베 다음으로 자급하는 옷감으로는 잠사 명주가 있었다. 봉산리와 용산2리에는 양잠을 위해 따로 뽕나무밭을 가지고 있는 집이 없었다. 그 마을 사람들은 주로 야생의 뽕을 이용하였다. 따라서 대량생산은 불가능했고, 혼사를 앞둔 집이나 노인이 계신 집에서만 약간씩 양잠을 했다. 명주를 짜는 데에는 베를 짜는 것과 비슷한 과정을 거쳐야 하지만, 그 이상으로 세밀한 주의와 노력이 필요하였다.

복색(服色)은 남녀·노소·계절에 따라 차이가 있었으나 흰색이 지배적

〈사진 5-5〉 베틀에 앉아 베 짜는 처녀. 1960. 8.

이었고, 그 다음으로 검정색 옷을 많이 입는 편이었다. 노인들은 남녀 구별 없이 웃옷 아래옷 모두 흰색으로 입었다. 중년 이하의 부인들은 일반적으로 흰색 저고리와 검은색 치마를 입었으며, 남자들은 저고리와 바지를 흰색으로 입고 조끼는 대개 색깔 있는 것으로 입는 경향이 있었다. 그리고 나이가 많을수록 흰색 옷을 입고 나이가 어린 사람들은 색깔 있는 옷을 입고 있었다.

평상복은 남자의 경우 바지·저고리·조끼·버선·미투리였고, 여자는 치마·저고리·버선·미투리였다. 남자의 옷을 계절별로 보면 봄가을로 고의 적삼을 입고 여름에는 베잠방이와 등거리를 입었으며, 겨울철의 방한복으로는 상류층에 한해서 춘추복에 솜을 넣어 입고 그밖에는 삼베나 무명으로 겹옷을 지어 입었다. 특히 방한용 복장으로는 벙거지·남바위·귀마개·목도리·장갑·토시·버선 등이 있었고, 신발은 피나무 껍질이나 청올치 또는 삼껍질로 미투리를 만들어 신었다. 적설기의 울력이나 멧돼지 사냥을 할 때에는 다래나무와 솔뿌리로 엮어서 만든 설피[雪上靴]를 신었다. 아이들은 썰매를 타며 피나무로 직접 만든 스키를 타기도 하였다. 특히 용산1리에 있는 용산국민(초등)학교에 다녔던 용산2리 학생들은 겨울에 학교까지 4-8킬로미터 길을 피나무 스키를 신고 통학하였다.

이부자리는 하루의 피로를 회복하고 다음 날의 활동을 위해 밤잠을 자는데 꼭 필요한 것이지만, 조사 당시 봉산리에서는 이부자리를 갖추고 있지 않은 가구가 전체 농가의 55.3퍼센트였고, 이불이나 요 중에서 한 가지만 가지고 있는 가구도 적지 않았다. 이부자리를 가지고 있다 하더라도 면화를 재배하지 않는 이곳 사람들은 겨울에도 홑이불로 지내기가 일쑤였다. 그 대신 땔감을 넉넉히 장만해 두고 아궁이에 불을 피워 온돌 방바닥과 방안 온도를 높게 하여 추위를 막고 살았다. 이처럼 방한복과 이부자리를 충분히 갖추고 있지 못했기 때문에 대부분의 주민들은 겨울에 방안에서 지내고 바깥에서의 활동량이 적은 경향이 있었다.

노동복은 평상복과 뚜렷한 구별이 없었다. 겨울 한철을 빼고는 주민들의 일상생활이 대부분 노동시간으로 충당되기 때문이었다. 봄부터 가을까지 농사철에는 대부분의 시간을 밭에서 일하면서 보통 맨발이며, 장갑도 끼지 않고 있었다. 그러나 재풀(퇴비)과 산나물 또는 산약 채취 등 숲속에서 작업을 할 때는 신체의 보호와 작업의 편의를 위해 긴 바지와 긴 소매 옷을 입고 미투리도 신으며 무릎 밑에는 감발을 치고 있었다. 머리에는 수건을 동여매거나 맥고모자를 썼다. 머리 수건은 일을 하면서 땀을 씻고 일을 끝낸 다음 세수하고 나서 물기를 닦기 위한 것이었으며, 맥고모자는 햇볕을 가리고 비가 올 때 우장으로 쓰기 위한 것이었다. 그 밖의 우장으로는 삿갓과 도롱이를 주로 이용하였다.

조사지역 사람들의 의류 보유 상태를 확인해 본 결과 상층과 중간층에서는 큰 차이 없이 식구마다 평균 세 벌가량의 옷을 가지고 있었으나, 하층에서는 두 벌만 가지고 있는 것이 보통이었다. 그리고 의복을 보관하는 용기 또는 가구로는 일반적으로 싸리를 엮어서 만든 광주리를 쓰고, 약간 여유가 있는 집에만 나무궤짝이 있었을 뿐이었고, 옷장이나 이불장 같은 것은 없었다.

요컨대 이 지역 주민들은 사회문화적으로나 경제적으로나 거의 동질적이고 외부 사회와 상대적으로 고립되어 있었기 때문에 의생활에 있어서도 계급적인 차이가 거의 나타나고 있지 않았으며, 의복의 재료를 구하는 것도 거의 자급적이었다. 의복의 형태와 색깔에서도 모방성이 뚜렷하게 나타나지 않았고, 머리 모양도 전통적인 스타일을 그대로 유지하고 있어 새로운 유행을 거의 발견할 수 없었다.

2. 식생활

인간이 옷을 입지 않고 집 없이 살았던 시대는 있었을지라도 먹지 않고 살았다는 것은 생각할 수 없는 일이다. 특히 이동적인 화전민들의 생활에 있어서는 생존의 기본 욕구라고 볼 수 있는 식욕을 충족시키기 위해 음식을 찾아 전전하였기 때문에 의복과 주거에 대한 욕망은 식생활 다음으로 고려되는 제2차적 중요성을 가지게 되었을 것으로 생각된다. 50년 전 조사 당시처럼 정착 생활을 하고 있는 조사지역 주민들에게도 의복은 일상의 음식과 같이 긴급을 요구하는 것이 아니었고, 주거도 매일의 지출을 필요로 하지 않았기 때문에, 식생활의 문제는 일상생활에서 가장 중요한 것이 되고 있었다.

주민들의 주요 식재료는 강냉이와 감자이며, 소금을 제외한 대부분의 식품은 농가에서 자체로 생산하고 채취하여 충당하고 있었다. 쌀은 전혀 생산되지 않기 때문에 제사 또는 경사에만 조금씩 소비하는데, 그것은 모두 시장에서 사오는 것이었다.

주식인 밥에 이용되는 식품으로는 강냉이·호밀·귀리·콩·팥·조·보리 등의 낱알 식품이 있었으며, 대부분의 경우 이런 곡식들을 섞어서 밥을 지었고 거기에다 감자와 산나물을 섞기도 하였다. 밥은 그것을 직접 먹는 데 쓰지 않고 다른 용도로 사용되는 경우도 있었다. 술밥·떡밥·엿밥 등은 다른 음식을 만드는 과정으로 짓는 것이며, 풀밥은 옷감에 풀을 먹이기 위해서 이용되었다. 죽은 일반적으로 식량이 모자랄 때 절약하기 위해서 산나물을 많이 넣어 쑤어 먹고, 때로는 환자나 어린이들의 소화 잘되는 음식으로 먹기도 하며, 푸닥거리를 할 때 액을 풀어 버리는 용도로 쓰이기도 하였다.

가루 음식은 간식에 주로 이용되었고, 강냉이가루·감자가루·콩가루·미수가루·칡뿌리가루·도토리가루[꿀암] 등을 이용하여 국수·수제비·떡·만두·전 등을 만들어 먹었다. 특히 떡은 술과 더불어 경사나 제사 때 사람과 신이 먹도록 제물로 바치는 상징적 의미를 가지고 있어 명절과 손님 접대 그리고 각종 행사 특히 개인 성장과정의 통과의례에서 거의 빠짐없이 이용되고 있었다.

주요 부식물은 농가에서 재배하는 채소류와 산에서 채취하는 산채 및 시장에서 사오는 소금과 육류 해조류 등이었다. 농가에서 생산하는 채소류는 무·배추·갓·마늘·고추·파·오이·호박 등이었으며, 자기 집에서 소비하기 위한 것 이외에 시장에 팔기 위한 것은 생산하지 않고 있었다. 산에서 채취하는 야생의 산채는 고사리·고비·취·곰취·누르대·곤드레·딱죽이·청옥·멍우·병풍·잔대·도라지·더덕·두릅·표고·느타리 등이었다. 이것들은 부식으로 이용될 뿐만 아니라 춘궁기와 흉년으로 기근이 심할 때에는 주식으로도 이용되는 구황식물이기도 하였다.

1957년에는 심한 비바람 때문에 농작물의 흉작으로 대부분의 마을 주민들이 거의 굶어 죽을 지경에 이르렀다고 한다. 그래서 그들은 칡뿌리와 산나물을 먹고 단지 공복감만을 면하는 데에 불과한 보릿겨·감자껍질·밀기울·메밀순·송기 등을 감자와 옥수수에 섞어 쪄먹으면서 간신히 생명을 이어왔다고 한다. "한 치 뒷산에 곤드레 딱죽이 나지미(갈보의 일본말) 맛만 같으면 고것만 먹고도 봄 살아나지"라고 마을 사람들이 불렀던 〈정선 아라리〉의 한 구절만 들어 보아도 그들의 식생활에서 산나물이 차지하는 비중이 얼마나 큰 가를 짐작할 수 있었다.

고기와 생선 및 해조류는 중간층 이상의 농가에서만 일 년에 한두 번씩 명절이나 혼인잔치 또는 제사 때에나 맛보는 형편이었다. 이처럼 부식이 대부분 식물성 식품이고 동물성 단백질과 지방이 부족하기 때문에 어쩌다 한 번씩 집에서 해먹는 두부가 부족한 단백질을 보충해 주고 있는 것 같았다.

계절별로 음식을 살펴보면 봄에는 주로 산나물을 강냉이·감자·조밥에 섞어서 먹고, 여름부터 가을까지는 감자와 옥수수를 삶아 먹으며, 가을부터 겨울을 지나 이듬해 봄까지는 주식인 감자·강냉이, 그 밖의 잡곡들을 섞어서 먹는다고 했다.

간식이나 기호품으로는 술·감주·꿀암·엿·담배·과일 등이 있었다. 특히 강냉이밥에 누룩을 섞어 발효시킨 강냉이 막걸리는 주민들이 가장 즐겨 마시는 술이었다. 하루에도 여러 차례 수시로 마시고, 식사 때에도 반주로 마셨다. 술은 노동의 능률을 올리기 때문에 농번기 특히 잿풀 품앗이를 할 때에는 참참이 술을 마시고 약간 여유가 있는 농가에서는 술이 끊어지지 않고 항상 저장되어 있었다. 머루나 돌배를 단지에 넣고 소주를 부어 과일주를 만들어 마시기도 하였다. 꿀암은 도토리를 삶아서 말린 가루인데, 겨울과 봄철에 간식으로 먹고 있었다. 엿은 강냉이와 감자로 만들어 먹고 있었다. 담배는 남자 15-16세부터 피우기 시작하는데, 텃밭에 심어서 담뱃잎을 말려 두고 피우거나 시장에서 엽초를 사다가 담뱃대에 넣어 피우고 있었다. 젊은이들은 짧은 곰방대로 피우고 노인들은 장죽으로 피우고 있었다. 술을 마실 때에는 연령의 상하 구별이 엄격하지 않았으나 담배를 피울 때는 연령의 구별이 엄격하여 젊은 사람들은 노인들 앞에서 절대로 담배를 피우지 않고 있었다. 과일로는 산머루와 다래가 많았고, 집 근처 또는 밭둑에 돌배와 살구·복숭아 등의 과일나무도 있었다.

식생활에서 특히 외부인의 관심을 끌었던 것은 주민들의 식수 문제였다. 봉산리와 용산2리에는 일반 농촌에서 볼 수 있는 것처럼 두레박으로 물을 퍼 올리는 이웃 간의 공동우물이나 단독가구의 깊은 우물이 전혀 없었다. 용산2리에는 단독가구의 바가지로 물을 푸는 얕은 자연샘물이나 인공으로 땅을 파서 만든 우물이 몇 개 있었지만, 봉산리에는 그런 우물들이 전혀 없었고, 골짜기에 흐르는 자연의 개울물을 그대로 먹고 있었다. 그래서 봉산리의 농가들은 물이 흐르는 골짜기의 개울을 따라 양쪽 언덕에 멀찍멀찍 떨어져 있었다. 개울 상류에 위치한 농가에서 개울물에 빨래를 하고 더럽히는 경우도 있지만, 하류에 위치한 농가 근처까지 흘러 내려가는 동안에 가라앉고 자연 정화가 이루어져서 하류에서는 그 물을 식수로 이용해도 아무런 이상이 없었다.

과거에 주민들이 금기(禁忌)로 여겼던 음식은 개와 닭고기였다고 한다. 그 이유는 깊은 산중에서 맹수를 두려워하는 관행에서 나온 것이었다고 한다. 금기하는 음식을 먹으면 맹수가 찾아와서 피해를 준다고 주민들은 믿고 있었다. 그런 음식물의 금기는 1950년 한국전쟁 때까지 엄격하게 지켜져 오다가 그 이후로 조금 약화되기는 했지만, 조사 당시에도 봉산리 금동 막바지나 외딴 곳에서는 엄격하게 지켜지고 있었다.

마을 사람들이 믿는 민속신앙과 관련된 음식물의 금기도 있었다. 봉산리의 한 농가에서는 집터를 지킨다고 믿는 터주에게 매년 추수가 끝난 다음 제사를 올리는데 닭고기는 절대로 제물로 쓰지 않고 있었다. 그 까닭은 그 집터를 처음 정할 때 터주가 지네로 화신(化身)했다는 전설 때문이라고 하였다. 산신제를 지낼 때 고기 산적을 제물로 올리지 않는 것도 역시 산중의 맹수를 두려워하기 때문이라고 하였다.

대부분의 식료품을 저장하는 방법은 일차적으로 말리거나 소금에 절이는 것이었다. 연기를 쐬어서 저장하는 경우는 없었다. 김장을 담그는 것은 한국의 다른 농촌 지역과 다를 것이 없었다. 그러나 감자·무·배추 등은 따로 구덩이를 몇 개씩 파두고 매년 가을부터 이듬해 봄까지 그 속에 저장하고 있었다.

일상의 고정된 식사는 하루 세 끼였다. 그러나 경우에 따라서는 정해진 끼니 밖에 참참이 몇 번을 더 먹었는데 그것을 곁노리(곁두리)라고 하였다. 이 지역에서는 농번기 특히 잿풀 품앗이를 할 때 아침 곁노리와 저녁 곁노리까지 다섯 끼를 먹었다. 파종기와 수확기의 울력에는 아침나절 식전이나 저녁나절 땅거미 전에 동리의 초군들에게 술과 식사만 대접하면 무보수의 지게질 운반 작업을 해주었다. 부녀자들이 밤샘하면서 삼껍질을 이을 때에도 이웃집 부인네들에게 밤참을 제공하는 것이 관례로 되어 있었다.

명절 음식은 각기 고유한 특징을 가지고 있었다. 특히 이 지역에서는 설과 추석 이외에도 단오와 동지를 중요한 명절로 여기고 음식도 특이하였다. 단오에는 산에서 취나물을 뜯어 강냉이 가루로 절편을 만들어 먹고 쑥밥과 메밀 부치기를 별식으로 먹고 있었다. 동지 팥죽은 설날의 떡국과 마찬가지로 팥죽에 수수가루나 감자 전분으로 새알심을 만들어 넣어 먹는다고 하였다.

음식물도 의복과 마찬가지로 선물로 이용되고 있었다. 혼인·초상·제사에는 보통 조·감자·강냉이·수수로 만든 떡과 술·국수 등을 선사하였다.

그리고 친척이나 친지의 집을 방문할 때는 떡과 엿 또는 과일 등을 선물로 가지고 갔다. 새로 집을 짓거나 이사해서 처음 집에 들어갈 때에는 악귀의 살(煞)을 막고 물리친다는 별살이라고 해서 팥죽을 쑤어 이웃과 나누어 먹었다.

3. 주생활

봉산리와 용산2리의 농가 주택을 볼 때 외관상 일반 농촌 가옥과 달리 눈에 띄는 특징은 통나무 귀틀집이었다. 이런 형대의 집은 목재가 풍부한 곳에서만 가장 쉽게 지을 수 있는 단순한 가옥으로 고산지대 또는 산간에서만 볼 수 있는 것이었다.

건물의 배치는 대개 한일자(一) 모양의 단순한 건물 한 채뿐이고, 별채의 부속건물은 따로 없었다. 땅이 넓어서 집터의 제한을 받지 않기 때문에 복잡한 기역자(ㄱ)나 디귿자(ㄷ) 또는 미음자(ㅁ)나 두이자(二) 등으로 배치할 필요가 없었기 때문이다. 겨울에 날씨가 매우 춥기 때문에 방을 분산시키지 않고 쉽게 지을 수 있는 이점도 일자형 건물을 선호하게 된 원인이라고 해석되었다. 대문과 울타리도 없고 마당에는 곡물을 건조시키기 위한 노적가리와 걸침막대·감자구덕·여물간·퇴비장·땔감 저장소 등이 부설되어 있었다. 장독대는 집의 뒷면에 두고 뒷간은 남성용과 여성용을 따로 부엌 뒤에 간단하게 가려 놓았다. 외양간은 어느 집에서나 예외 없이 부엌 뒤에 잇대어 지었는데 부엌과 외양간 사이는 개방되어 있었다.

가옥의 구조는 통나무를 우물정자(井) 모양으로 쌓아 올려 벽을 만들고, 그 위에 지붕을 얹은 형태이다. 벽의 통나무가 교차하는 데는 못을 사용하지 않았다. 그 대신 한쪽 통나무의 끝을 다른 쪽 통나무 구멍에 맞추기 위해 끝을 약간 가늘게 도끼로 아귀를 지어 장부를 만들고, 다른 쪽 통나무 끝에 장붓구멍을 만들어 한쪽 통나무의 장부 끝을 다른 쪽 통나무의 장붓구멍에 끼웠다. 그리고 통나무 사이의 틈을 진흙으로 메워서 바람을 막았다. 따라서 바깥벽에는 통나무가 노출되어 있고, 방 안벽은 진흙으로 두텁

〈사진 5-6〉새로 지은 단순한 통나무 귀틀집. 1960. 7.
〈사진 5-7〉버려진 통나무집의 벽과 출입문. 2009. 3. 2

게 발라 흙벽처럼 만들기도 하고 그대로 내버려두기도 하는데 종이로 도배를 한 집은 매우 드물었다.

지붕은 서까래 위에 호밀짚이나 껍질을 벗겨낸 삼대(겨릅) 또는 새를 베어다가 이엉을 엮어서 덮고, 물매는 완만하게 만들었다. 이 지역에서는 벼를 심지 않기 때문에 지붕을 잇는데 짚을 사용하지 않았다. 그 대신 너와를 지붕에 얹은 경우는 더러 있었다. 길이 20센티미터, 지름 20센티미터가량 되는 전나무 토막을 두께 4-5센티미터가량으로 쪼갠 전나무 조각인 너와 또는 너새를 지붕에 얹고 그 위에 돌을 올려놓아 바람에 날아가지 않도록 하였다. 이런 너와지붕도 고산지대의 산간에서만 볼 수 있는 것이었다. 짚이나 새로 이엉을 엮어서 덮은 지붕의 수명은 2-3년을 넘기지 못하는데 반하여 너와지붕은 10년 이상을 지탱한다고 하였다.

집 안의 천장은 낮고 서까래가 노출되어 있었다. 방바닥은 방고래에 구들장을 덮고 흙을 바른 온돌인데, 장판은 하지 않고 섬거적·부들자리·돗자리 등을 깔고 있었다. 방의 수와 칸막이는 〈그림 5-2〉에서 보는 바와 같이 한 개나 두 개 또는 네 개로 다양한데, 부엌과 아궁이는 한 군데에 있었다. 밖으로 통하는 출입문은 각 방에 하나씩 있었고, 사랑방과 도장 사이를 제외한 다른 방들 사이에는 서로 통하는 사잇문이 하나씩 있었다. 각 방의 통나무 벽 한곳을 적당히 네모로 잘라내고 양쪽에 문설주를 세워 문짝을 끼워 달은 것이었다. 이런 가옥의 구조 때문에 마루는 없었다.

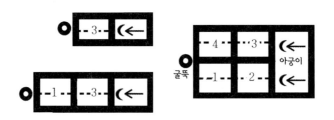

1. 사랑방   2. 아랫방   3. 안방   4. 도장

〈그림 5-2〉 봉산리 농가 크기에 따른 방의 수와 칸막이.

〈사진 5-8〉 봉산리의 전형적인 통나무집. 1960. 7.
〈사진 5-9〉 봉산리에서 홀로 사는 전춘자 할머니의 움막. 1960. 7.

집의 크기는 가족의 수와 생활수준에 따라 약간씩 차이가 있었다. 각 방의 용도는 방이 네 개인 경우 사랑방은 남자 손님을 맞이하는 공간으로 집 안의 노인들이 주로 쓰고, 아랫방은 여자 손님을 맞이하며 중년층이 주로 사용하면서 모든 식구들이 가장 많이 이용하는 방이었다. 따라서 온 식구가 함께 모여서 식사할 때에는 아랫방을 사용하였다. 안방은 주로 부녀자들이 거처하는 공간으로, 사랑방에 낯선 손님이 올 때는 부녀자들이 아랫방에서 안방으로 자리를 옮겼다. 사랑방과 아랫방을 통하는 문은 통구만 내놓았을 뿐 문짝을 달지 않았기 때문이었다. 도장은 성숙한 미혼 여성이나 신혼부부의 방으로 사용되었다. 때로는 곡물과 의복 기타 가구를 넣어 두는 창고로 쓰이기도 하였다. 도장은 안방과 뒤란으로만 통해 있었고, 아랫방과 사랑방에는 통해 있지 않았기 때문에 다른 방에서는 들여다볼 수 없었다. 장남 부부가 이 방을 사용하다가 차남이 혼인하면 장남 부부는 안방으로 거처를 옮기고 신혼의 차남 부부가 도장을 사용하는 것이 관례였다. 부엌과 통할 수 있는 것도 안방뿐이며, 그밖에는 모두 벽으로 막혀 있었다.

난방은 한국의 전통적인 농촌 민가와 마찬가지로 각 방이 모두 온돌식으로 되어 있었다. 그러나 농촌 민가와 다른 점은 가옥의 배치가 한일자로 되어 있었기 때문에 집이 크고 작건 간에 부엌이 하나뿐이고, 아궁이 하나에서 여러 개의 방을 덥힐 수 있었다는 것이다. 그리고 통나무를 뚫어서 만든 굴뚝은 건물에서 1미터가량 떨어져 있으며, 아궁이 자체가 외부에 노출되어 있지 않고 집 안의 부엌에 있기 때문에 불을 땐 뒤에도 밖에서 찬 공기가 방고래로 들어가서 방의 온도를 낮게 할 염려가 없었다.

봉산리에서 가장 단순한 형태의 가옥은 홀로 사는 전춘자 할머니(조사 당시 66세)의 집이었다. 그 집의 구조는 몇 개의 긴 나무 막대기를 원뿔 모양으로 둥그렇게 세우고 그 위에 호밀짚이나 새 풀로 이엉을 엮어 얹어서 비바람을 막는 아주 간단한 천막형의 가건물이었다. 봉산리와 용산2리 전체에서 그런 가옥이 주택으로 쓰인 것은 단하나뿐이었지만, 여름철 청년

〈사진 5-10〉 부엌 천장에 매달린 낡은 전등과 벽면에 움푹 파인 고콜. 2009. 3. 2

들의 모임 공간인 '덕'과 농작물을 해치는 멧돼지를 쫓기 위한 멧돼지 막과 김장구덕, 여물구덕 등은 모두 천막형의 건물로 흔히 볼 수 있는 것들이었다.

조사지역에서 가장 오래된 가옥은 약 150년 전에 지었다는 봉산리의 전필룡 씨 집이었다. 그 집에는 굵은 통나무 문지방에 두 개의 큰 구멍이 뚫려 있었는데, 그것은 호랑이의 침입을 막기 위해 두 개의 굵은 나무 빗장을 박았던 흔적이라고 하였다. 그리고 네 개 방의 벽이 교차되는 모서리에 구멍을 뚫어서 만든 고콜도 남아 있었다. 그것은 기름이나 석유 등불을 사용하기 전부터 벽에 구멍을 뚫어 관솔불을 올려놓고 네 방을 동시에 밝힐 목적으로 만든 것이라고 하였다.

새로 집을 지을 때 집터는 보통 골짜기의 개울에서 가까운 곳으로 택하는 것을 원칙으로 하였다. 그 까닭은 깨끗한 물을 쉽게 이용할 수 있는 것이 필수적인 요건이기 때문이었다. 통나무집을 지을 때에는 목수를 따로 부르지 않고 마을 사람들이 자체로 짓는 것이 보통이었다. 마을 사람들의 노동력 부조는 자기네들이 정한 날짜대로 순서에 따라 차례로 매일 계속되었다. 터를 닦고 목재를 벌목하는 일부터 시작해서 통나무 다듬기·벽쌓기·벽바르기·지붕 올리기 등이 모두 마을 사람들의 협동과 부조로 이루어졌다. 식사와 새참 술은 집주인이 제공하였다.

가옥의 매매는 주민이 외부로 이사를 할 경우 그 집에 또 들어올 사람이 있는 경우에 한에서만 토지 매매와 함께 이루어졌다. 그렇지 않을 경우에는 토지와 가옥을 버리고 나가는 수도 있어서 조사 당시에 봉산리와 용산 2리에는 묵힌 땅과 버려둔 집이 십여 군데 있었다. 그것들만 보아도 옛날 화전민의 유농(遊農) 특성이 그 당시까지 남아 있었음을 알 수 있었다. 이런 점에서 가옥은 재산이라는 관념보다 단순히 거처 내지 대피소로 여겨지고 있는 것 같았다. 주택을 두 채 소유하고 있는 농가도 있었으나 그것들은 재산으로 가지고 있다기보다는 본래의 주택과 경작지가 멀리 떨어져 있을 경우에 농사를 짓기 위해서 농번기에만 일시적으로 사용할 목적으로 농막(農幕)을 지은 것이었다.

〈사진 5-11〉 원두막 모양의 여름철 청년집회소 가건물 덕. 1960. 7.

주택과는 용도가 전혀 다른 '덕'이라는 건물도 있었다. 그것은 여름철의 밤이나 궂은날에 마을의 젊은이들이 모여 더위를 식히고 휴식을 취하면서 한담을 나누거나 오락을 즐기기 위해 지어 놓은 천막 모양의 막사였다. 미혼의 청년들은 여름철에 덕에서 함께 지내면서 서로의 의견을 교환하고 새로운 지식을 받아들이기도 했다. 때로는 사회문제를 비공식적으로 토론하여 여론을 형성하기도 했고 잿풀 품앗이를 조직하기도 하였다.

주거생활에서 광열(光熱)의 중요성은 산촌에서 더 두드러지게 나타났다. 봉산리와 용산2리에서는 불을 밝히는 데 옛날에 관솔·들기름·밀랍 등을 사용했고, 석유등을 사용하기 시작한 것은 일본 식민지시대 말부터였다고 한다. 조사 당시에도 석유등으로 어둠을 밝히고 있었다. 불을 밝히는 데 관솔을 사용했던 증거는 앞서 집의 구조에서 본 것처럼 고콜이 조사 당시까지도 남아 있었던 사실로 알 수 있었다. 조사 당시에도 어두운 밤에 집 밖으로 나가려면 관솔에 불을 붙여 들고 나가는 것을 흔히 볼 수 있었다. 들기름을 접시에 따라 놓고 창호지로 심지를 만들어 불을 밝혔고, 토봉에서 얻은 밀랍 속에 헝겊이나 종이 또는 실로 심지를 넣어 불을 밝히기도 하였다. 연료는 순전히 주변의 산에서 나무를 베어다가 땔감으로 아궁이에 불을 지펴 음식을 익히고 온돌을 덥혀 난방을 하고 있었다.

요컨대 이 지역 주민들은 의식주 생활에서 주변의 자연자원을 최대한 활용하고 있었다. 그들은 의식주의 재료를 얻는 데 거의 자급적이었다. 특히 산간의 고유한 자연자원이 그들의 의식주 생활에 중대한 요소를 차지하고 있었다. 의식주 생활양식 면에서는 계층적인 차이가 거의 없었고 동질적이었으며, 한국 산촌의 고유문화 전통을 그대로 전승하고 있었다.

6. 마을의 조직과 협동 및 사회통제

　여기서 마을의 조직이라는 것은 마을에 있는 여러 집단·단체·기관·회의 등을 가리키는 것이다. 마을 사람들의 공동체 의식 또는 연대감은 이러한 여러 가지 사회 조직들을 통해서 가장 잘 표현되고 있었다. 봉산리와 용산2리에는 리(里)·반(班)·자연부락·골[谷]과 같은 지역집단을 비롯하여 경제·오락·신앙 등 공동의 관심과 이익을 추구하는 목적으로 결합된 수많은 단체 조직들이 있었다. 그런 마을의 조직들은 크게 나누어 공식적 조직과 비공식적 조직으로 구별해 볼 수 있었다.

　공식적 조직으로는 행정 단위로서의 리와 반 기타의 공공단체들이 있었고, 비공식적 조직으로는 여러 형태의 계(契)·부역·품앗이·두레·영좌(領座) 조직이 있었다. 특히 부역과 품앗이 및 두레 조직은 마을 사람들의 협동을 강화하는 기능을 하고 있었다. 마을의 주요 기관으로는 3개의 서당(書堂)과 9개의 서낭당(城隍堂) 및 산신당이 있었다. 마을 회의로는 세금을 매기는 동회(洞會), 도로작업, 이장 선출 등 1년에 3-4회의 대동회를 열고, 그밖에도 필요한 경우 수시로 마을 사람들이 모여서 의사를 결정하였다. 그것들을 좀더 자세하게 살펴보면 아래와 같다.

1. 공식적 공공단체

　봉산리와 용산2리에서 마을 사람들이 공식적으로 전부 가입하는 공공단체는 협동조합, 국민회, 반공청년단(1961년 4·19혁명 이후 해산되었음), 재향군인회, 부인회, 농지위원회 등이었다. 그것들 각각의 단체에는 직무에 따른 부서(部署)가 정해져 있었다. 예를 들면 협동조합에는 조합장(1명)과 이사(3명), 감사(2명), 상무(2명)가 있었고, 반공청년단에는 단장(1명), 부단장(2명), 총무(2명), 감찰(2명)과 재무, 건설, 방공, 선전을 담당하는 간사가 각기 2명씩 있었다.

그러나 이러한 여러 단체들은 군과 면 조직의 지부로서 형식적으로만 명칭과 부서가 있었을 뿐이었고, 실제로는 별로 하는 일이 없었으며, 마을 사람들에게는 아무런 관심도 없었고 이익도 주지 않았다. 각 단체의 간부 직책도 이장과 반장 및 마을의 유지들 몇몇 사람들이 2중 3중으로 겸직하고 있었다. 마을의 다른 사람들은 대부분 자기가 그 단체들의 회원으로 가입되어 있으면서도 그런 사실을 모르고 있었다. 그런 대표적인 사례가 봉산리의 부녀회장인데, 그는 자기가 회장이라는 것은 물론이고 그 마을에 부녀회가 있다는 사실조차 모르고 있었다.

이런 사실은 그 단체가 형식상 문서로만 각 부서의 직책을 맡겼다는 것

〈사진 6-1〉 용산2리 이장 댁 앞에서 마을 유지들과 찍은 기념사진. 1960. 8.

〈사진 6-2〉 용산2리 마을회관 앞에서 연구자와 마을 사람들이 함께 찍은 기념사진. 2009. 3. 25

을 보여주는 것이었다. 그러면서도 그 단체들은 실제로 회원들로부터 정해진 회비를 징수하고 있어서 잡부금 종목이 많은 것을 확인할 수 있었다.

2. 비공식적 계 조직

마을의 조직으로 계의 형태와 기능을 살펴봄으로써 그 마을의 성격을 이해하는 데에 도움이 되었다. 우리나라에서 계의 성격이 마을의 성격을 그대로 반영한다고 보는 견해도 있었다(김삼수 1962:141-306 참조). 그런 학설에 따르면 계의 형태와 기능의 변화는 마을의 사회 변화를 연구하는 데에 좋은 지표가 된다는 것이었다. 옛날에는 마을 전체가 계의 성격을 띠고 있었으며, 그런 계의 성격에는 지역적 연대감과 사회적 협동의 성격이 강하게 포함되어 있었다고 한다.

조사 당시 봉산리와 용산2리에 있었던 계는 동계(洞契)·서낭계(城隍

契)·혼사계(婚事契)·상포계(喪布契)·갑계(甲契) 등이었다. 동계는 마을의 전체 농가를 계원으로 하였고, 이장이 계장(契長)을 맡고 있었으며, 유사(有司)와 소임(所任)을 각각 1명씩 두었고, 11월에 총회의를 개최하였다. 동계 모임의 장소는 이장 집 사랑방인데, 그날에는 여러 가지 음식과 술을 장만하여 잔치를 벌이고, 계의 회계 결산을 하였다. 동계에는 씨를 받을 황소[種牡牛]·토지·가옥·가마·상여 등 마을이 공동으로 가지고 있는 기본재산이 있었기 때문에 해마다 각 농가에서 동계의 비용을 징수하지는 않았다. 그러나 처음에는 기금을 마련하기 위해 몇 년간 해마다 회비를 징수한 때도 있었다고 한다.

봉산리의 동계에서는 1946년에 종모우 황소 한 필을 샀는데, 그것을 기르는 집에 각 농가에서 매년 콩 한 말씩을 거둬 주었다고 한다. 그러나 해마다 그렇게 하는 것이 번거로웠기 때문에 1949년부터는 그 마을에서 제일 가난한 농가에 마을 공동재산으로 집과 토지를 마련해 주고 그 집에서 기르게 했다. 1950년 6·25전쟁 때에 그 집주인은 외부로 나가서 행방불명이 되었고, 종모우는 북한의 인민군이 징발해 가서 집과 토지만 남게 되었다. 그것을 1959년에 팔아서 그 돈을 기금으로 하여 가마와 상여를 만들기로 결정했고, 조사 당시 평창에서 목수 한 사람을 데려다가 제작 중에 있었다. 마을 사람들 중에는 동계를 유물계(儒物契, 가마와 상여계)라고 부르는 사람도 있었다. 그 가마와 상여가 완성되면 마을 사람들의 공유물로 이용될 것이고, 다른 마을에서 빌려 갈 때에는 임대료를 받을 것이라고 했다. 조사 당시까지는 이웃 마을인 용산2리와 진부면의 신기리와 대기리에서 임대료를 지불하고 빌려 썼다고 한다.

산림계도 마을의 전체 농가가 계원으로 가입되어 있었고, 이장이 계장을 맡고 있었다. 산림계는 성격상 일종의 관조직과 같은 기능을 하고 있었다. 예를 들면 사유림(私有林)의 소유자가 자기의 산에 있는 나무를 벌목하고자 할 때에도 먼저 산림계원들에게 동의를 구해서 산림계가 인정하는 한에서만 계장이 관할 관청에 신고하도록 되어 있었다. 산림을 매매할 때에도 반드시 사전에 산림계의 허가를 받도록 규정되어 있었다. 그밖에도 산림계원들은 조림과 산불 방지 의무를 지는 것으로 되어 있었다.

서낭계는 서낭제(城隍祭)의 준비를 위해서 조직된 것이기 때문에 서낭제를 공동으로 지내는 구역마다 하나씩 있었다. 서낭계에는 공식적인 조직이 따로 없고 서낭제를 지낼 때마다 미리 유사 한두 사람만을 선정하여 그들로 하여금 일체의 제물과 제례 행사를 주관하도록 하였다. 유사를 선정하는 데에는 음양오행(陰陽五行) 및 십간십이지(十干十二支)를 기초로 하여 괘(卦)를 만들고 그것을 합리적으로 해석하여 길흉화복(吉凶禍福)을 판단하는 생기법(生氣法)을 따르고 있었다. 일 년에 서낭제를 두 번 지냈기 때문에 유사의 임기는 원칙적으로 반년이지만, 생기를 보아 또 그 사람밖에 적임자가 없다고 판단될 때는 재임 또는 연속적으로 몇 번이라도 계속하였다. 유사로 선정되는 것은 의당한 일로 누구나 좋게 생각하고 있었다. 서낭제를 마치고 나면 계원들이 음복하고 유사가 제사 비용을 총결산하여 계원들에게 부담금을 할당하였다.

혼사계는 계원의 가족이 혼인할 때 그 비용을 마련해 주기 위해 마을 사람들이 자발적으로 조직한 계였다. 그러나 가족 중에서 아무나 혼인할 때 혼사 비용을 받는 것은 아니었다. 계에 처음 가입할 때 가족 중에서 누구를 위해 가입한다고 지정한 특정인이 혼인할 경우에만 계를 태우도록 규정되어 있었다. 계를 태우는 비용은 받는 사람의 희망에 따라 현금이나 현물로 받을 수 있지만, 현금을 원할 때에는 2천 원으로 규정하고 현물을 원할 때에는 그 비용의 한도 안에서 시세에 따라 옥양목 한 필, 소주 한 통, 담배[파랑새] 30갑, 쌀 다섯 말을 주는 것이 보통이었다. 계를 태우는 비용은 계를 처음 조직할 때 기금을 만들어 급전이 필요한 사람에게 그 돈을 꾸어 주고 변리로 받은 이자 돈으로 지급하였다. 이자 돈만으로 부족할 경우에는 계원들이 더 징수해서 충당하였고, 원금은 항상 유지하였다. 이자는 4개월마다 갚도록 하고 그때마다 원금의 일부도 갚아 나가도록 하였다. 따라서 계모임도 4개월에 한 번씩 정기적으로 가졌으며, 혼사가 있을 때에는 수시로 계모임을 가졌다. 혼사계는 모든 계원이 한 번씩 탈 때까지 계속되었고, 계를 해체시킬 때에는 기금을 분배하였다.

상포계도 기금을 마련하고 특정인을 지정해서 장례비용을 지급하도록 규정되었다. 상포계에서도 기금의 이자로 계를 태웠고, 계를 파할 때 기금을 분배하는 방식이 혼사계와 마찬가지였다. 다만 계를 태우는 현물이 베 한 필, 소주 한 통, 북어 한 쾌, 초 한 갑, 주과포 일체, 쌀 다섯 말 등으로 정해져 있어서 혼사계와 다를 뿐이었다.

갑계는 나이가 같은 동갑 남자들끼리 친목을 도모하기 위하여 조직된 계였다. 그러나 실제로 갑계는 엄격하게 나이가 똑같은 남자들로만 구성되어 있는 것은 아니었고, 한두 살 위아래의 서로 비슷한 나이의 남자들로 구성된 연배집단(年輩集團)이었다. 갑계는 대부분 청년기에 구성하여 매월 또는 계절별로 모임을 갖고 계원끼리만 함께 회식을 하면서 즐겁게 지내는 것을 주요 목적으로 하고 있었다. 그 연배 남자들의 갑계는 같은 마을 또는 인근에 살고 있으면 평생 동안 계속되고 있었다. 그러니까 한 마을에도 다양한 연령층의 수많은 명칭의 갑계들이 공존하고 있었다. 여자들은 혼인하면 헤어지기 때문에 갑계를 조직하지 않고 있었다. 그 대신 나이가 들면 남편의 갑계에 함께 참석하고 있었다.

이상에서 본 바와 같이 동계와 산림계 및 서낭계는 마을 전체의 농가가 의무적으로 자동 가입하는 공동체적인 성격을 띠고 있었다. 반면에 혼사계와 상포계는 계원들이 영리적 목적을 가지고 자발적으로 가입하여 기금을 마련하고 급전이 필요한 사람에게 대부해서 이자로써 계를 태우는 개별적인 성격을 가지고 있었다. 그리고 갑계는 동년배의 남자들과 부인들이 친목을 위해 조직한 평생 계속되는 생물학적 연령집단의 성격을 가지고 있었다.

3. 부역·품앗이·두레 협동

마을 사람들의 일과 관련된 협동의 형태로는 부역·품앗이·두레 등이 있었다. 부역의 대표적인 예는 마을의 도로를 보수하거나 길가의 풀을 베는 작업과 어떤 사람이 새로 집을 지을 때 마을 사람들이 의무적으로 책임을 지고 무보수로 도와주는 일들이었다. 앞에서 경제생활의 농업 노동 형태를 다루면서 부역 노동의 하나로 살펴본 '울력'도 마을 사람들의 중요한 부역이라고 볼 수 있다.

봉산리와 용산2리에서는 품앗이 일꾼들을 모아 노동집단을 조직하는 것을 '질짜기'라고 말했다. 새해의 봄에 한식 절기가 되면 마을의 성인 남성들이 사랑방에 모여서 질을 짰다. 여름철에는 청년들이 덕에 모여서 질을 짜기도 하였다. 질을 짜는 데에는 노동에 동원되는 사람뿐만 아니라 소와 농기구까지 참작해서 이웃 농가 네댓 집 또는 십여 집에게 품앗이를 신청하였다. 질을 짜는 범위는 주로 자연부락 또는 골을 단위로 하는 것이 보통이었다. 그러나 영속적인 품앗이는 없었고, 일손이 부족할 때 수시로 요청하여 노동력을 교환하였다. 품앗이는 완전히 사적인 몇몇 사람들 간

〈사진 6-3〉 잿풀(퇴비) 품앗이로 베어 온 풀을 작두로 썰어 재는 장면. 1960. 7.

의 조직이었기 때문에 어디까지나 신뢰를 전제로 하고, 성별이나 연령별 구분 없이 노동의 가치를 동등하게 인정하였다.

품앗이로 하는 일에는 농사뿐만 아니라 월동준비를 위한 땔감나무하기와 이엉잇기, 부녀자들의 삼가르기·삼꼬기·베매기 등도 포함되었다. 그중에서도 가장 대규모로 하는 농사 품앗이는 '잿풀(퇴비) 품앗이'였다. 이 지역 농민들은 화학비료를 살 수 있는 돈이 없기 때문에 퇴비를 장만하는 일을 일 년 농사의 가장 큰 행사로 여기고 있었다. 입추에 시작해서 처서까지 약 보름 동안은 마을 전체가 몇 개의 집단으로 나뉘어 집집이 돌아가며 잿풀 품앗이를 하였다. 입추 십여 일 전까지 마을의 사랑방이나 덕에서 10명 내지 20명씩 질을 짜고 일의 날짜를 받아 놓았다. 같은 질의 사람들은 잿풀 품앗이가 끝날 때까지 계속해서 함께 일했다. 때로는 먼 곳에 사는 사람이 다음 날 일할 집에 가서 자고 먹기도 하였다. 잿풀 품앗이의 범위는 골이나 자연부락 경계를 넘기도 하고 일꾼이 한 집에서 두 명 또는 세 명씩 나오는 경우도 있었다. 그것은 거리와 친소 관계에 따라 결정되며, 그 때문에 마을 사람들의 친밀한 관계는 더욱 두터워졌다. 식사도 보통의 품앗이에는 2식(점심과 저녁)만 제공했지만, 잿풀 품앗이에서는 4식을 제공하였고, 술과 담배도 제공하였다.

두레는 공동노동 조직인 동시에 일종의 농악(農樂) 오락이었다. 봉산리의 두레는 농악이 없는 공동노동 조직의 기능만 하고 있었지만, 농악이 있는 용산2리의 두레는 공동노동 조직과 오락의 기능을 함께하고 있었다. 두레 농악대의 편성은 임원으로 영좌(領座)·회장·대방(大方)이 각각 1명씩 있었고, 그 밑에 농악대의 기수(旗手)·상쇠·부쇠·징·장고·북·상소고·소고·상버꾸·버꾸·상무동(上舞童)·무동이 있었다. 농악을 연주할 때에는 하나의 농악대가 각각의 부서에 따라 몇 개의 소집단으로 분산되어 각각의 소집단을 상쇠·상소고·상버꾸·상무동이 지휘하고 있었다. 이때 농악대 전체를 총지휘하는 것은 상쇠였다. 농악의 장비로는 징(1), 꽹과리(2), 장고(1), 북(2), 날라리(1), 소고(3), 벙거지(8), 미지기 버꾸(7), 복색(여장 5벌), 띠(청·홍 14개)가 있었다. 그 밖의 장비로는 농악대를 상징하는 '농자천하지대본(農者天下之大本)'이라고 쓴 표지기(標識旗)와 우승기 및 일등기가 있었다.

농악의 연주에 따른 악무(樂舞) 형식으로는 태극형·글자 새기기·속버꾸(3절)·진싸기(3진)·쩍쩍굿·행진굿·다리굿·서낭굿·문장거리·인사굿·농기롱(農旗弄)·삼베 길쌈하기 등이 있었다. 실제로 봉산리와 용산2리에서는 밭농사만 하고 있었는 데도 불구하고, 농악의 농기롱에서는 논농사를 위주로 하여 논갈기·가래질·삼기[써리기]·못자리하기·볍씨치기·거름주기·피고르기·모찌기·모심기·콩심기·논김매기·풀하기·벼베기·볏단주워 묶기·꿩이기[고이기]·타작·방아찧기·새끼꼬기·가마니치기 등 일체의 농사 공동노동을 흉내 내는 것이었다.

삼베 길쌈하기는 여성 복장을 한 무동들이 삼 쪼개기·삼삼기(잇기)·삼뭉치기(말기)·물레질·돌개질(감기)·익히기·돌개질(풀기)·날기·베매기·베짜기·빨래하기·바느질하기 등 부녀자들의 공동 길쌈하기 협동과정과 가사노동을 흉내 내는 것이었다.

이런 형식을 보아서도 두레와 농악 및 오락과 공동노동은 밀접한 관계가 있음을 알 수 있었다. 특히 평창군내 각 마을의 다양한 농악대가 경연대회를 할 때에는 서로 다른 특징들이 뚜렷하게 나타났다. 성별로는 남자 두레가 있는 반면에 여자 두레가 있었고, 두레 탄생의 앞뒤와 세력의 우열에 따라서는 선생 두레·제자 두레, 또는 형 두레·아우 두레가 있었다. 세대별로는 청년 두레·장년 두레·노인 두레가 있었다.

요컨대 품앗이는 사적인 교환노동의 협동이고, 두레는 공적인 공동노동의 협동이라는 것은 분명해 보였다. 그리고 노동의 협동은 지역적으로 마을의 취락 형태에 따라 다르고, 또 마을의 취락 형태는 노동의 협동 범위에 따라 달라지는 것이 뚜렷하였다. 예를 들어 산간 농촌 마을인 봉산리의 취락 형태를 필자가 조사 연구했던 서남해의 고립된 섬 어촌 마을인 소흑산 가거도(可居島) 대리, 대풍리, 항리의 취락 형태와 비교해 보면, 산간

〈사진 6-4〉 용산2리 농악대의 연주 장면.1960. 8.
〈사진 6-5〉 용산2리 농악대원들의 기념사진. 1960. 8.

농촌 마을에서는 집들이 한곳에 모여 있지 않고 사방에 흩어져 있었기 때문에 한 농가의 주택을 둘러싼 토지는 모두 그 농가에서 경작하고 있었으며, 반드시 공동노동을 필요로 하지 않았다. 그러나 섬의 어촌 마을에서는 어업의 성격상 미역의 채취를 위한 해암(海巖)이라는 공동노동 구역을 가지고 있었기 때문에 반드시 공동채취와 공동분배를 하기 위해서 필연적으로 어가들이 밀집된 형태를 이룰 수밖에 없었다. 실제로 가거도의 각 마을은 대도시 못지않게 어가(漁家)들이 밀집해 있었다.

4. 영좌 조직과 사회통제

봉산리와 용산2리에서는 옛날부터 비공식 사회통제기구가 마을 사람들의 사회생활 특히 청소년들의 비행과 농사 및 의례 등을 통제해 왔다. 그 통제기구의 지도자는 영좌라는 어른인데, 그는 동회에서 추천을 받아 다수결에 의해서 위촉되는 마을 농악대 두레의 수령인 동시에 사회통제를 담당하는 최고의 책임자이기도 하였다. 임기는 일정하지 않았으나 대개 3년 이상을 역임했으며, 능력에 따라 10년 이상을 역임한 경우도 있었다고 한다.

영좌는 마을에서 발생한 사건에 대하여 일부 재판권을 가지고 있었고, 권농의 역할도 맡아 대단히 강력한 권위를 가지고 있었다. 용산2리의 두레 농악대에는 영좌·회장·대방이 있었다. 영좌는 두레 농악대의 고문 격이고, 회장은 농악대를 대표하며, 대방은 농악대의 규율을 맡아 감시하면서 단체를 유지하였다.

그러나 봉산리에는 농악대가 없었고 영좌 조직만 있었는데, 추수를 끝낸 다음 좋은 날을 택하여 동회를 열고 영좌가 모든 농가에 가족의 수대로 농기구를 만들도록 배당하였다. 어른 한 사람에게 미투리 두 켤레와 바소쿠리 한 개, 농가 한 집에 삼태기 두 개와 다래끼 세 개, 종다래끼 한 개, 곰배와 가래 등을 만들도록 배당하였다.

다음 해 음력 2월 6일 좀생이 날에 봉산리에서는 동회를 열고 각각의 농가와 어른 각자에게 배당했던 농기구를 영좌가 접수하여 창고에 쌓아 두고, 술과 음식을 장만하여 잔치를 베푸는 한편, 좀생이별[昴星]의 빛깔 및 달과의 거리를 보아 그해 농사의 풍년과 흉년을 점치며 흥겹게 놀았다고 한다. 그러나 특별한 이유 없이 배당받은 농기구를 다 만들지 못한 사람에게는 영좌의 명령에 따라 마을 사람들이 다 모인 가운데서 대방과 청수(靑首)가 태(笞)를 쳤다고 한다. 대방과 청수는 영좌의 명령에 따라 형벌을 집행하는 감찰인데, 대방은 성인을 담당하고 청수는 미성년자만 담당했다고 한다. 그리고 농사가 시작되면 마을 사람들이 만든 농기구를 각자에게 다시 돌려주어 농사에 이용하도록 했다고 한다.

영좌는 또 봄에 퇴비로 쓸 떡갈나무를 베어도 좋다는 명령인 갈령을 내리고, 도박·불경·음란·도둑질 등 각종 비행에 대하여 벌을 주기도 했다고 한다. 그런 영좌의 직능과 역할은 고려시대와 조선시대 촌주(村主) 또는 촌정(村政)의 직능이나 역할과 매우 흡사하게 보였으며, 옛날의 제도가 해방 직후까지 남아 있었다고 한다. 그러한 영좌 조직과 사회통제는 해방 뒤에도 그대로 존속되어 기능을 수행하였으나 1950년 6·25전쟁 이후 사회 변동에 따라 점차 그 기능을 상실하기 시작하여 조사 당시에는 전혀 시행되고 있지 않았다. 그러나 한국전쟁 이전에 영좌 조직의 부서를 맡았던 사람들은 조사 당시까지도 생존해 있었다. 스즈키(鈴木榮太郎 1943:59-60)의 현지조사 보고에 따르면 일본 식민지시대에 전라북도 옥구군 옥구면 어은리에서도 두레의 최고 책임자인 좌상(座上) 한 사람과 그를 보좌하는 공원(公員) 두 사람이 마을의 공동작업과 노동을 통제했다고 한다.

7. 신앙과 의례

어느 사회에서나 인간생활에는 불안과 불확실성이 항상 있게 마련인데, 사람들은 그 원인을 귀신·도깨비·죽은 자의 영혼·하나님·부처님·그 밖의 다양한 신(神)들을 포함한 초자연적 존재와 그 힘이 작용했기 때문이라고 믿는 경향이 있다. 사람들은 또 그런 믿음을 바탕으로 해서 불안과 불확실성을 해소하고 심리적 안정을 추구하기 위해 초자연적인 존재와 그 힘을 위로하거나 받들어 모시고, 속죄하거나 부정(不淨)을 씻고, 신성(神聖)과 축복을 받거나 일체감을 형성하는 행위 또는 행사(行事)를 실천한다. 경우에 따라서는 초자연적인 존재와 그 힘과는 상관없이 일상의 관행(慣行)과 전통적 행사들을 그대로 따라 행하기도 한다. 이처럼 초자연적 존재와 그 힘을 믿는 것을 신앙(信仰)이라 하고, 신앙과 일상적 관행 또는 전통적 행사에 따라 행하는 행위 일체를 우리는 의례(儀禮)라고 한다. 신앙과 의례를 행하는 데에는 보통사람이 자율적으로 실천하기도 하고, 초자연적 존재와 인간 사이를 연결시켜 주는 중개자 또는 매개자가 관여하기도 한다. 여기서는 그런 신앙과 의례를 개인·가족·마을·종교와 관련시켜 살펴보기로 하겠다.

1. 개인과 관련된 신앙과 의례

사람은 출생에서 사망에 이르기까지 한평생을 통하여 몇 가지 중요한 단계를 통과한다. 그리고 그런 단계를 통과할 때마다 개인의 전생·현생·후생에서 일어나는 생명과 사회적 지위의 변화와 관련된 특별한 신앙을 가지고 의례를 행하는데, 그런 의례를 우리는 흔히 통과의례라고 한다. 특히 임신과 출생·성년과 혼인·질병과 사망은 개인의 신앙과 의례를 행하는 중요한 계기가 된다.

임신과 출생: 봉산리와 용산2리에서는 임신과 출산 전부터 그와 관련된 신앙과 의례가 행하여지고 있었다. 아기를 점지한다는 삼신(三神)을 믿고 여러 가지 행사를 치르는 신앙과 의례가 바로 그런 사례들이었다. 마을 사람들은 아기를 낳게 하는 것이 삼신이라고 믿고 있었기 때문에 혼인해서 여러 해가 지나도 아기를 갖지 못하는 부부는 삼신에게 아기를 점지해 달라고 빌었다. 동트기 전 새벽녘에 안방의 동쪽 벽을 향해 소반에 곡식 한 그릇과 정화수 한 사발을 받쳐 놓고 그 집안의 연세 높은 여성이 삼신할머니를 부르면서 임신을 기원하였다. 그밖에도 발왕산 꼭대기의 칠성당이나 마을의 산신당에 가서 임신을 기원하는 신앙과 행사를 치르기도 하였다. 특히 딸만 낳고 아들을 낳지 못하는 집에서는 지관(地官)에게 길지(吉地)를 물어 조상의 묏자리를 옮기기도 하였다.

삼신 신앙과 의례는 임신을 기원하는 데만 행하는 것이 아니었다. 임신 중에는 아무 탈 없이 아기를 낳게 해달라고 삼신할머니에게 정기적으로 치성을 드렸다. 그리고 아기를 낳은 뒤에는 고마운 표시와 더불어 그 아기가 탈 없이 건강하게 잘 자라고 산모가 빨리 회복해서 젖이 잘 나오기를 바라는 뜻의 첫 국밥으로 삼신상을 차려 놓고 또 빌었다. 방으로 드나드는 문에는 왼새끼를 꼬아 인줄(금줄)을 건너질러 매었다. 그것은 삼신과 갓난아기에 대한 부정(不淨)과 잡귀의 접근을 막는 한편, 삼신을 밖으로 나가지 못하게 하기 위한 것이라고 마을 사람들은 믿고 있었다. 그렇게 함으로써 신령의 세계에서 생명의 세계로 넘어온 갓난아기를 보호하는 한편, 다음에도 계속해서 임신과 출산의 보장을 기원하는 것이라고 마을 사람들은 해석하고 있었다. 해산한 뒤에는 태(胎)를 삼불에 태웠다. 갓난아기가 남자일 경우에는 손 없는 쪽의 큰길가에 삼불을 피웠고, 여자일 경우에는 손이 없는 방위의 아무 곳에나 피웠다.

갓난아기의 이름은 그 아이 할아버지나 아버지가 부계 혈족의 항렬(行列) 돌림자를 넣어서 짓거나, 마을의 서당 훈장에게 부탁하여 이름을 지어 면사무소 호적계에 출생신고를 함으로써 한 개인의 법적 사회적 지위를 가지게 되는 것이었다. 마을 사람들은 대부분 혼인을 해도 혼인신고를 안 하고 있다가 첫아이의 출생신고를 하러 가서 혼인신고를 하는 것이 보통이었다.

출생 후 백일과 첫돌에는 백설기와 경단 떡을 만들고 미역국을 끓여서 잔치음식을 장만하여 친가와 외가 친척 및 이웃 간에 나누어 먹으며 조그만 잔치를 베풀었다. 그때 어린아이에게 주는 선물은 대개 실·붓·쌀·돈 등이었다. 실은 생명줄의 장수를 상징하는 것이었고, 붓은 학문과 출세를, 그리고 쌀과 돈은 부와 재물을 상징하는 것으로 그 아이의 장래 성장 목표 또는 방향을 기대하는 것이었다.

성년과 혼인: 성년식에 해당하는 관례(冠禮)가 옛날에는 있었다고 하는데 조사 당시에는 그런 의례를 봉산리와 용산2리에서 행하고 있지 않았다. 다만 관례의 일부가 혼례에 남아 있는 흔적을 볼 수는 있었다. 조사 당시까지도 봉산리에는 미혼 남성의 머리를 땋아 늘인 변발과 기혼 남성의 상투가 남아 있어서 머리 모양을 통해서 옛날의 관례를 유추해 볼 수 있었다. 혼례와 더불어 바뀌는 머리 모양이 남자의 경우 머리를 땋아 등 뒤에 늘어뜨렸던 변발을 정수리에 끌어올려 동곳을 꽂아 상투를 트는 것이었다. 그리고 여자는 변발을 뒤통수에 끌어올려 비녀를 꽂아 쪽을 짓는 것이었다. 이런 관례의 절차와 그 의미를 김두헌(金斗憲 1949: 414-415)은 다음과 같이 서술하였다.

남자가 성년기에 달하면 상중(喪中)의 기간을 피하여 가장 이하 가족 및 친척의 회석상(會席上)에서 예절을 능해(能解)한 장로의 인도로 가관착복(加冠着服)하고 의식을 거행하는 동시에 새로이 자(字)가 수여된 후 관자(冠者)로 하여금 먼저 사당(祠堂)에 알현(謁見)케 하고 향당존장(鄕黨尊長)에게 진배(進拜)한다는 것이다. 이리하여 그는 가족상 사회상 정식의 성인의 자격이 부여되는 것이다. 이에 대하여 여자는 모(母)가 주로 되어 계례(笄禮)를 행하는데 의식은 남자의 경우와 별로 다른 바가 없다.

혼례는 전통적인 방식으로 우선 신랑 집에서 중매인을 통해 신부 집에 청혼을 하는데 봉산리와 용산2리에는 직업적인 중매인은 따로 없고 친척이나 친지가 그 역할을 맡고 있었다. 중매인은 양가의 집안 사정을 비롯하여 혼인 당사자들의 인물과 성격 및 재능 등을 미리 알아서 전달하였다. 해방 뒤부터 신랑의 부모가 며느리 될 사람을 선보는 관습이 생겼다고 하는데, 조사 당시에는 혼인 당사자들이 직접 맞선을 보는 경우도 있었다. 신부 집에서 혼인할 의사를 신랑 집에 전하면, 신랑 집에서 일관(日官)에게 택일을 부탁하여 정해진 날짜에 생년월일시를 쓴 사주(四柱)를 신부 집으로 보냈다. 신부 집에서는 그 사주에 따라 신랑신부의 궁합을 보고 좋다고 판단되면 혼인 날짜를 택하여 신랑 댁에 보냄으로써 양가의 정혼이 이루어지는 것이었다.

혼인날에는 신랑이 정식 혼례복인 사모관대(紗帽冠帶)를 차린 다음 가마를 타고 신부 집으로 갔다. 그때의 동반자로는 신랑의 아버지나 작은아버지가 상객(上客)으로 따라갔고, 그 마을에서 첫아들을 낳은 기혼 남자가 얼굴에 숯검정을 칠하고 함진아비로 따라갔다. 신랑이 신부 집 가까이 도착하면 마을 청년들이 재꾸러미를 미리 준비해 두었다가 신랑에게 던지고, 가마꾼은 타는 불을 밟고 들어갔다. 신부 집에 도착한 신랑은 자기 집에서 가지고 온 나무로 만든 기러기를 상 위에 놓고 두 번 절했다. 신부의 아버지가 그것을 가지고 들어가서 신부에게 전해 주면 신부가 나와서 두 번 절하여 답례함으로써 전안(奠雁)이 끝났다. 초례(醮禮)에서는 신랑신부가 두 번씩 상견례(相見禮)를 하고, 신랑은 왼쪽으로 신부는 오른쪽으로 각각 술을 석 잔씩 교환함으로써 일단 신부 집에서의 혼례는 끝나는 것이었다.

같은 날 신랑과 신부는 가마를 타고 신랑 집으로 가서 또 다시 혼례를 올리는데, 그에 앞서 조상에 대한 금사(禁祀)부터 지내고 신부가 사당에 참례하는 알묘(謁廟)를 지냈다. 신부가 시부모에 대한 구고례(舅姑禮)를 행할 때, 시댁 조부모가 생존해 계시면 시부모가 먼저 시조부모에게 배례하고 나서, 신부가 우선 시부모에게, 그 다음 시조부모에게, 그리고 신랑의 가까운 친척에서 먼 친척의 순서로 인사를 올리는 것이었다. 그때 신부는 그들로부터 선물이나 돈봉투를 받았다.

혼인 예식이 끝나면 일가친척과 친지 및 마을 사람들의 축하 잔치가 벌어졌다. 첫날밤 신방에는 창호지 문에 구멍을 뚫어놓고 젊은 사람들이 신랑과 신부의 거동을 엿보면서 장난을 치고 놀리기도 하였다. 그 다음 날이나 사흘째 되는 날에는 신랑이 처가에 재행(再行)하는데, 그날 저녁에는 처가 마을의 청년들이 몰려와서 신랑달기를 하였다. 신랑에게 "왜 남의 규수를 훔쳐갔느냐?" 또는 "첫날밤을 지낸 경험을 말하라" 등등의 곤란한 질문과 요구를 해서 신랑을 당황하게 하고 미처 대답을 못하면 신랑을 거꾸로 매달고 발바닥을 목침으로 때리면서 술과 음식 접대의 종류와 분량을 불도록 하여 글로 적어서 처가에 요구하기도 하였다. 그런 장난이 심하면 심할수록 신랑 쪽이나 처가 쪽 모두에게 명예라고 여겼다.

질병과 사망: 마을 사람들은 질병의 원인과 그 진단 및 치료에도 초자연적 존재와 그 힘이 작용한다고 믿고 그와 관련된 주술적 의례를 행하고 있었다. 봉산리와 용산2리에는 병원도 없었고 의원도 없었다. 가장 가까운 병원이 20킬로미터 이상 멀리 떨어진 진부 장터에 있었지만 그 이용도가 매우 낮았다. 다만 봉산리의 금동에는 남자 복술(卜術) 한 사람과 일관이 있어 마을 사람들이 여러 가지 질병과 주술적 행사 및 의례를 행할 때에는 가장 먼저 그들을 찾아가곤 하였다. 가령 급한 병이 생겨 우선 복술을 찾아가 육효(六爻) 점괘(占卦)를 보거나 단시점(短蓍占)을 보아 벌목 탈이나 동토(動土) 탈 또는 장목(長木) 탈로 점괘가 나오면 그것들에 알맞은 주술적 의례를 행하였다.

질병을 치료하는 주술적 의례는 탈의 근원이 되는 물체에 부적(符籍)을 써 붙이기도 하였고, 귀신 살(煞)이 끼었다고 하면 점괘에 따라 복술이 동쪽으로 뻗은 복숭아나무 가지[東桃枝]로 장목을 때리면서 주문(呪文)을 외움으로써 살풀이를 하기도 하였다. 귀신을 쫓아버리는 방법으로 바가지에 밥과 소금을 담고 환자의 침을 뱉어 그날의 일진에 따라 일정한 방위의 마당이나 길가에 버림으로써 환자에 붙은 귀신이 그 밥을 먹고 물러가라는 퇴송(退送)을 하기도 하였다.

복술의 더 복잡한 치료 방법으로는 병경(病經)이 있었다. 그는 환자의 집에 가서 밤에만 북을 치면서 옥추경(玉樞經)이나 옥갑경(玉甲經)을 읽었는데 독경(讀經) 기간은 병의 종류와 진행 정도에 따라 사흘도 걸렸고 이레도 걸렸으며 미친병에는 한 달도 넘게 계속되었다. 그동안에 주인은 쌀과 청수와 향로를 받쳐 놓고 분향배례를 하였다. 독경의 마지막 날에는 귀신을 잡아서 나무로 만든 귀신통에 가두었다. 그때 환자나 그의 대리인이 서답돌 위의 신장대(神將竿)를 잡고 신장을 내리는데, 북 뒤에 병풍이나 자리를 세워놓고 거기에 천존(天尊)·신장·장군 등의 위목(位目)을 써 붙이고 복술이 조상신과 객귀 그 밖의 잡귀들을 문목(問目)하는 대로 신장대꾼이 귀신을 잡아 귀신통에 넣고 구멍을 막았다. 복술이 귀신을 다 잡았느냐고 물어서 신장대꾼이 다 잡았다고 대답하면 귀신통을 가져다가 사람들이 많이 왕래하는 교차로의 땅속에 묻고 신장대를 원래의 장소에 되돌려 놓음으로써 독경을 걷었다.

눈병은 맹인 귀신으로 인해서 생기는 것이라고 마을 사람들은 믿고 있었다. 그래서 눈망울에 삼이 생겨 몹시 쑤시고 눈동자에 흰점 또는 붉은 점이 생기는 삼눈(麻眼) 환자가 발생하면, 서당의 훈장이나 글을 읽고 쓸 줄 아는 사람에게 삼을 잡아 달라고 부탁하였다. 그들은 손 있는 방위의 햇볕 비치는 벽 앞으로 환자를 데리고 가서 벽에다가 환자의 얼굴 형상을 붓으로 그린 다음, 삼이 생긴 눈의 위치에 바늘이나 나무 가시를 꽂아 놓고 다음과 같이 맹인 귀신에게 위협하는 주문을 썼다. 주문에서 환자가 남자일 경우에는 건명(乾命)을 썼고, 여자의 경우에는 곤명(坤命)을 썼다.

某年某月某日生乾坤命 몇년몇월며칠생남자(여자)건곤명

某氏左右眼麻　아무개왼(오른)쪽눈에삼이섰으니
爾不拔吾目針荊　네가내눈바늘(가시)을뽑지않으면
吾不拔汝目針荊　내가네눈바늘(가시)을뽑지않겠다

사람에게는 영혼이 깃들어 있는데 그것이 육체를 떠나면 죽고, 일시적으로 떠났던 영혼이 다시 돌아오면 살아난다고 주민들은 믿고 있었으며, 다음과 같이 의례를 행한다고 봉산리의 최기영 씨는 설명했다. 우선 사람이 죽으면 즉시 그 가족 중의 한 사람이 죽은 사람의 속적삼을 지붕의 북쪽을 향해 던지면서 "도암면 봉산리 몇년몇월며칠생 아무개 속적삼 받아가시오"라는 주문을 세 번 외우고 혼이 다시 돌아오라는 뜻으로 "복(復), 복, 복" 세 번 불렀다. 이 의례를 초혼(招魂)이라고 하였다. 그렇게 해도 살아서 돌아오지 않으면 그때 비로소 완전히 죽은 것으로 인정하고 장례 준비를 하였다. 그럼에도 불구하고 사람이 죽은 뒤에도 바로 저승으로 가는 것이 아니고 이승에 잠시 머물러 있는 것이라고 믿기 때문에 장례를 거행하기까지 사흘 이상 유예기간을 두고 있었다.

그 유예기간에 객지에 나가 있는 가족들과 일가친척 친지들에게 전보를 치거나 부고를 내서 장례식에 참석하도록 하고, 마을 사람들에게도 알려서 그들이 술이나 떡과 음식을 장만하고 쌀과 돈으로 부조를 하도록 했다. 이러한 상사(喪事)에 대비하기 위한 상포계(喪布契) 또는 위친계(爲親契) 등의 계도 조직되어 있었다. 한편 상주(喪主)는 곡(哭)만 하고 모든 장례 준비는 호상(護喪)이 시키는 대로 일가친척과 친지 및 마을 사람들이 협조해서 처리하였다.

사망 첫날에는 초종(初終)을 행하고, 이틀과 사흘에는 소렴(小殮)과 대렴(大殮) 및 성복(成服)과 입관(入棺)을 행하는데, 죽은 사람의 입에 버드나무 숟갈로 쌀을 세 번 떠 넣으며 "천석이오, 만석이오"라고 주문을 외웠다. 이것을 "요미(料米) 먹인다"라고 하였다. 소렴을 할 때는 시체를 꿀물로 씻기고, 손톱과 발톱 그리고 머리를 조금 깎아 주머니에 넣어 수의(壽衣)를 입힌 다음, 염포(殮布)로 묶었다. 또 대렴을 할 때에는 고깔 열두 개를 종이로 만들어 넣는데, 그것들은 죽어서 열두 대문을 통과할 때 하나씩 시주하고 가라는 뜻으로 넣는 것이라고 하였다. 이처럼 먹을 것과 입을 것을 시체와 함께 매장하는 풍습은 영혼불멸의 신앙에서 나온 것이라고도 하였다.

조객(弔客)들은 대부분 발인(發靷) 전에 와서 궤연(几筵)에 조상(弔喪)하고 상주에게 "천붕지통(天崩之痛)은 할 말이 없습니다" 또는 "대고(大故) 당한 말씀 할 말이 없습니다"라고 인사를 하였다. 발인하여 장지까지 가는 도중에 일가친척 친지들의 집이 있으면 몇 번이고 일일이 들려서 술과 음식을 대접받았는데 그것을 노자(路資)라고 하였다. 치장(治葬)을 하는데는 지관이 묘지를 선정하여 토지신(土地神)에게 개토제(開土祭) 또는 산신제(山神祭)를 지내고 천광군(穿壙軍)을 시켜 산역(山役)을 하고 매장하였다. 그리고 반혼제(返魂祭)를 행함으로써 장례식을 끝마쳤다.

장례식을 끝마친 뒤에도 그날에는 집에 돌아와서 혼을 위로하는 뜻으로 초우제(初虞祭)를 지냈고, 이튿날 아침에는 재우제(再虞祭)를 지냈으며, 사흘째는 묘에 가서 삼우제(三虞祭)를 지냈다. 그리고 돌아가신 지 석 달 되는 초정일(初丁日)에 졸곡제(卒哭祭)를 지낼 때까지 매일 아침저녁으로 상식(上食)할 때 곡을 하다가, 졸곡제를 지내면서 곡을 끝냈고, 초하루 보름에는 삭망전(朔望奠)을 지냈다. 두 해 동안 그렇게 계속하여 삼년상(三年喪)이 끝났다.

2. 가족과 관련된 신앙과 의례

앞에서 살펴본 한 개인의 임신과 출생, 성년과 혼인, 질병과 사망에 관련된 신앙과 의례들은 전문적 기능을 수행하는 소수의 몇 사람을 제외하고는 대부분 가족을 중심으로 행하여지고 있었다. 이런 점에서 가족성원들은 주술 종교적 신앙과 의례의 중요한 수행자들이고, 특히 가장과 주부는 신앙과 의례를 수행하는 데 중심 역할을 하고 있었다.

가족 신앙과 의례의 대상은 첫째로 가신(家神)을 들 수 있다. 봉산리와 용산2리에서는 성주(成造)·조왕(竈王)·구릉장군 등이 가족을 단위로 한 신앙과 의례의 대상이 되고 있었다. 그것들 중에서 구릉장군을 제외한 두 가신은 한국의 일반 농촌 마을에서도 흔히 볼 수 있는 것으로 터주(地神)·업왕(業王)·제석(帝釋)·수문(守門) 등의 신들과도 밀접한 관련이 있는 것으로 여겨져 왔다.

성주는 가옥과 가족 특히 가장(家長)의 수호신이며, 안택신(安宅神)이라고도 하였다. 이 신을 위한 성소(聖所)는 가옥의 대들보인데, 거기에 창호지로 성주 상량신(上樑神)을 만들어서 해마다 갈아 붙이고 있었다. 조왕은 특히 주부(主婦)의 수호신으로 그 성소가 부엌이라는 것은 확실하지만, 따로 신단(神壇)이나 신성을 나타내는 어떤 상징물도 설치하고 있지는 않았다.

이들 두 가신에 대한 의례는 개별적으로 행하지 않고 매년 10월이나 11월에 햇곡식을 수확하고 나서, 길일(吉日)을 택하여 메 짓고 시루떡을 해서 청수 한 대접과 함께 상위에 받쳐 성주 아래와 부엌에 가져다 놓고, 주부가 배례하고 비손하면서 의례를 행사하고 있었다. 그런 의례를 어떤 사람은 안택이라 했고, 다른 사람은 성제라고 했으며, 또 다른 사람은 성주조왕제라고도 하였다. 아무튼 이들 두 가신에 대한 신앙과 의례에서 주부가 기원하는 것은 가족의 평안과 오곡의 풍요 및 가축의 무병성장이라고 하였다. 의례를 마친 뒤에는 집의 대들보 아래와 부엌의 부뚜막, 그리고 외양간의 구유에 떡을 한 그릇씩 놓았다가 일부만 떼어놓고 다시 가져다가 식구들이 먹었다.

성주신과 관련된 또 한 가지 의례로 가옥의 신축의례가 있었다. 집을 새로 지을 때에는 풍수와 음양오행 및 집주인의 생년월일 간지에 따라 지관(地官)이 집터를 잡고, 집의 방위를 결정해 주는 작괘(作卦)를 반드시 행하고 있었다. 땅과 흙을 다치는 행위는 초자연의 질서를 간섭하고 교란시키는 위험한 행위라고 믿고 있었기 때문이었다. 상량식을 할 때는 주인이 성주신에게 시루떡을 바치고 술 석 잔을 올리는 의례를 행하였다. 입택례(入

宅禮)로 팥죽을 쑤어 별살하는 의례는 집을 새로 지었을 때는 물론이고, 이사해서 집들이를 할 때에도 반드시 실행하고 있었다.

구릉장군은 봉산리의 경주 최씨(慶州崔氏) 집안에서만 모시는 고유한 가신으로, 특히 고기를 좋아하는 신이라고 알려져 있었다. 그래서 경주 최씨 일가들은 육류나 생선을 먹을 때 반드시 사랑방 구릉장군에게 먼저 고기 음식을 올리고 나서 가족들이 먹는 것이 관행으로 되어 있었다. 그렇게 하지 않을 경우에는 가족들에게 병이 나고 부스럼이 생겨서 약을 써도 효과가 없기 때문에, 결국에는 다시 고기나 생선을 사다가 구릉장군에게 올리고 빌어야만 낫는다고 하였다.

또 다른 가족과 관련된 신앙과 의례로는 조상숭배 신앙과 제사 의례가 있었다. 풍수와 음양오행에 따른 묘지 신앙과 해마다 기일에 지내는 기제사(忌祭祀), 절기마다 지내는 절제(節祭)와 시향제(時享祭) 등은 한국 사회 전체의 일반적인 전통과 다른 것이 없었다.

요컨대 가족 신앙과 의례는 성주·조왕·구릉장군 등의 민속 또는 무속 전통 신앙과 의례에 속하는 범주와 기제·절제·시향제 등의 유교 전통의 조상숭배 신앙과 의례에 속하는 범주로 크게 나누어 볼 수 있었다. 그리고 민속 또는 무속 신앙과 의례는 가족의 주부를 중심으로 한 여성 위주로 행하여지고 있었는데 반하여, 유교 전통의 조상숭배 신앙과 의례는 가장이나 문중 어른들을 중심으로 한 남성 위주로 행하여지고 있었다.

그러나 신앙과 의례를 행하는 장소에 있어서는 무속 전통이나 유교 전통이나 모두 다 신성한 장소와 일상생활의 세속적인 장소가 구별되어 있지 않았다는 사실이 주목되었다. 신앙과 의례를 주관하는 사람도 무속 전통이나 유교 전통에서 다 같이 전문적인 성직자가 아닌 일반 가족성원이었다는 사실도 주목을 끌었다.

이런 점에서 가족 신앙과 의례에서는 성직자와 세속인이 구별되지 않았고, 신앙생활과 세속적인 가족생활이 밀접한 관계를 맺고 있었으며, 성스러운 일들과 세속적인 일들이 분화되어 있지 않은 것으로 해석되었다. 그

런 성속(聖俗)의 미분화(未分化)는 사회구조의 미분화를 보여주는 것으로
도 해석되었다.

3. 마을공동체 신앙과 의례

봉산리와 용산2리의 공동체 신앙과 의례를 가장 특징적으로 잘 보여주
는 것은 서낭당(城隍堂)과 산신당(山神堂)이다. 조사 당시 서낭당은 봉산
리에 6곳, 용산2리에 3곳이 있었고, 산신당은 봉산리에 5곳, 용산2리에 1
곳이 서낭당과는 다른 곳에 있었다. 봉산리 서낭당은 발왕골, 금동, 지칠
지, 봉두곤, 박지, 굴아우(窟岩)에 있었고, 용산2리 서낭당은 사잇골, 돌
암, 곧은골에 있었다. 봉산리 산신당은 행당골, 샛골, 산제골, 지칠데기,
큰덕골에 있었고, 용산2리 산신당은 아래노산과 곧은골 사이에 있었다
(〈지도 2-2〉 참조).

〈사진 7-1〉 봉산리 발왕골 서낭당. 1960. 7.

〈사진 7-2〉 용산2리 곧은골 서낭당. 2009. 3. 26

　같은 마을(里) 안에서도 자연부락 또는 골[谷]에 따라 서낭제의 명칭·당
집·신단(神壇)이 약간씩 다르고 제일(祭日)과 제의(祭儀)에도 차이가 있었
다. 우선 그 명칭만 보더라도 조사지역 주민들은 서낭제를 공동으로 하는
구역에 따라 치성제(致誠祭)·동제(洞祭)·서낭제·당제·산신제 등 여러 가
지로 부르고 있었다. 그러나 그것들은 모두 서낭신을 신앙의 대상으로 하
는 의례임에 틀림없었다. 그래서 여기서는 근소한 지역차를 따지지 않고,
그것들의 공통된 비교적 일반적인 서낭제의 명칭으로 일괄해서 살펴보기
로 하겠다.

　봉산리의 발왕골에 있는 서낭당은 높이 20미터 이상의 전나무 밑에 작
은 목조건물을 짓고 그 안에 한문으로 '성황지신위(城隍之神位)'와 '토지
지신위(土地之神位)'라는 두 개의 위패를 모시고 있었다. 이런 형식은 장
주근(1964: 171-208)의 신체(神體)와 신당(神堂) 분화 과정에 따르면 가장
분화된 형태인 것으로 해석되었다. 그리고 서낭당은 마을공동체의 수호

신인 서낭신과 토양의 풍요 및 곡물과 가축 등의 다산(多産)을 맡은 토지신을 모시고 숭배하는 성소(聖所)라고 해석되었다. 봉산리의 다른 서낭당에는 대부분 당집 건물이 따로 없었고, 신목(神木)만 있었다. 그것들은 신체와 신당이 분화되지 않은 것으로 해석되었다.

서낭제는 서낭당 구역별로 따로 지내기 때문에 용산2리 돌암과 곧은골에서는 수십 가구가 공동으로 지내고 있었지만, 봉산리의 지칠지에서는 두 가구가 지내고 있었으며, 금동은 애련동과 공동으로 다섯 가구가 공동으로 지내고 있었다. 서낭제를 지내는 날짜는 봉산리의 경우 음력 정월과 칠월 첫 정일(丁日)이었고, 용산2리에서는 음력 3월과 9월의 첫 정일이었다. 두 마을에서 첫 정일을 원칙으로 하고 있었지만, 부정(不淨)이 있거나 다른 부득이한 사정이 있을 경우에는 그 달의 다른 정일을 제일로 정하였다.

장년층의 남자는 부정이 없는 한 누구나 서낭제에 참여할 수 있었다. 그러나 실제로 서낭제 의례 행사를 주관하는 사람은 유사(有司)라는 특정한 제주(祭主)였다. 유사의 선임은 보통 서낭제를 마친 자리에서 다음 해의 제주로 1년 전에 미리 선정하여 1년 동안 부정을 피하도록 하였다. 그러나 예정된 유사에게 부정한 일이 생기면 제삿날 직전에 정하는 경우도 있었다. 유사를 선정하는 데에는 반드시 먼저 생기(生氣)를 맞추어 보고, 지난 1년 동안 그 집에 재난·출생·사망이 있었거나, 죽은 개·고양이·뱀 등을 본 일이 있었거나, 품행이 좋지 않았던 사람은 유사의 선정 조건에서 제외되었다.

용산2리의 돌암에서는 그런 번잡한 조건과 절차를 피하기 위해 미리 유사 또는 도가(都家)로 한꺼번에 세 집을 정해 놓고 차례로 돌아가면서 서낭제를 주관하도록 하였다. 봉산리의 지칠지에서는 두 집이 교대로 행하도록 했지만, 유고시에는 연거푸 유사를 맡기도 하였다. 유사는 서낭제의 제주인 동시에 서낭계(城隍契)의 계주이며 제물의 조리사이기도 하였다. 그는 제물을 장만하고 제사 의례가 끝난 다음에는 서낭제 비용을 결산하여 각 집의 계원들에게 부담금을 할당하였다.

서낭제를 지내기 전 1주일 동안 도가에는 금줄을 쳐놓았으며, 유사는 마음을 가다듬고 몸을 깨끗이 하여 부정한 음식과 행동을 삼갔다. 서낭제 하루 전에는 서낭당에도 금줄을 쳤고, 유사는 제례 당일 도가에서 제물을 장만하여 자정쯤 제단에 진설해 놓고, 제사 의례를 거행하였다. 위패가 있는 서낭당에서는 그대로 행하였지만, 위패가 없는 곳에서는 신목(神木)에 신위를 써 붙이고 제사의례를 행하였다. 유사가 향을 피우고 제주(祭酒)를 따라 강신(降神)한 다음, 술잔을 올리는 헌작(獻爵)·천찬(薦饌)·고축(告祝)의 순서로 의례가 진행되었다. 고축에는 대부분 축문을 읽는 것이 보통이지만, 봉산리 지칠지의 경우에는 "인간 마소 오곡 풍당 수하 액을 없이 하여 주십시사"라는 간단한 구두고축(口頭告祝)으로 대신하였다. 고축이 끝난 다음에는 각 집마다 고사를 올리며 창호지나 사고지에 불을 붙여서 태우는 소지(燒紙)를 행하였다. 소지는 각 집의 축원을 신에게 알리는 것으로 그것에 의해 한 해 동안의 운명을 점치고, 사람·가축·곡식의 다산(多産)과 풍요를 비는 것으로 해석되었다.

소지를 함으로써 서낭제 의례는 끝나고, 거기에 참여했던 사람들은 제사 의례에 사용했던 술과 음식을 음복(飮福)하였다. 음복에는 앞뒤의 순서가 있었고, 제물의 처분 방법에도 회식과 분배가 있었다. 제사 의례를 끝마칠 때 제주(祭主)가 약간의 음복을 먼저 하고, 나중에 나머지 전부를 마을 사람들이 함께 음복하는 것이었다. 용산2리의 돌암에서는 회식과 분배를 모두 했지만, 용산2리의 다른 구역들과 봉산리에서는 제물의 양이 매우 적었기 때문에 분배는 하지 않았고, 서낭제에 참여한 사람들만 그 자리에서 회식하는 것으로 끝냈다. 마을 사람들의 공동 회식이 끝나면, 이어서 서낭계와 서낭제 비용에 대한 유사의 보고가 있고, 다음 해의 유사를 정하고 마을의 여러 가지 문제들을 토의하였다.

제물을 분배할 경우 마을 사람들은 그 분배된 제물을 각자의 가족들과 함께 음복하였다. 이와 같은 음복의 의미는 신에 의해서 신성하게 된 제물을 먹음으로써 그 사람들도 똑같이 신의 성스러운 은총을 받아 건강·장수·행운 등의 여러 가지 복을 받는다고 믿는 것이었다.

산신제는 앞에서도 살펴본 것처럼 죽은 사람을 매장하기 전에 토지신에게 개토제 의례로 행하는 것이 있는가 하면, 서낭당의 산신에게 마을 공동으로 행하는 것도 있었다. 그밖에도 개별 가족 단위로 하는 산신제는 집안에 복잡한 사건이나 환자가 생겨서 곤경에 처해 있을 때 산신당에 가서 산신제를 지내기도 하였다. 또 산삼을 채취하는 심마니가 깊은 산중에 들어가서 산막을 짓고 거기에 신주를 만들어 아침저녁으로 산신제를 지냈는데, 특히 발왕산에 그런 경우가 많았다고 한다. 마을 사람들 중에 불교를 믿는 사람들은 절에서도 산신제를 지냈다고 한다.

그러나 여기서는 마을공동체가 행하는 산신 신앙과 의례만을 다루기로 하겠다. 서낭신앙과 의례가 중국에서 전해 온 것이라면, 산신신앙과 의례는 한국 고유의 것으로 생각되었다. 특히 산간마을에서는 사람들이 생존에 필요한 기본 물자인 의식주의 원료를 산에서 얻고 있었기 때문에 그들에게 가장 직접적이고 또 가장 중대한 숭배의 대상은 산신이었을 것으로 생각되었다. 그래서 봉산리의 박지에서는 주민들이 서낭제를 지낸 다음, 같은 날 샛골의 산신당에 가서 박지산 산신에게 따로 산신제를 지내고 있었다. 다른 곳에서는 서낭제와 함께 산신제를 지냈는데, 메만 따로 하고 제주(祭主)와 제물 및 제의(祭儀) 일체는 서낭제와 산신제가 모두 같았다.

또 하나의 마을공동체와 관련된 의례는 신앙과 관계없이 일종의 오락으로 행하는 두레의 농악대 공연에서 볼 수 있었다. 특히 농악대의 서낭굿은 서낭제 의례를 그대로 모방한 것으로 마을공동체 의례를 강조하는 것이라고 해석되었다. 의례는 그것이 규칙적으로 되풀이될 때 더욱 신비스러운 힘과 흥을 돋우고, 음악과 운율 및 동작이 결부될 때 보다 더 큰 힘을 얻게 되기 때문이었다. 특히 동작의 반복적인 율동이 계속해서 일어날 때 의례가 절정에 이르는 것으로 보였다. 그런 점에서 농악대의 연주와 무용은 마을공동체 의례의 한 형식으로 생각되었다.

이상과 같은 서낭당과 산신당에 관련된 신앙과 의례 및 농악 의례를 비교해 볼 때 한 가지 공통된 특징은 그것들이 마을 사람들의 일상생활 특히 농업생산 활동과 밀접한 관계가 있다는 것이었다. 그리고 가족 신앙과 의례의 신성한 장소[聖所]는 가족의 일상생활 장소[俗所]와 거의 구분되어 있지 않았는 데 반하여, 마을공동체 신앙과 의례의 신성한 장소는 마을 사람들의 일상생활 장소와 좀더 구별되어 신성하게 여겨졌다는 차이를 발견할 수 있었다. 또 가족 신앙과 의례가 주로 여성에 의해서 수행되고 있었는 데 반하여, 마을공동체 신앙과 의례는 남성 중심으로 이루어지고 있었다는 차이점이 발견되었다. 특히 서낭제는 행정구역인 동리보다도 자연부락과 골의 생활공동체 단위로 거행되었고, 그것을 위해 따로 서낭계를 조직하였으며, 제사 의례가 끝난 다음에는 마을회의가 개최되어 마을공동체의 제정일치(祭政一致) 또는 미분화 현상을 보여주고 있는 것처럼 해석되었다. 이와 같이 하나의 서낭당을 공동으로 제사하는 신앙과 의례 단체로서의 자연부락과 골은 그 자체의 내부에 뚜렷한 전통과 통일성을 가지고 있으며, 두레와 품앗이의 범위와도 일치하는 것으로 보였다. 따라서 마을공동체의 신앙과 의례는 사회적 협동과 신성한 전통의 계승과 보존의 잠재적 기능을 가지고 있는 것으로 해석되기도 하였다.

4. 종교 신앙과 의례

봉산리에는 『정감록』과 불교를 믿는 사람은 있어도 다른 종교를 믿는 사람은 없었다. 그러나 용산2리에서는 주민들의 일부가 태극도(太極道)와 성덕도(聖德道)를 믿고 있었으며, 천주교 신자도 한두 명씩 있었다. 그러나 두 마을에는 성당도 없었고 절도 없었다. 반면에 태극도와 성덕도의 교세는 한때 그 지역 일대에서 널리 사람들의 입으로 퍼지어 오르내릴 정도로 강세를 보이고 있었다고 한다. 그래서 여기서는 용산2리의 태극도와 성덕도 신앙과 의례를 간략하게 살펴보기로 하겠다.

태극도: 1957년을 전후하여 용산2리에서는 상당히 많은 농가들 특히 동군 최씨 가족들이 비밀리에 헐값으로 집과 농토를 팔아 재산을 정리하고 밤중에 아무도 모르게 떠나간 사건이 있었다고 한다. 그들은 모두 태극도 신도들로 천지개벽설을 믿고 도통(道通)과 안정을 위해 부산시 감천동으로 이사를 간 것이라고 주민들은 말했다. 그 당시 주변 마을에서 발생한 집단이주 때문에 용산1리에 있었던 용산국민(초등)학교에서는 전교 학생 수가 180명에서 130명으로 줄었다고 한다.

태극도는 본래 1921년에 도주(道主) 정산(鼎山) 조철제(趙哲濟, 1896-1958)가 전라북도 태인에서 증산교(甑山敎) 계통의 무극도(无極道, 일명 天人敎)를 세운 데서 비롯하였다(이강오 1966:131 참조). 1925년에는 그 종교의 명칭을 무극대도(无極大道)로 바꾸고 교세를 확장하였다. 그러나 1936년 일본 식민지 조선총독부의 '유사종교 해산령'으로 한때 흩어졌다가 1945년 해방 뒤에 교단을 다시 수습하고, 1948년에 태극도라는 이름으로 교명을 바꾸어 부산 보수동에 본부를 두었다가 1955년 감천동으로 옮겨 3천 가구 1만여 명의 신도를 모아 태극도 신앙촌을 세웠다. 1958년 교주 조철제가 사망할 때까지는 전국의 신도수가 10만 명 이상으로 교세가 커지기도 하였다. 용산2리 신도들이 부산 감천동으로 집단이주한 시기가 바로 그 무렵이었다. 그러나 교주의 사망으로 교단의 주도권과 재산상속을 둘러싼 후계자 문제로 갈등과 내분이 일어나 법정투쟁으로까지 이어졌다.

태극도의 원천은 태극의 진리를 탐구하는 것이었고, 신앙의 대상은 상제(上帝)였으며, 신앙의 목적은 진리도통(眞理道通)이었다. 그리고 태극도의 조직체계는 본부의 도전(都典, 대표)과 부전(副典, 종무) 밑에 시봉원(侍奉院), 보정원(補正院), 전학원(典學院, 교육기관), 편찬위원회(道典과 道史 편찬 간행), 청년부(청년 도인 지도)를 설치하였고, 양원(兩院)으로 포정원(布正院)과 호정원(護正院)을 설치하여, 포정원에는 포장(布丈), 포정(布正), 포령(布令), 정급(正級)의 직책을 두고, 호정원에는 호장(護

丈), 호정(護正, 호령(護令), 진급(進級)을 두었으며, 그 다음으로 일반도인(道人)이 있었다.

　조직의 운영은 중추기관인 24체(體, 이전의 甘)를 중심으로 이루어지고 있었다. 각 체에서는 그 체의 구성원들 사이에서만 통하는 암호를 사용했다. 각 체에는 한 사람의 포정이 있었고, 몇 개의 체를 관장하는 포장을 통해서 태극도 본부에 직접 연결되는 비밀조직체계를 이루고 있었다. 따라서 절대적으로 복종해야 하는 명령체계도 각 체를 통해서 종적으로만 개별 도인들에게 전달되었다. 각각의 체와 체 사이에는 횡적인 연결이 절대로 불가능하게 되어 있었다. 태극도의 교리는 모두 한자와 한글로 쓰인 경문(經文) 또는 주문(呪文)으로 인쇄되어 있었다고 하는데, 기록된 자료를 구하지 못해서 마을 사람들 특히 용산2리 김수진 이장의 친동생인 김태석(당시 34세) 씨가 직접 구두로 암송한 주문을 발음 그대로 받아 기록하였다. 따라서 원문과는 약간 다를 수도 있겠지만 그 기록된 자료를 아래와 같이 소개한다. 다만 그 주문의 의미는 그것을 암송한 사람 자신도 잘 모르고 있었다.

　통극신주(通極神呪): 통극신 대도덕 봉천면 봉신교 태극도주조성상 시천주조화전 영세불만 만사지 지기금 지원위 대감.
　도통주(道通呪): 천사원효감모태을승 두우군 신하신하 삼하삼하 이도통도덕으로 삼통천문하고 충찰인사 합소사.
　관운장주(關雲長呪): 천하영웅관운장 이막처건천천지 팔위지장 육정육갑 육병육을 소설제장 일반병력사귀 엄엄급금여율령 사바하.
　진법주(眞法呪): 구천인원뢰성봉화 천종강성상제 하감지위 옥황상제하감지위 석가여래하감지위 … 처성조응감지위 처외성조응감지위 … 칠성사자내대지위 우직사자내대지위 … 명부사자내대지위.
　칠성주(七星呪): 칠성여래대지군 북두귀신 중천대신 상조금궐 하복권련 조리강기 통제금권 대리금월 옥정염전 무곡마군 고상옥황 자미제군 대주천제 세입미신 하세불멸 하복불신 … 교작관행필보료 존제급금여율령 사바하.
　이십사절주(二十四節呪): 동지 소대한 입춘 우수 경첩 춘분 청명 곡우 입하 소만 망종 하지 소서 대서 입추 처서 백로 추분 한로 상강 입동 소설 대설 장손무기 효공두여 … 진술법지 대신장 소설제장 일반병력 사귀엄엄 급금여율령 사바하.

벽사주(辟邪呪): 각항저방심미기 두우여허위실벽 규루위묘필자상 정귀유성장익 진 덩우망성 오황환향 갑오진준 경감두무 … 마무우윤 지대신장 소설제장 일반병 력 사귀엄엄 급금여율령 사바하.

신장주(神將呪): 천상옥경 천존신장 천상옥경 태을신장 삼회뢰성 병력장군 백마원 수 대장군 … 삼수삼계 도원수 … 이십사절 제위신장 이십사절 제대신장.

태을주(太乙呪): 흠치흠치 태을청산원군 흡리치아도래 흠리함리 사바하.

신성주(神聖呪): 신성대제 태을현수 의아강설 번거연거.

위의 주문에 의한 도통 공부는 허령(虛靈)·지각(知覺)·신명(神明)의 3단계 과정을 거치는데, 1단계 허령에 도달하면 질병을 치료할 수 있고, 2단계 지각을 거쳐 3단계 신명에 도달한 다음, 수업을 더 계속하면 그때에 비로소 신을 만나 신과 말할 수 있으며, 신의 덕을 자유롭게 받을 수 있게 된다고 하였다.

태극도의 주문을 외우고 의례를 수행하는 장소는 따로 있지 않았다. 방안에서 행할 경우에는 벽을 마주보고 청수 한 그릇과 촛불을 켜놓고 향을 피우면서 처음 시작할 때 세 번 절하고 주문을 암송하였다. 특히 통극신주와 도통주 및 관운장주를 암송할 때에는 대표 한 사람이 납폐지(納幣紙, 얇은 백지)를 한 사람마다 석 장씩 불 살라 소지하면서 주문을 외우고 있었다. 진법주부터는 소지를 하지 않고 주문만 외웠다. 주문을 모두 암송하고 난 다음에는 또 세 번 절함으로써 의례가 끝났다. 이런 의례가 도인 가족을 단위로 하루에 세 번 오전(10시경), 오후(5시경), 밤중(12시경)에 거행되었다. 집단적이고 정기적인 집회일은 따로 정해져 있지 않았다. 그러나 도인들 중에서 질병으로 위태로운 상태가 발생하거나 태극도와 관련된 중대한 결정사항이 있을 때에는 마을 도인들이 집단으로 의례를 거행하고 있었다.

성덕도: 용산2리의 노산동에 살고 있었던 최돈기(당시 54세) 씨와 그의 친동생 최돈춘(당시 48세) 씨 형제 가족들은 독실한 성덕도 신자들이었는데, 그들이 가지고 있었던 87쪽의 성덕도 경전과 그들과의 면담을 통해서

수집한 자료를 중심으로 성덕도의 특성을 살펴보면 다음과 같다.

성덕도는 경상남도 김해군 대동면 주중리 태생의 김옥재(金沃載) 씨가 찬물법을 따라 위장병을 고치고 나서 봉남교(奉南敎) 계통의 찬물교를 믿고 포교하다가 1952년 대구에 포교원을 짓고 새로 만든 종교였다. 그는 『자성반성명심도덕경(自性反省聖德明心道德經)』이라는 성덕도의 경전을 한자로 써서 한글로 음을 달아 저술하였고, 교단을 형성하여 스스로 도주가 되었으며, 전국 각지에 포교하였다. 성덕도라는 명칭은 유(儒)·불(佛)·선(仙) 합일(合一)의 원리에 따라 유교의 대성(大聖)과 불교의 대덕(大德) 및 도교의 대도(大道)에서 한 글자씩을 모아서 지은 것이었다. 따라서 성덕도의 '성'은 유교의 삼강오륜(三綱五倫)과 인의예지(仁義禮智) 도덕 실천 원리를 근본으로 하였고, '덕'은 불교의 무량대덕(無量大德)과 자성자불(自性自佛) 염원 추구 원리를 바탕으로 하였으며, '도'는 도교의 선화개악(善化改惡)과 미신타파(迷信打破) 교화 수련 원리를 중심으로 한 것이었다.

경전의 각 장절(章節)마다 끝에는 "무량청정정방심(無量淸淨正方心)"이라는 수양청심주(修養淸心呪)가 반복되고 있었는데, 그것은 마음을 헤아릴 수 없이 깨끗하고 바르게 하여 속된 망념이 없도록 하자는 자성과 반성을 강조하는 뜻을 담고 있는 것이었다. 바꾸어 말하면 성덕도의 특징은 신자가 스스로 지행합일(知行合一)의 원리에 따라 양심을 가지고 배워서 아는 대로 윤리 도덕을 실천하는 데에 있었다. 그리고 경전에는 선과 악의 상대성 원리, 있을 때 경제하라는 경제이치, 천지만물 생성 변화의 자연법 등 다양한 내용이 들어 있었는데, 그것들은 모두 시대가 변했으니 조류(潮流)를 따라 행하라는 실용적인 선언과 같은 것으로 해석되었다.

용산2리에 성덕도가 처음으로 포교된 것은 이웃 마을 수하리에 살던 황병렬이라는 성덕도 신자에 의해서였다. 그는 횡계리 목장 근처 가시머리에서 윤치도라는 대구성덕도교화원 간부가 처녀의 미친병을 한 달 만에 고치는 것을 직접 목격하고 윤치도의 소개로 안동성덕도교화원에 가서 2

년 동안 수도한 다음, 1957년 수하리에 성덕도교화원을 설립하고 포교에 힘써 왔다. 강릉과 횡계에는 그 이전부터 성덕도 교화원이 있어 많은 신자들을 포섭하고 있었다. 병을 고치고 마음의 안정을 얻기 위해서 성덕도를 믿는다는 것이 대부분 신자들의 생각이었다.

성덕도 신자들의 정기 집회는 '제성일'이라고 해서 매주 일요일 교화원에서 행하여졌다. 예배 의례는 「자성반성성덕명심도덕경」이라는 경전을 읽고 경문을 해석하는 것이었다. 그것을 '공부'한다고 하였으며, 신자들을 '공부인'이라고 하였다. 공부인의 호칭은 남자를 '선생'이라 부르고 여자를 '보생(保生)'이라고 불렀으며, 공부인들끼리 만나면 합장하고 절하였다. 남자 선생과 여자 보생이 함께 공부할 수 없다는 이유로 남녀가 한 방안에서 공부할 때에는 방의 중간에 포장을 쳐서 칸막이를 하고 따로 모여서 공부하였다. 수하리 성덕도교화원의 신자가 최대로 많았던 1958년에는 50명이 넘었다고 한다. 그러나 경찰서에서 집회를 금지시켜 신자가 줄어들었다고 한다.

요컨대 태극도와 성덕도는 한국의 다른 신흥종교 또는 유사종교와 마찬가지로 그 교리의 내용과 의례행사에 있어서 유교·불교·도교·기독교·기타의 민간신앙이 복합된 형태를 이루고 있었다. 그런 종교 신앙의 동기도 질병의 치료, 심리적 불안의 해소, 도덕적 수양 등 현실적 문제 해결에 큰 비중을 두고 있었으며, 죽은 뒤의 내세보다 살고 있는 현세에 더 큰 기대를 가지고 있었다.

신자들의 종교집단과 신자가 아닌 일반 주민들 사이에는 서로 배타적 관계를 가지고 있어 한때는 그들 간에 사회적 거리가 멀어졌지만, 대부분의 태극도 신자들이 마을을 떠났고, 성덕도의 교세도 약해짐에 따라 마을 사람들의 사회적 연대감은 다시 강화되고 있는 것 같았다. 태극도 신자들이 집단이주를 했던 동기는 한편으로 부산 감천동 태극도 신앙촌에서 끌어들이는 종교적 신앙이 작용했기 때문이기도 했지만, 또 다른 한편으로는 용산2리 마을에서 신도가 아닌 사람들이 밀어내는 전통의 압력이 컸기 때문이었을 것으로도 해석되었다.

5. 신앙·의례의 기능과 의미

지금까지 살펴본 봉산리와 용산2리 사람들의 신앙과 의례를 기능과 의미의 차원에서 해석해 보면 다음과 같다.

개인 신앙과 의례는 한 개인이 신령 또는 영혼의 세계에서 인간의 세계로 왔다가 다시 신령 또는 영혼의 세계로 돌아갈 때까지 가족과 마을 그리고 더 큰 사회집단에서 개인이 차지하는 지위와 역할의 변화가 있을 때마다 행하여지고 있었다. 개인 신앙과 의례는 또 여러 가지 질병과 관련된 귀신·가신·조상신·서낭신·산신·태극도·성덕도 신앙의 대상과 밀접한 관계를 맺고 있었다.

가족은 그 성원들의 안녕을 위해서 병귀(病鬼)·가신·조상신·서낭신·산신·종교를 믿을 뿐만 아니라, 사람과 가축과 농작물의 다산·성장·풍요를 빌고 감사를 표시하는 의례를 행하였다. 특히 가신에 대한 신앙과 의례는 주부를 중심으로 한 여성 위주로 행해지고 있었는데 반하여, 조상숭배의 관념과 의례는 가장과 문중 어른들을 중심으로 한 남성 본위로 수행되고 있었다.

마을 신앙과 의례는 의식주 생활과 농업 활동을 중심으로 한 경제의 안정과 마을 사람들의 안녕과 협동을 위해서 마을의 수호신인 동시에 농업신인 서낭신·토지신·산신들에게 제사를 지내는 것이었다. 하나의 서낭당을 공동으로 제사하는 신앙공동체로서의 자연부락 또는 골이 단위가 되어 남성만 참여하지만 계급적 차이는 없이 평등하다는 것이 특징이었다. 따라서 마을 사람들의 사회적 협동은 서낭 신앙과 의례를 통하여 더욱 강화되고 도덕과 전통이 잘 유지되었다. 서낭계와 마을회의가 결부되어 제정(祭政)의 일치 또는 미분화 상태를 보여주는 것으로도 해석되었다.

태극도와 성덕도의 종교적 신앙과 의례는 개인의 질병 치료와 심리적 안정, 가족의 안녕, 신앙공동체의 단결과 협동, 사회적 불안의 해소와 윤리 도덕을 지켜서 질서를 유지하기 위한 일종의 방어기제라고 해석되었다. 특히 태극도의 부산 감천동 신앙촌은 일반 사회와 격리된 신앙공동체로서 그 자체의 강력한 신앙 조직을 가지고 있어서 전국의 신자들을 끌어들였다. 용산2리 태극도 신자들의 극비리에 이루어진 집단이주는 그 마을의 역사에서 처음 생긴 일이었다. 그러나 유교·불교·도교의 원리를 결합하여 현실 문제를 해결하는 데에 중점을 둔 성덕도는 지행합일의 실천을 강조했음에도 불구하고 소수의 마을 사람들만 호응하고 대부분의 마을 사람들이 등을 돌리고 배척했기 때문에 밀려나게 되었다.

끝으로 이들 모든 신앙과 의례의 기능과 의미를 종합해 볼 때 봉산리와 용산2리에서는 재래의 전통적인 주술 종교적 신앙과 의례가 새로운 종교 형태로 대치되지 않고 그대로 존속되었다고 해석된다. 그리고 이들 전통적인 신앙과 의례들이 사회통제의 기능을 함으로써 전통의 유지와 사회적 협동 및 마을 사람들의 연대감 또는 공동체 의식을 강화했다고 해석되었다.

8. 교육·생활권과 외부 사회와의 관계

봉산리에는 초등학생이 전혀 없었고, 용산2리도 한국의 일반 농촌 마을과는 달리 상대적으로 매우 고립되었고 교통수단이 불편했기 때문에 이웃 마을에 있는 초등학교에 통학할 수 있는 학생은 소수에 불과했다. 따라서 마을의 학령기 아동들은 대부분 이웃 마을이나 다른 외부의 동년배들과 접촉할 기회가 매우 적었다. 학교 동급생이나 선후배 동창생의 연결망이 대부분 차단되어 있었다.

따라서 마을 사람들의 생활권은 성년기까지 자연부락과 행정 동리에 한정되어 있다가 어른이 되면서부터 이웃 마을과 더 넓은 지역 범위로 확대되어 나갔다. 각종 선거의 투표 행위와 닷새 만에 한 번씩 열리는 정기시장을 통해서, 그리고 일가친척 외가·처가·고모 댁·이모 댁 등의 친인척간의 왕래에 의해서도 확대되었다.

특히 1950년 한국전쟁 이후부터 청년기 남성들은 2–3년의 군복무를 통해서 외부 사회와의 접촉을 확대할 수 있었고, 마을을 벗어난 외부 사회의 새로운 경험을 쌓아 나머지 인생의 폭을 넓힐 수가 있었다. 그럼에도 불구하고 봉산리와 용산2리 사람들이 외부 사회와 연결망을 가지면서 사회관계를 넓혀 가는 데에는 많은 제약조건들이 있었다. 교육과 직업 기타 사회활동의 한계가 외부 사회와의 연결망을 제한하였다.

1. 교육

조사 당시 봉산리와 용산2리에는 국민학교가 전혀 없었고, 한문을 가르치는 사설 글방[書堂]만 있을 뿐이었다. 봉산리의 글방은 봉두곤(鳳頭昆)과 거문골(琴洞) 두 곳에 있었고, 용산2리에는 사잇골(間洞) 한 곳에만 글방이 있었다. 봉두곤 글방에는 글을 배우는 학동(學童)들이 7명 있었고, 훈장(訓長)은 진부면 마평리에서 모셔 온 박종명 선생이었다. 거문골의 서당에서도 학동 7명이 글을 배우고 있었으며, 글을 가르치는 훈장은 그 마을의 남봉룡(49세) 선생이었다. 거문골 서당의 학생 중 2명은 명주군에서 다니는 학동이었다. 용산2리 사잇골 서당 훈장은 용산1리에서 모셔 온 박동식(41세) 선생이었고, 학동은 12명이었다.

봉두곤 글방 훈장의 설명에 따르면 서당 학습 교과과정은 초급 과정으로 『천자문』(千字文) 또는 백수문(白首文 2개월가량, 하루에 4글자×4줄), 무제시(無題詩 2개월, 하루에 5글자×2귀), 『동몽선습』(童蒙先習, 2개월), 계몽편(啓蒙篇, 2개월)을 읽고, 쓰고, 복습까지 하면서 1년을 보낸다고 하

〈사진 8-1〉 봉산리 봉두곤 글방 훈장과 학동들. 1960. 7.

였다. 특히 초급 과정 학생이 『천자문』 한 권을 다 읽고 베끼어 쓰기를 끝내면 그의 부모가 옥수수나 감자로 떡을 만들어 서당으로 가지고 가서 훈장께 고마운 답례로 대접하고 다른 학생들과 나누어 먹는 책거리(冊禮)를 하였다. 중급 과정으로는 『명심보감』(明心寶鑑, 3개월), 『통감』(通鑑, 7권까지 3년, 16권까지 5년), 『소학』(小學, 1년)을 포함해서 4년에서 6년가량 걸린다고 하였다.

봉산리에서는 대부분의 학령 아동들이 서당의 초급이나 중급 과정까지만 공부하고 그 이상은 계속하지 않는다고 하였다. 9세에 서당 공부를 시작해서 15세 전후에 공부를 끝내고 부모를 도와 농사와 집안일을 했기 때문이었다. 그러나 상급 과정까지 계속하려면 『맹자』(孟子 7권, 1년), 『대학』(大學 1권, 2개월), 『중용』(中庸 1권, 2개월), 『논어』(論語 7권, 6개월)를 포함한 사서(四書)와 『시전』(詩傳 10권, 8개월), 『서전』(書傳 10권, 8개월), 『주역』(周易 10권, 6개월)을 포함한 삼경(三經)까지 읽던가, 『예기』(禮記)와 『춘추』(春秋)까지 포함한 오경(五經)까지 4년에서 5년을 더 읽어야 한다는 것이었다.

교재는 대부분 시장에서 사오지만 선배의 책을 물려받거나 베껴서 쓰기도 하였다. 하루의 일과는 조사 당시(여름철) 아침 식후 7시 30분에 시작하여 저녁 식후 등불을 켜 놓고 한 시간가량 더 공부하고 있었다. 오전 두참, 오후 두 참, 저녁 한 참씩 읽고, 쓰고, 외우기를 되풀이하였다. 아침에는 전날 배운 내용을 외우고 나서, 그날의 새로운 내용을 배워서 읽고, 글씨 쓰기를 배워서 익히는 습자(習字) 연습을 하였다. 습자 시간에 시를 짓기도 하였다. 오전에 한 번 10분가량의 휴식시간을 가졌고, 독서와 암기 시간은 오전 두 번, 오후 두 번, 저녁 한 번이었다. 휴식시간 이외의 일과 시간에 볼일이 있어 밖에 나갈 때에는 반드시 출입패(出入牌)를 가지고 나가도록 학칙을 규정해 놓고 있었다. 출입패의 뒷면에는 다음과 같은 학칙 위반자의 벌칙이 쓰여 있었다.

출입패휴대벌칙   出入牌携帶罰則

1. 휴대시간오분경과자   一. 携帶時間五分經過者
2. 오손급폐기자   二. 汚損及廢棄者
3. 무사휴대자   三. 無事携帶者
4. 이중휴대자   四. 二重携帶者
이상 범칙자태십개   以上犯則者笞十箇

훈장에게 드리는 보수는 글 배우는 학동들의 수에 상관없이 1년에 콩과 옥수수를 합하여 10가마를 모아 드려야 했고, 의복은 봄, 가을, 겨울 옷 세 벌과 식사를 학동들의 집에서 제공하도록 되어 있었다. 따라서 학동들의 수가 직으면 그만큼 부담이 거시기 때문에 서당이 생겼다가 없어지기도 했고, 다음 해에 다시 생기기도 하였다. 훈장에게 제공하는 식사는 반체(飯替)라 하여 학동들의 집에서 열흘씩 윤번제로 돌아가면서 제공하였다. 때로는 반체에 따라 글방을 옮기는 경우도 있었다. 조사 당시 봉두곤 글방에 자녀들을 보내고 있는 집이 4가구(학생 7명) 있었다.

1961년 8월 보충 추가조사를 위해 조사지역을 다시 방문했을 때에는 용산2리 서당은 없어졌고, 봉산리 서당도 거문골에만 남아 있었는데, 훈장은 명주군에서 새로 모셔 온 분이었다. 이처럼 서당은 한 곳에 고정적으로 상설되어 있는 것이 아니었고, 훈장도 자주 바뀌었다. 그 까닭은 글방 학동들의 수가 매년 변했기 때문이었다.

조사지역에서 가장 가까운 초등학교는 봉산리 봉두곤에서 약 14킬로미터, 그리고 용산2리 돌암(道岩)에서 약 6킬로미터 동북쪽에 위치한 용산1리의 용산국민(초등)학교였다. 그러나 산길의 통학 거리가 멀었기 때문에 봉산리에서는 그 학교에 통학하는 학생이 단 한 명도 없었고, 용산2리에서도 학교와 비교적 가까운 거리에 있는 1반의 사태골에서만 4킬로미터 산길을 통학하는 학생이 더러 있었다. 그 학교는 1949년 도암면 유천1리의 도암국민학교 용산분교장(分敎場)으로 가교사에서 개교하였다. 1950년 한국전쟁으로 휴교했다가 1952년 민가를 빌려서 다시 개교하였고, 1953년 용산국민학교로 인가되었으나 가건물에서 수업하다가 1959년 새

학교 건물을 준공하여 1960년 3월에 입교하였다. 그 건물을 짓는 데에는 육군 소령으로 1951년에 제대한 평창의 한 독지가 허일성(許一星, 조사 당시 50세)이라는 사람이 그곳에서 산판 나무장사를 하면서 건축 목재 일체(3만 재)를 희사하고, 마을에서 학교 부지를 제공하는 한편, 교육구(청)에서 건축비를 부담하여 학교 건물의 건축이 가능했다고 한다.

학생수는 조사 당시 175명(남학생 95, 여학생 80)이었고, 교장 1명(한구택 강원도립사범 졸업, 조사 기간에 작고), 교감 1명(정옥훈 전남순천농업 졸업), 교사 2명(김수근 춘천사범 졸업, 윤동균 삼척중학교 졸업)이었다. 그래서 복수학급제로 1학년과 6학년 1학급, 2학년과 5학년 1학급, 3학년과 4학년 1학급씩 총 3학급이었다. 책상과 걸상도 부족하여 하나의 책상과 걸상을 세 명의 학생이 공동으로 이용하고 있었다. 학생들의 통학 범위는 용산1리 전부와 용산2리 1반 1부, 수하리 1-3반 일부였다. 학교에는 풍금도 없었다. 교과서는 새 책을 가진 학생이 50-60퍼센트, 헌책 30퍼센트, 책 없는 학생이 10-20퍼센트가량이었다. 교과서 이외의 참고서는 전혀 가지고 있지 않았다고 한 교사가 말했다. 그 교사는 또 재학생들 중에서 기차를 본 학생은 하나도 없을 것이라고 말했다.

학생들의 나이도 정규 학령보다 훨씬 많아서 1학년생 61명(남 29, 여 32)의 평균연령이 9세, 가장 어린 학생이 6세, 가장 나이 많은 학생이 13세였다. 5학년생 15명(남 11, 여 4)과 6학년생 20명(남 14, 여 6) 중에서 한글을 전혀 읽지도 못하고 쓰지도 못하는 학생이 한두 명씩 있었다고 한다. 1학년생 중에는 30-40퍼센트 학생들이 한글을 모르고 있었다. 나이 많은 학생들은 봄부터 가을까지 밭일과 집안일 때문에 결석하는 경우가 더러 있었고, 학부모들의 여론에 따라 농번기 휴교 기간을 가지기도 하였다. 학교 실습장 밭 1천 평에 옥수수·감자·콩을 심었는데 그것을 가꾸는 일도 1학년을 제외한 전교 학생들이 맡아서 하고 있었다. 학생들이 학교에 갔다가 집으로 돌아올 때는 거주지 구역별로 통학단(일명 학우단)을 조직하여 함께 몰려 다녔다. 그리고 겨울에 눈이 쌓이면 학부형이 피나무로 직접 만들

〈사진 8-2〉 용산1리의 용산초등학교 운동장에서 풀 뽑는 학생들. 1960. 7. 21

어 준 스키를 타고 통학하였다.

　용산국민학교의 졸업생은 1960년까지 4회 배출되었다. 1회 졸업생 13명 중에서 강릉사범학교에 진학한 여학생 1명을 제외하고는 모두 가사에 종사하고 있었다. 2회 졸업생 25명 중에서는 3명이 진부중학교에 진학했고, 3회 졸업생 13명 중에서는 도암고등공민학교 3명과 강릉중학교에 1명이 진학했으며, 4회 졸업생 14명 중에서는 도암고등공민학교 1명과 강릉중학교에 1명이 진학했다.

　조사 당시 봉산리 봉두곤에서 북쪽으로 10킬로미터, 그리고 용산2리 돌암에서 서북쪽으로 8킬로미터 지점에 위치한 도암면 유천3리 원복동에도 1951년에 개교한 도성초등학교 원복분실이라는 1학급의 학교가 있었다. 그러나 이 학교도 산길의 통학거리가 멀었기 때문에 봉산리에서 다니는 학생은 한 명도 없었고, 용산2리에서도 비교적 통학거리가 가까운 웃노산

(上老山)과 아랫노산에서만 두서너 명의 학생들이 그 학교에 다니고 있었으며, 용산2리의 나머지 다른 곳에서는 아무도 그 학교에 다니지 않았다.

봉산리에서도 1945년 해방 이후부터 초등학교 분실을 하나 개교하기 위해서 이장을 비롯한 주민들이 노력한 결과 1950년 5월에 교실 1개와 교사 1명의 사택 방 하나를 잇대어 지은 학교 건물을 완성했다고 한다. 그리고 학교 선생님이 오시기를 기다리고 있던 중에, 한국전쟁이 일어나서 개교도 못하고 인민군이 들어 있다가 헐어 버렸다고 한다. 그 당시에는 봉산리에 55가구 330명의 인구가 살고 있었다고 한다. 조사 당시에도 봉산리에 학교를 세우기 위해 이장 명의로 건축 목재용 벌목 허가를 신청해 놓고 있는 상태였다.

위와 같은 교육환경 또는 불리한 생활조건 때문에 봉산리와 용산2리 주민들의 교육수준은 매우 낮을 수밖에 없었다. 1960년 조사 당시에 봉산리 총인구 221명 중에서 4명(1.81퍼센트)만 초등학교를 다녔거나 졸업했고, 나머지 217명(98.19퍼센트)은 초등학교에 다닌 적이 전혀 없었다. 또 총인구 중에서 112명(50.68퍼센트)은 글을 전혀 읽을 줄도 모르고 쓸 줄도 모르는 문맹이었다. 용산2리에서는 총인구 427명 중에서 327명(76.58퍼센트)이 초등학교에 다닌 적이 전혀 없었고, 총인구 중에서 124명(29.04퍼센트)이 문맹이었다. 중학교 이상의 교육을 받은 사람이 봉산리에는 한 사람도 없었고, 용산2리에는 8명(1.87퍼센트)이었다.

2. 마을 사람들의 생활권

마을은 그 자체의 오랜 역사와 전통을 가지고, 그 구역 안에서 주민들이 여러 세대에 걸쳐 살아오면서 개인·가족·친족·이웃이 힘과 마음을 합하여 서로 도우면서 의식주를 비롯한 경제·사회·정치·종교·교육·오락 등 일체의 생활을 함께해 온 생활공동체였다. 따라서 마을이라는 생활공동체는 그 틀 속에 살고 있는 마을 사람들의 사회관계와 생활양식을 규제하기도 하였다. 마을의 사회적 응집력과 구속력은 또 마을 사람들의 공동체

의식과 일체감을 강화시켜서 그 마을을 벗어난 외부 사람들에 대하여 자기의 신원(身元)을 밝히는 준거집단 구실을 하기도 하였다. 자기의 마을을 떠나 멀리 객지에 나가 있는 사람이 고향을 그리워하고, 혼인한 부녀자 또는 그 집을 가리킬 때 그 여자의 출신 마을 이름을 택호(宅號)로 부르는 까닭이 바로 그 때문이었다.

봉산리와 용산2리 주민들의 주거 형태가 최대 8킬로미터의 산골짜기 여기저기에 집들이 외따로 흩어져 있는 산촌(散村)이었기 때문에 마을 사람들의 지역적 생활권은 기본적으로 서낭제와 산신제를 공동으로 지내는 신앙공동체의 범위 및 잿풀(퇴비) 품앗이와 두레를 공동으로 하는 노동과 오락 공동체의 범위에 해당되는 골 또는 자연부락이 핵심을 이루고 있었다. 그 다음으로는 행정단위로서의 동리가 공동생활권을 이루고 있었다. 더 넓은 생활권은 마을을 벗어난 이웃 동리와 면사무소, 우체국, 주변의 시장, 그리고 외부의 일가친척·외가·처가 등의 왕래가 거의 전체 범위였다. 이처럼 그들의 지역적 생활권은 동심원적으로 확대되어 있었다.

생활권의 범위를 알아보기 위해 조사지역 두 마을의 가구주 107명에게 지난 1년간 외부출입 범위를 물어보았다. 그 결과 봉산리에서는 12킬로미터(도암면 용산2리 또는 진부면 신기리 등의 바로 이웃 마을들) 이내만 나가 본 사람이 5퍼센트, 12킬로미터에서 20킬로미터 이내(진부장, 유천리 면사무소, 횡계리 등)까지 나가 본 사람이 71퍼센트, 20킬로미터에서 40킬로미터 이내(봉평, 대화, 임계 등의 정기시장)까지 나가 본 사람이 6퍼센트였고, 40킬로미터(평창, 강릉, 정선 등지) 밖을 나가 본 사람이 18퍼센트였다. 용산2리에서는 12킬로미터 이내만 나가 본 사람이 없었고, 20킬로미터에서 40킬로미터까지 나가 본 사람이 54퍼센트, 20킬로미터에서 40킬로미터까지 나가 본 사람이 4퍼센트, 40킬로미터 이상 나가 본 사람이 42퍼센트였다. 요컨대 두 마을 사람들의 외부출입 범위는 20킬로미터에서 40킬로미터 이내인 관할 면사무소와 가까운 우체국과 시장 및 감자종자보급소 등에 왕래하는 것이 보통이었다.

주민 생활권의 동심원적 확대를 볼 수 있는 구체적 사례들을 봉산리 마을 사람들의 생일잔치, 용산국민(초등)학교에서의 민의원 및 참의원 선거 투표, 진부 오일장 보기 등에서 확인해 보기로 하겠다. 우선 우리가 묵고 있었던 봉산리 이장 박봉화(45세) 씨 댁에서 그의 생일날(1960년 7월 22일) 관찰된 식구들과 마을 사람들의 상호작용 범위를 살펴보았다. 전날 밤 늦게까지 부엌 일을 하더니 생일날 아침에는 그 집 주변의 발왕동과 봉두곤 자연부락 청년층·장년층·노년층 남자들을 거의 모두 초청하였다. 서당 훈장도 모셔 왔다. 손님들이 도착하는 대로 두 사람씩 둥근 소반에 겸상으로 음식을 대접하였다. 사랑방과 아랫방이 손님들로 가득 찼다. 차린 음식은 강냉이술과 오징어버섯조림·산나물·어물·김치 반찬에 강냉이·조·보리·쌀을 섞은 잡곡밥이었다. 국은 없었다. 바쁘지 않은 손님들은 그대로 앉아 있다가 점심과 저녁밥까지 먹고 갔다. 집 앞을 지나는 과객이 있으면 불러서 먹여 보냈다. 이처럼 봉두곤과 발왕동은 통틀어 그 자체가 거기에 사는 사람들의 핵심적인 생활공동체인 동시에 기본적인 생활권이었다.

1960년 7월 29일은 4·19혁명 이후 오랫동안 준비해 왔던 내각책임제 조각을 위한 제5대 민의원과 초대 참의원 의원 선거일이었다. 봉산리 사람들의 투표 행위를 관찰하기 위해 마을 사람들과 함께 용산1리에 있는 용산국민학교 투표소에 다녀왔다. 아침 여섯 시에 마을 사람들을 따라 발왕동을 떠나서 해발 1천 미터 이상의 발왕재를 넘어 산길 12킬로미터를 걸어서 투표소까지 가는 데 3시간 30분 걸렸다. 봉산리의 애니골(愛連谷)과 거문골(琴洞) 사람들은 발왕재보다 더 높은 밤나무재(栗木峙, 1,116m)를 넘어 투표소까지 20킬로미터 산길을 걸어야 했다.

마을 사람들은 남녀 모두 새 옷으로 갈아입고 남자 노인들은 머리에 탕건과 갓을 받쳐 쓰고 두루마기를 입었다. 선거 사흘 전에 나누어 준 투표 유권자 번호표를 챙기고 점심 먹을거리를 주루막에 넣어 어깨에 걸머지고 갔다. 20세 이상의 남녀가 거의 모두 나갔으니 마을은 텅 비어 있는 상태였다. 젖먹이 갓난아이는 남편이 업고 가다가 용산2리에 들어가면서부터는 부인이 받아 업었다. 그 마을에 가까운 일가친척이 있어도 돌아올 때 들르려고 투표소에 먼저 갔다. 투표소 가까운 길목에서는 각 입후보자의 선거운동원들이 마을 사람들에게 허리를 굽실거리면서 반갑게 인사하고, 입후보자의 성명과 기호 밑에 ○표를 찍은 전단을 건네 주면서 한 표를 부탁하였다. 그러니까 각 유권자들은 입후보자 수만큼 전단을 받았고, 그것들을 주머니에 넣었다가 나중에 담배를 말아 피우는 데 이용하였다.

투표소에서는 학교 교실 밖에서 한 줄로 늘어서서 차례를 기다렸다. 교실 안으로 들어가 투표참관인 앞에서 번호표를 제시하고 선거인명부를 확인한 다음, 도장을 찍고 투표지를 받았다. 커튼을 쳐서 칸막이를 한 투표장에 들어가 붓뚜껑 같은 기표기에 인주를 묻혀 입후보자 기호 밑에 찍어서 접어 가지고 투표함에 넣는 것으로 투표를 끝냈다. 봉산리의 투표율은 유권자 총수 90명(남47, 여 43) 중에서 6명(남 3, 여 3)을 제외한 84명(남 44, 여 40)이 투표했다고 나중에 확인되었다. 그처럼 투표율이 높은 이유를 마을 사람들은 관청이 귀찮게 굴거나 비난을 할 것이 두려워서라고 말했다.

우리가 투표 행위를 관찰할 때 선거관리위원과 참관인에게 우리의 학술조사 연구목적을 미리 말해서 알렸는 데도 불구하고, 우리도 모르는 사이에 한동안 투표를 중단하고 선거관리위원과 참관인 회의를 열었다는 말을 나중에 들었다. 용산2리 선거관리위원 한 사람이 우리를 서울에서 온 계몽대원이라고 잘못 전해서 그랬다는 것이었다.

마을 사람들은 준비해 온 점심밥을 먹거나 그날에만 차려 놓은 국수집에서 한 그릇씩 사먹고 봉산리로 다시 돌아왔다. 투표하러 갈 때는 여러 사람들이 함께 모여서 갔지만 돌아올 때는 몇 명씩 나뉘어 제각기 따로 왔다. 용산리 근방에 가까운 일가친척이 있는 사람들은 나들이로 그 집에서 하루나 이틀을 묵고 오기도 했다.

특히 외가·처가·고모 댁·이모 댁의 왕래는 통혼권과 생활권을 함께 보여주는 나들이였다. 친족관계로 광역생활권에 들어가는 경우는 한식 또는 시향제와 같은 조상숭배와 관련된 행사와 문중회의 또는 족보 간행과 같은 특별한 모임에 한정되어 있었다.

3. 외부 사회와의 관계

봉산리와 용산2리 사람들은 외부 사회와 아무리 격리되어 고립된 상태에 있었다고 하더라도 정치와 행정에 있어서는 대한민국·강원도·평창군·도암면 층층 단위의 정책에 따라 움직였고, 행정지시를 계통적으로 받고 따랐던 것은 틀림없는 사실이었다. 다만 그 두 마을이 한국의 다른 일반 농촌과 달랐던 것은 그 여러 단계의 정책결정에 영향을 미치는 힘이 상대적으로 보잘것없이 약했고, 실제로 배제되었다는 것이었다. 예를 들면 차가 다닐 수 있도록 마을로 통하는 도로를 건설하거나 전기를 끌어오는 바람은 두 마을 주민들의 공통된 최대의 절박한 당면과제였다.

그럼에도 불구하고 도암면·평창군·강원도·대한민국 어느 행정당국에서도 마을 사람들의 그런 요망사항을 시책에 반영하거나 고려해 본 적은 없었다. 마을 사람들은 물론 두 마을의 이장과 지도급 인사들도 자기네들의 간절한 요구를 행정당국이나 정책결정 기관에 건의하거나 구체적 사업계획을 제출해 본 예가 한 번도 없었다. 자기네들의 요구와 사업계획을 당국에서 받아들여 정책에 반영하여 시행할 것이라고는 전혀 기대도 하지 않았기 때문이었다.

외부 사회와의 통신수단으로 용산2리에만 경찰지서와 면사무소를 연결하는 치안과 행정 보고를 위한 유선전화 한 대가 1954년 이장 댁에 가설되었다. 그 밖의 일반 전화나 전신이 없는 상태에서 우편만이 유일한 통신수단이었다. 그러나 우편물도 진부 장날에만 닷새에 한 번씩 마을 장꾼이 우체국에 들러 마을 전체의 편지를 한꺼번에 가지고 와서 마을 사람들 각자에게 배달되기까지는 며칠이 더 걸렸다. 특히 봉산리는 발왕산(1,458m)과 박지산(1,391m) 사이의 깊은 골짜기에 위치하고 있었기 때문에 건전지를 이용한 무선 트랜지스터 라디오도 전파를 수신할 수 없어서 이용이 불가능했다. 전국 뉴스와 지방 소식을 전해 주는 일간신문들도 우편물과 마찬가지로 진부 장날에 신문사 지국에서 마을 전체의 구독자 신문을 닷새 또는 열흘씩 모아 두었다가 한꺼번에 편지처럼 배달시켰다. 그래서 진부 시장권역에 사는 사람들 간에는 오일장에서 직접 사람을 만나 소식과 안부를 전하고 있었다.

조사 당시에 봉산리와 용산2리에서 일시적으로 마을을 떠나 외부 사회로 나간 사람은 총 44명(남자 37, 여자 7)이었다. 그들을 연령별로 보면 20대의 청년이 절반 이상(63.64퍼센트)으로 가장 많았고, 직업별로는 현역 군인이 59.46퍼센트로 가장 많았으며, 그 다음으로 농사고용인(16.22퍼센트)과 학생(용산2리에만 4명), 산림노동자·장사·식모·공장 직공·목공 등이었다. 특히 군에 입대한 마을 청년들에게는 2년 반의 복무기간 동안에 그때까지 겪어 보지 못했던 여러 가지 다양한 경험과 새로운 지식 및 기술을 익힐 수 있는 기회가 주어졌다. 예컨대 조사 당시 용산2리의 박근선 씨(당시 21세)는 17세에 혼인하여 부인과 한살배기 딸을 두고 군에 입대하여 육군사관학교 교도대 매점에서 근무하고 있었으며, 최찬오 씨(32세, 중사)도 10년 가까이 육군 장기복무자로 공병대에 복무하면서 부인과 아들 두 명을 데리고 경기도 포천에 살고 있었다.

1960년 8월 3일 입대하는 봉산리의 두 청년 송재복(20세)과 최기수(22세) 씨를 환송하는 갑계(甲契) 모임을 7월 31일 저녁 이덕수(22세) 씨 집에서 가졌다. 강냉이술·호박전·국수 등 몇 가지 음식을 장만하였고, 최완수(21세), 박상철(20세), 김호경(22세) 씨도 그 모임에 참석했고, 우리도 초대를 받았다. 그밖에도 군복무를 마치고 제대한 청년들이 자리를 함께했다. 술이 몇 순배 돌고 나서 〈정선아라리〉 노래를 주고받았으며, 군복무를 마치고 제대한 사람들은 논산훈련소, 춘천 제3보충대, 한글학교, 경리학교, 운전교육대, 그밖에 자기네들이 경험했던 군대 이야기로 새벽까지 이야기판을 벌였다.

그 당시에는 한글을 읽고 쓸 줄 모르는 문맹자도 군에 징집되어 육군 한

글학교에서 글을 배웠다. 자동차 운전교육도 새로 배웠고, 목공·이발·경리·취사 등의 기술도 군대에서 배워 가지고 실천하였다. 그런 과정을 겪으면서 군복무를 하는 동안에 그들은 전국 각지에서 온 별별 사람들을 다 만나 함께 지냈고, 또 한 번도 가보지 않았던 전국 각지를 돌아볼 기회도 가졌다. 이 모든 군대 경험들이 제대 후 그들의 나머지 평생을 마을 안 또는 마을 밖의 외부 사회에서 살아가는 데에 어떤 형태로든지 영향을 줄 것임에 틀림없을 것으로 기대되었다.

비록 숫자는 적지만 마을을 떠나 학교에 다녔던 학생들도 졸업할 때까지 외지의 다른 학생들 및 선생님들과 동창생 및 사제관계로 인연을 맺고 있었다. 그들이 졸업한 뒤에도 그런 인연들은 나머지 평생 동안 지역사회 생활이나 직장 생활을 해나가는 데에 중요한 인간관계의 연결고리로 작용할 것으로 생각되었다. 외부 사회에서 다른 직업을 가졌던 사람들도 마을에 다시 돌아올 때나 밖에서 살 때 마을 안에서만 살았던 주민들과는 다른 경험과 경력을 바탕으로 새로운 삶을 꾸려 나갈 것이라고 예상되었다.

둘째 편

두 마을이 겪은 50년의 변화
1960-2010

9. 50년 연속극의 줄거리

첫째 편에서 우리는 반세기 전(1960) 봉산리와 용산2리 두 마을 사람들이 살았던 모습을 살펴보았다. 그것은 2010년까지 끊임없이 연달아 계속된 50년 동안 변화의 연속극을 시작하는 서막(序幕)이었다. 그 연속극은 앞으로도 계속될 것으로 예상된다. 둘째 편에서는 지난 50년 연속극의 변화를 살펴볼 것이다. 특히 9장에서는 그 드라마의 주요 장면들과 사건들 및 중심인물들로 엮어진 연속극의 줄거리를 살펴보기로 한다.

그런데 나는 1960년 당시에 그 두 마을 사람들이 살면서 겪었던 장면들과 사건들 및 중심인물들을 포함한 제1회 연속극의 서막을 보고 듣고 기록했을 뿐이었다. 그리고 나서 반세기 50년이 지난 2009~2010년에 다시 그 두 산촌을 방문하여 지금까지 그 마을에 살고 있는 사람들을 만나고, 그 마을을 떠나간 객지 사람들을 찾아다니면서 그 연속극의 최근 편 내용을 보고 듣고 기록했다. 그러니까 그 연속극을 1년에 1회씩만 보았더라도 50회를 보았어야 드라마의 앞뒤 줄거리를 올바르게 이어 갈 수 있을 것이다. 하지만 제1회와 제50회만 보고 나서 중간에 보지도 않은 48회 연속극 내용까지 포함해서 50회 연속극의 줄거리를 소상하게 설명한다는 것은 불가능한 일이었다.

그 대안으로 접근한 방법이 첫째는 반세기 전과 후의 연속극 내용을 비교하고 대조하여 크게 변화한 것과 그다지 변화하지 않은 것들을 확인하는 것이었다. 특히 변화의 내용을 확인하는 방법은 내가 직접 관찰하고 마을 사람들에게 질문하는 것이었다. 그렇게 확인된 자료는 영상자료로 카

〈사진 9-1〉 50년 전 용산2리 이장 김수진 씨(37세)의 장남 김원식 군(16세). 1960. 8.
〈사진 9-2〉 현재 강릉시 난곡동에 살고 있는 백발의 한시 작가 김원식 씨(66세) 2009. 4. 19
〈사진 9-3〉 50년 전 용산2리 이장 김수진 씨의 장녀 김화자 양(15세). 1960. 8.
〈사진 9-4〉 현재 강릉에 살고 있는 노년의 가정주부 김화자 씨(65세). 2009. 8. 22

〈사진 9-5〉 잡초만 무성한 50년 전 옛집의 빈터를 가리키는 김원식 씨. 2009. 4. 19
〈사진 9-6〉 50년 전의 소년이 성장하여 일가를 이루며 살아온 김원식 씨의 강릉 난곡동 집.
2009. 4. 20

메라에 담아 두었고, 음성자료로 녹음기에 남겨 두었으며, 기록자료로 현지조사 노트에 보관하였다. 마을 사람들 중에서도 반세기 전의 현지조사 때부터 지금까지 계속 그 마을에 살고 있는 사람들과, 중간에 가까운 지역 횡계나 진부 또는 강릉으로 이사 갔지만 지금도 여전히 그 마을에 드나들면서 농사를 짓고 있는 사람들이 주요 정보제공자들이었다. 그들은 50년 연속극의 드라마에 직접 출연도 하였고, 그 연속극을 대부분 시청한 장본인들이었기 때문이었다.

중간에 내가 보지 못했던 연속극의 내용을 알아내어 보충하는 둘째의 접근방법은 그 마을들과 관련된 다양한 사람들이 평생 살아온 이야기를 듣는 것이었다. 그들 중에는 앞서 예시한 50년 연속극의 출연자와 시청자들뿐만 아니라, 중간에 새로 등장했거나 그 무대를 떠나 멀리 서울과 부산을 비롯한 전국 각지로 나간 사람들도 포함되었다. 그들은 같은 때 또는 각기 다른 시기에 서로 다른 장면과 사건들에 등장한 인물들이었다. 드라마의 장면이 바뀌고 사건이 새로 발생하면 새로운 등장인물이 나타났기 때문이었다. 거꾸로 새로운 등장인물이 나타나서 과거에 없던 사건을 일으키고 드라마의 장면을 완전히 바꾸어 놓았던 경우도 있었다. 그런 대표적인 사례가 바로 용산2리의 발왕산 용평스키장 리조트와 용산1리의 알펜시아 스키장 리조트 건설이었다. 우리는 그 주인공들을 찾아가 직접 만나서 영상·녹음·기록자료 들을 수집하였다. 그러나 뒤늦게 용산2리에 들어온 황토빌라와 펜션 및 통나무집 별장 주인들은 여러 번 찾아가도 만날 수가 없었다. 그래서 간접적으로 용산2리 주민들의 이야기를 통해서 그들에 관한 자료를 수집했기 때문에 다소 공평하지 못한 측면이 있을 것으로 우려된다.

50년 연속극의 줄거리에서 빠진 내용들을 메우기 위한 셋째의 접근방법은 개인·가족·친족·마을·학교·면사무소·군청·문화원·도서관 등이 보관해 온 과거의 기록과 영상자료들을 찾아내는 것이었다. 기록자료들 중에는 개인의 영농일지·편지·수필·한시(漢詩)를 비롯하여, 씨족과 종족의

〈사진 9-7〉 용평스키장 리조트 정창주 사장과의 면담. 2009. 6. 2
〈사진 9-8〉 부산 감천동 태극도 본부 도무원장(오른쪽), 총무부장(가운데), 전도부장(왼쪽)과의
면담. 2009. 6. 24

족보, 마을의 서낭제 역대 제관과 경비 추렴 기록물, 마을의 세대명부(거주자), 국민(초등)학교 설립과 연혁 및 졸업생 통계, 「면세일람」과 면지, 각 면의 리별 가구 및 인구통계, 평창군 군지와 통계연보 및 평창문화원 『노성(魯城)의 맥(脈)』(연간 출판물), 그밖에 두 마을 관련 학술조사보고 및 저서들이었다.

1. 드라마의 주요 장면들

옛날의 도암면 봉산리와 용산2리 및 그 이웃 횡계리는 지난 반세기 동안 행정구역이 개편되었고, 면의 명칭도 바뀌었다. 1973년 7월 1일 대통령령 제5542호에 따라 도암면 봉산리가 진부면으로 이관되었다. 1977년 5월 1일에는 도암면사무소를 유천리에서 횡계리로 이전하였다. 1990년 1월 1일에는 평창군 조례 제1235호에 의거하여 인구집중지대인 횡계1리를 횡계1·9·10리의 3개 리로 분할하였고, 산간지대인 횡계2·3리는 그대로 두었으며, 인구집중지대 횡계4리를 횡계4·11·12리의 3개 리로 분할하였고, 횡계6리를 횡계6·7·8리의 3개 리로 분할하여 개편하였다. 2000년 10월 21일에는 평창군 조례 제1645호에 따라 인구집중지대 횡계5리를 횡계5·13리의 2개 리로 분할함으로써 1960년에 횡계리에 2개 행정 리만 있던 것이 2000년에 13개 행정 리로 증설되었다. 2007년 9월 1일에는 도암면의 명칭이 대관령면으로 바뀌었다.

이와 같은 면사무소의 횡계 이전과 횡계 행정리의 증설은 서울, 인천, 수원 길이 교차되는 신갈부터 강릉까지의 영동고속도로가 1975년에 개통되고 대관령 못 미처 횡계리에 횡계IC 나들목이 생겼으며, 같은 해 용산2리에 발왕산의 용평스키장 리조트가 개설되었기 때문이기도 하였다. 뿐만 아니라 횡계리 일대에 고랭지 채소와 삼양축산·한일산업 등의 대규모 목장을 비롯하여 50여 개의 크고 작은 목장과 초지 및 인구집중과 서비스 시설이 늘어났기 때문이었다.

용산2리 윗곧은골에 설치된 발왕산 등산 안내도에서 보는 바와 같이 발

〈사진 9-9〉 발왕산 등산안내도에 표시된 진부면 봉산리와 도암(대관령)면 용산리. 2009. 3. 2

왕산 북쪽 계곡에는 횡계리에서 용산2리로 들어가는 입구에서부터 사태동 일대는 용평스키장 리조트 시설이 차지하였고, 사잇골(間洞)부터 윗곧은골(上直洞)까지는 용산2리의 비교적 넓은 농경지가 전개되어 있다. 그러나 윗곧은골에서 발왕재를 넘어 봉산리의 발왕동으로 가는 길은 흔적조차 찾아볼 수가 없었다. 봉산리가 행정구역상 도암면에서 진부면으로 이관됨에 따라 마을 주민들이 힘들게 발왕재를 넘어 용산2리를 거쳐 유천리에 있는 면사무소에 갈 필요성이 없어졌기 때문이다. 그 대신 봉산리 사람들은 굴아우 쪽으로 올라가서 신기리를 거쳐 하진부리에 있는 면사무소와 진부장을 왕래하고 있었다. 그 뒤로 진부에서 봉산리까지의 산간 오솔길이 자동차 길로 바뀌었고, 콘크리트 다리가 건설되고 나서 집집마다 자동차를 가지게 되면서부터는 가까운 이웃 마을이었던 봉산리와 용산2리가 머나먼 남의 동네가 되어 버렸다.

봉산리 두메산골 여행: 강원도 평창군 진부면 봉산리 마을은 영동고속

〈사진 9-10〉 지금은 왕래가 끊긴 용산리-봉
산리 간의 발왕재 오솔길. 2009. 8. 22

도로 진부 나들목에서 20여 킬로미
터 떨어진 발왕산 남쪽 골짜기에 위
치하고 있다. 2010년 현재의 그 마
을을 찾아가면서 주변 경관을 살펴
보기로 하자. 평창군 홈페이지 문화
관광 포털사이트에 올린 글 〈두메
산골 여행〉에는 떠나기 전에 반드
시 주의할 점이 있다는 전제조건을
제시하고 있다. 평탄치 않은 두메산
골을 가기 위해서는 일반 승용차로
는 이동이 불가능하고 반드시 4륜구
동차를 이용해야 한다는 것이었다.

우선 서울에서 진부로 가려면 영
동고속도로 진부 나들목을 빠져 나
가야 한다. 거기서 왼쪽은 오대산국립공원으로 가는 길이고, 오른쪽은 진
부로 들어가는 길이다. 가운데로 직진하면 번잡한 진부 중심가를 거치지
않고 정선으로 가는 우회도로가 나온다. 그러나 3일과 8일에 열리는 진부
오일장을 둘러보려면 오른쪽 길을 택해야 한다.

진부장에 들렀다가 다시 정선 가는 길로 들어서면 5.5킬로미터 지점에
신기 삼거리가 나온다. 거기서 왼쪽 신기 다리를 건너 마을을 관통하여 2
킬로미터쯤 가면 낡은터에서 포장도로는 끝이 나고 승용차로 가기 힘든
울퉁불퉁한 비포장 산길이 시작된다. 신기천 개울을 끼고 2킬로미터가량
계속 더 올라가면 왼쪽 새터의 산 밑에 낡은 집 한 채가 토종 벌통들로 둘
러싸여 있어서 산골 분위기를 느끼게 한다. 거기서부터는 본격적으로 오
르막길이 시작되면서 길 양쪽에 숲이 펼쳐진다. 수십 미터나 되는 이깔나
무가 하늘을 찌르듯 숲을 이루고 있다.

오르막길이 시작한 곳에서부터 다시 2킬로미터 지점에는 또 한 채의 오

두막집이 자리 잡고 있다. 1킬로미터쯤 더 올라가면 굴아우 삼거리가 나온다. 왼쪽으로 가든 오른쪽으로 가든 똑같이 봉산리로 가는 길이다. 왼쪽은 옛날에 걸어 다녔던 4킬로미터의 모리재쪽 가파른 옛길이고, 오른쪽은 요즘에 새로 생긴 6킬로미터의 완만한 찻길이다. 오른쪽의 새 길을 따라 둥글둥글한 산을 끼고 굽이굽이 오르막길을 오르면 해발 1천 미터의 새재 정상에 이른다. 거기에는 산불감시초소가 있고, 길은 다시 두 갈래로 갈라진다. 왼쪽으로 가는 길이 봉산리로 가는 길이고, 오른쪽으로 가는 길은 국유림 임도를 통해 평창의 명산 두타산(박지산) 쪽으로 가는 길이다.

고개 정상에서 사방을 둘러보면 마치 산봉우리들이 연꽃잎처럼 겹겹이 에워싸고 있다. 왼쪽 길을 따라 봉산리로 내려가면 참나무에 기생하는 겨우살이가 눈 쌓인 겨울에도 새파랗게 싱싱함을 과시하고 있다. 정상에서 2킬로미터 내려가면 오른쪽 박지 골짜기가 봉산천과 만나는 곳에 최근 건설한 봉두곤리3교 콘크리트 다리가 있고, 그 안쪽에 새로 지은 양옥집 두 채가 보인다. 하나는 현재의 봉산리 반장 김순남 씨(50년 전 조사 당시 7세) 댁이고, 또 하나는 역시 새로 건설한 박지다리를 건너 현대식 단층건물로서 봉산리 이장 손장수 씨(당시 6세) 댁이다. 그 집에 마을회관이 잇대어 지어졌고, 마당에는 정자가 지어져 있다. 트랙터와 경운기 및 4륜구동 차량도 있다. 그뿐 아니라 1978년부터 진부에서 전기가 들어왔고, 곧이어 전화 가설이 이루어졌다. 그래서 텔레비전·냉장고는 물론 마을회관에는 노래방 세트까지 갖추고 보일러 난방에다가 가스레인지와 상하수도 시설까지 완비되었다.

그 맞은편 봉산천 건너 산 밑에도 새로 지은 집 한 채가 있는데 조사 당시에는 사람이 살고 있지 않았다. 2006년 대홍수 산사태 이전에는 그곳에 함석지붕의 낡은 집 한 채가 있었는데, 뻘겋다 못해 시커멓게 녹이 슬었고, 금방 주저앉을 것만 같이 위태롭게 보였다고 한다. 주변의 밭에는 잡초가 우거져 있었고, 어떤 사람이 땅을 가꾸어 농사를 짓다가 무슨 사연이 있었는지 그렇게 집과 농토를 버리고 떠났다고 한다. 거기서 조금 더 내려

〈사진 9-11〉 봉산리 봉산천의 외나무 다리와 농가. 1960. 7.
〈사진 9-12〉 봉산리 봉산천의 철골 콘크리트 다리와 농가. 2009. 3. 2

〈사진 9-13〉 2006년 국지성 집중호우로 발생한 산사태
흔적과 토사더미. 2009. 6. 2.

가면 왼쪽으로 산 밑 봉두곤에 집 두 채가 있다. 한 집은 회색 슬레이트 지붕 위에 차광막을 덧씌웠고, 또 한 집은 청색 함석지붕인데, 두 채 모두 벽면 구조는 옛날식 귀틀집이었다. 지금은 그 터에 청색 기와집 두 채가 지어져 있다.

봉산리의 봉두곤에는 50년 전 조사 당시에 10여 호의 농가가 있었다. 거기에는 1973년에 인가를 받아 설립된 진부면 거문초등학교 봉산분실이 봉산분교장으로 승격(1977)되었다가 1998년에 폐교된 초등학교 건물 자리만 남아 있다. 그 봉산분교장 터에서 5백 미터쯤 내려가면 길이 두 갈래로 나뉜다. 왼쪽 샛길은 발왕골로 들어가는 길이고, 봉산천을 따라 곧바로 내려가는 길은 정선 구절리로 가는 길이다. 그 삼거리에는 서너 사람이 팔을 벌려 감싸도 모자랄 것 같은 백 년 이상 된 전나무 서낭목과 근래에 아담하게 새로 지은 시멘트벽 기와집 서낭당이 옛날의 허름했던 통나무벽 너와지붕 서낭당 자리에 대신 들어섰다.

서낭당에서 발왕골로 들어가니 1960년 조사 당시에 우리가 3주일가량 묵었던 봉산리장 박봉화 씨(당시 45세) 댁이었던 겨릅(껍질 벗긴 삼대)집이 언제인지는 모르지만 함석지붕으로 개량되었다가 폐가되어 버려진 채로 남아 있는 것을 볼 수 있다. 박봉화 이장과 부인(당시 39세)은 벌써 타계한 지 오래 되었고, 장남 상철(당시 20세)과 딸 금숙(당시 17세)이도 세상을 떠났다고 한다. 둘째 아들 연호(당시 5세)는 주문진에서 이발사로 근근이 살아가고 있다고 들었다. 반세기 동안의 세월이 무상함을 느끼지 않을 수 없었다. 거기서 조금 더 발왕재 쪽으로 올라가면 개인 집으로 들어가는 사도(私道)를 내고 다리 앞에 '사랑이네 집 → 0.8킬로미터'라는 입간판을 세워 놓았다. 호기심에 따라가 보니 심심산중에 주황색 벽돌로 지은 청색 기와지붕의 커다란 2층 저택과 부속건물 및 장독대가 보인다. 마침 중년으로 보이는 주인 부부가 있어 집 안까지 둘러볼 기회를 가졌다. 봉산리에서는 역사 이래 가장 화려한 주택이 아닐까 하는 생각이 들었다. 현재 일정한 직업은 없는 것 같았고, 서울에서 수년 전에 요양차 진부면 신기리

〈사진 9-14〉 청색 함석으로 지붕을 개량한 봉산리의 옛날 통나무집. 2009. 3. 2
〈사진 9-15〉 봉산리 발왕골 50년 전 이장 댁의 폐가. 2009. 3. 2

〈사진 9–16〉 봉산리 발왕골의 '사랑이네 집'이라고 이름붙인 최신 저택. 2009. 3. 2
〈사진 9–17〉 봉산리 거문골 개울가에 지은 서울 사람의 별장. 2009. 3. 2

〈사진 9-18〉 봉산리 지칠지에 1980년대 말 창건된 대광사. 2009. 3. 2

에 땅을 사서 집을 짓고 살다가 2006년 수재로 집이 무너져 보상을 받아 봉산리에 소유하고 있던 산에 건축허가를 받아 2009년 새 집을 짓게 되었다고 한다.

다시 서낭당 삼거리로 내려와 봉산천을 끼고 정선 구절리 쪽으로 내려가는데 왼쪽으로 개울 건너 장재벌 쑥대밭에 폐가 네 채가 눈에 들어왔다. 여름 한철 농사를 지으러 들어왔다가 추수해 가지고 나가는 외지 이주농민의 농막인 것 같았다. 서낭당에서 4킬로미터쯤 내려가니 지칠지(芝七地)에 1980년대 말 창건되었다는 대광사라는 절이 바로 길가에 있었다.

대광사에서 1킬로미터쯤 더 내려가면 최근에 서울 사람이 들어와서 봉산천 개울가 두루교 다리 근처에 새로 지었다는 별장이 눈에 띈다. 그 집 앞 다리를 건너가면 평창 땅과 정선 땅이 갈리는 군(郡)경계 삼거리가 나오고 다리 앞에 이정표가 세워져 있다. 봉산리의 끝자락 거문골(琴洞) 지점에서 우리가 지나온 봉산리 봉두곤까지는 6킬로미터이고, 오른쪽으로

3킬로미터를 더 가면 봉산리 산지골(山祭洞)이 나오며, 곧바로 내려가면 평창 땅 봉산리는 끝나고 정선 땅 자개리를 거쳐 7킬로미터 지점에서 구절리로 들어간다.

이상으로 봉산리 두메산골 여행을 끝내고, 도시화된 횡계리와 반세기 50년 사이에 크게 변한 용산2리 주변의 경관을 살펴보기로 하자.

용산2리 주변의 경관 변화: 강원도 평창군 대관령면 용산2리 마을은 영동고속도로 진부 나들목 다음의 횡계 나들목에서 서남쪽 5–15킬로미터 사이에 위치하고 있다. 횡계 나들목을 빠져나와 톨게이트를 통과해서 우회전 동남행(東南行) 길이 횡계리를 통해 용산2리로 들어가는 길이고, 좌회전 서남행(西南行) 길이 진부로 가는 옛길이다. 톨게이트를 지나 우회전하여 동남행 길로 들어서자마자 겨울철엔 오른쪽으로 작은 황태덕장이 보이고 봄부터 가을까지는 고랭지 채소밭이 보인다. 좀더 직진하여 고속도로 밑을 지나면 길이 세 갈래로 갈라지는데, 왼쪽 동행(東行) 길은 횡계

〈사진 9–19〉 대관령면 횡계리 중심가. 2009. 3. 26

시가지를 거치지 않고 대관령을 거쳐 강릉으로 가는 옛길이고, 오른쪽 길은 횡계 시가지를 거치지 않고 우회하여 용평스키장과 용산2리로 가는 길이다. 가운데로 직진하는 길은 횡계 시외버스 정류장과 대관령면사무소 및 상가들이 즐비한 시가지를 거쳐 수하리와 용평·알펜시아 스키장 및 용산리로 가는 길이다. 가운데 길과 오른쪽 우회로가 다시 만나는 송천교를 지나면 송천 양쪽 들판에 겨울철에는 대규모 황태덕장과 봄부터 가을까지는 고랭지 채소밭이 전개된다.

송천 갓길을 따라 남쪽으로 내려가다가 수하리 쪽과 용산리 쪽으로 가는 길이 갈라지는 용산교 다리를 건너 용산천의 용문교와 천문교를 지나면 왼쪽(남쪽)으로 화려하고 웅장한 용평스키장 리조트가 전개되고, 오른쪽(서북쪽)으로는 용산1리의 알펜시아 스키장 리조트로 가는 길이 나온다. 지금까지 오던 길을 계속하여 곧장 더 올라가면 용평스키장 리조트를 지나 용산2리 고랭지 채소 농장과 농가 및 농산물 창고, 농사철에만 사용하는 농막, 마을회관, 새로 건축한 서낭당, 빌라, 별장, 펜션 등이 차례로 등장한다.

도암댐 도암호: 용평스키장 리조트 입구인 용산교(용산천과 송천의 합류 지점) 다리에서 남쪽으로 약 8킬로미터 거리에는 용산2리 동남쪽으로 마을 접경을 이루고 있는 대관령면 수하리 송천 하류에 제방을 쌓아서 만든 도암댐 도암호(道岩湖)가 있다. 그것은 1991년 6월, 강릉시 성산면 오봉리에 강릉수력발전소가 준공되면서 생긴 댐이다. 동해안에서는 처음으로 만들어진 수력발전소로, 남한강으로 흐르는 송천수를 강릉 남대천으로 흐르도록 폭 3.9미터, 길이 15.6킬로미터의 지하 수로를 통해 유로를 변경시켜 640미터의 낙차를 이용하여 터빈을 돌려 발전시키는 것이었다. 그런데 도암댐이 방류하는 물이 지하 수로를 통하여 동해쪽 사면으로 쏟아지면서 흙탕물로 변하여 하류 수역인 강릉 남대천뿐만 아니라 남한강 상류까지 오염시킨다는 문제가 제기되어 지금은 도암댐의 발전 기능이 상실되었고, 하나의 산간 호수로만 남아 있는 상태이다.

〈사진 9-20〉 용산2리와 인접한 수하리 도암댐으로 생긴 도암호. 2009. 3. 26

<사진 9–21> 용평스키장 슬로프와 리프트 및 숙박시설. 2010. 2. 28

용평스키장 리조트: 우선 발왕산 북사면 용산2리 관내 총면적 520만 평의 부지에 건설된 용평스키장 리조트 경관부터 살펴보기로 하자. 중심부에는 스키어들의 숙소뿐만 아니라 인근지역 마을 사람들의 호화로운 결혼식과 환갑 또는 칠순 잔치 예식장이기도 한 용평호텔(1975년에 개장한 일명 주화관광호텔)이 있다. 거기에는 대소 회의실과 수영장·사우나·헬스클럽 등의 스포츠 시설과 레스토랑·카페·바·쇼핑 시설을 갖추고 있다. 그 주변에는 용평호스텔을 비롯하여 용평콘도미니엄·타워콘도미니엄·빌라콘도미니엄·버치힐콘도미니엄 등의 숙박시설과 31면의 스키 슬로프 및 15기의 리프트 시설을 갖추고 있다. 용평스키장에서는 1991년 국제스키연맹(FIS)컵 국제알파인스키대회를 개최하기 시작하여, 1998년 월드컵 알파인스키대회와 1999년 동아시아 알파인스키대회를 개최하였다. 그뿐 아니라 2004년 제1회 대관령국제음악제를 처음 개최하기 시작하여 2009년까지 계속해 왔다.

〈사진 9-22〉 완공 후 첫 개장을 한 알펜시아 스키장. 2010. 2. 28

그밖에도 용평리조트에는 18홀 골프장 2개, 9홀 골프장 1개, 그리고 스키하우스 드래곤 프라자가 있다. 거기서 곤돌라를 타고 17분간 발왕산 정상까지 올라가면 주변경관을 모두 내려다볼 수 있는 드래곤 피크 2층 전망대에 도착한다. 2009년 4월 19일, 용산2리 현재의 이장 박영록 씨(31세) 결혼식 때는 하객들 모두에게 피로연 음식 대접을 하고, 드래곤 피크에 올라갔다 내려오는 곤돌라 표까지 제공하여 발왕산과 용평스키장 리조트뿐만 아니라 용산리와 횡계리 전경까지 내려다볼 수 있었다.

알펜시아 스키장 리조트: 알펜시아 리조트는 용산2리 동북쪽으로 마을 접경을 이루고 용평스키장 리조트에서 북쪽으로 약 2킬로미터쯤 되는 곳에 위치한 대관령면 용산1리의 폐교된 용산초등학교 터와 그 주변 용산(1028m)과 수하리 일대 약 148만 6000평(4.91km²)에 건설된 평창 동계올림픽을 위한 핵심 전략 기반시설이다. 2010년과 2014년 두 번에 걸친 평창 동

〈사진 9-23〉 알펜시아 스키장의 스키 점프대. 2011. 2. 20

계올림픽 유치의 실패를 경험하고 지금은 총력을 기울여 2018년 동계올림픽 유치에 집중하고 있다. 강원개발공사가 착공한 지 5년만인 2009년 7월 21일 개장한 알펜시아(Alpensia)는 알프스(Alps)를 뜻하는 독일어 알펜(Alpen)과 아시아(Asia) 및 판타지아(Fantasia)를 조합한 말로, '환상적인 아시아의 알프스'라는 의미다. 그곳에는 알파인(대회전·회전), 크로스 컨트리, 스키 점프장, 바이애슬론 등 동계올림픽 주요 종목 시설들이 들어섰다. 그뿐 아니라 '알펜시아 CC' '트룬 에스테이트' '700 골프클럽' 등의 골프 코스 홈과 콘도미니엄, '홀리데이 인 스위트' '인터콘티넨탈 알펜시아' 등 다양한 숙박·레저 시설을 겸비하여 대규모의 4계절 휴양 리조트 기능을 하고 있다.

2009년 9월에는 알펜시아 스키 점프장에서 국제스키연맹(FIS) 스키 점프 대륙컵 대회를 개최하였고, 2010년 8월에는 지난해까지 6년 동안 용평 리조트에서 개최해 오던 대관령국제음악제를 알펜시아 콘서트홀에서 개최하였다. 2010년 현재 조사 당시에는 2018년 평창 동계올림픽대회 유치를 위한 범국가적인 노력을 기울이고 있었다. 동계올림픽대회를 유치할 경우 알펜시아 리조트를 올림픽 특구로 지정해 아시아지역 동계스포츠의 허브가 될 수 있도록 하는 방안이 추진되고 있었다. 대회 개최 예정지인 알펜시아에 투자하는 중국인 등 외국인에 대해 영주권을 부여하는 방안도 검토되고 있는 것으로 전해졌다.

동계올림픽 유치를 위한 준비: 우선 2010년 평창 동계올림픽 대회 유치를 위한 준비는 2000년에 정부 및 대한올림픽위원회(KOC)와 2002년 국제올림픽위원회(IOC)에 신청서를 제출하는 것으로 시작되었다. 2004년부터는 눈과 얼음이 없는 나라의 청소년들에게 스키 및 빙상경기 등 꿈의 동계스포츠를 체험하고 실현할 수 있는 기회를 주는 '드림 프로그램' 행사를 용평스키장에서 시작하여 2009년까지 39개국 693명이 참여하였다. 2010년부터는 그 행사를 알펜시아 스키장에서 개최하고 있다. 그럼에도 불구하고 2010년과 2014년 대회 유치는 실패로 돌아갔다. 두 번의 실패와 10년 동

〈사진 9-24〉 용산2리 이연종 할머니 댁 춘설 경관. 2009. 3. 26

안의 경험을 바탕으로 세 번째인 2018년 대회 유치에는 대통령을 비롯하여 국내에서 손꼽히는 대기업 총수들과 정치·행정·스포츠·문화계 인사들이 대거 참여하여 적극적인 활동을 벌이고 있다. 2011년 IOC 조사평가위원회 현지실사 때까지 경기장과 교통 등의 동계스포츠 인프라가 대거 확충되었다. 13개 경기장 시설 중 7개 시설은 이미 완공되었고, 나머지 6개는 기본설계를 마친 상태로 유치가 확정되면 바로 추진할 수 있다고 한다. 2018년 동계올림픽 최종 개최도시는 2011년 7월 6일, 남아프리카공화국 더반 IOC 총회에서 결정될 예정이다.

용산2리의 변모된 장면: 용산2리의 사태동(土泰洞, 사태골과 푸대골)과 산막동(山莫洞, 산막골, 큰섭골, 작은섭골) 일대는 거의 전 지역이 용평스키장 리조트 부지에 포함되었고, 간동(間洞, 사잇골, 서낭골, 곳집골, 물안골)부터 도암(道岩, 돌암), 노산(老山, 웃노산, 아랫노산), 직동(直洞, 곧은골, 웃곧은골)까지만 현재의 용산2리 주민들의 주택지와 농경지로 남아 있었다. 그중에서도 2009-2010년 현지조사연구 당시를 기준으로 일 년 사계절 내내 용산2리에서만 살고 있었던 집은 3가구밖에 없었다. 첫째 집은 그 마을의 토박이 이연종 할머니(77세)가 밭을 가꾸며 고등학생 손녀와 함께 사는 집이다. 전기가 들어왔고, 스카이 라이프 텔레비전 수신기도 설치되었다. 용평스키장에서 용산2리 간선도로를 따라 올라가다가 사잇골 오른쪽 길가에 있는 전통적인 그 고장 농가에 양철지붕을 올린 것이다. 둘째 집은 건설노동을 하는 박광성 씨(57세) 부자가 사잇골 왼쪽 개울 건너 농가를 빌려 사는 낡은 집이다. 셋째 집은 용산2리 반장 이길렬 씨(57세)가 부인과 노모, 두 딸과 함께 농사를 지으면서 노산동 입구 곧은골 모퉁이 큰길가에 최근 새로 지은 2층 양옥과 부속건물까지 곁들인 거대한 저택이다. 그 집 마당에는 트랙터와 경운기·트럭·승용차가 세워져 있었다.

다시 용평스키장 리조트에서 출발하여 우리의 조사연구지역인 용산2리 포장된 간선도로를 따라가면서 그 마을의 경관을 살펴보기로 하자. 스키장 리조트 구역의 길가에는 수령 40년가량 된 자작나무 가로수가 은백색 나무껍질과 바람에 팔랑거리는 모습으로 지나가는 길손의 눈을 즐겁게 한다. 그러나 리조트 영역을 벗어나면 자작나무 가로수는 없어지고 간선도로 양쪽에 경사진 농경지가 발왕산과 용산 중턱까지 펼쳐진다. 용산2리 마을에는 발왕산 북쪽의 용산천을 사이에 두고 양쪽에 주택지와 농경지가 전개되어 있다. 마을의 간선도로는 용산천을 따라 평행으로 나 있기 때문에 용산천 양쪽 주택지와 농경지를 오가는 작은 콘크리트 다리들이 여러 개 건설되어 있다. 1960년 조사 당시에는 외나무 다리나 징검다리였던 것을 1970년대 중반 용평스키장 건설 이후 콘크리트 다리로 건설한 것이다.

용산2리 간선도로를 따라 올라가다가 사잇골에서 용산1리 납작골로 넘어가는 오른쪽의 좁은 산길로 들어가 10분가량 걸어가면 허물어져 가는 곳집 안에 지금은 거의 사용하지 않는 상여와 장제용 도구들이 가지런히 보관되어 있다. 거기서 조금만 더 올라가면 동문재(東門峙)를 넘어 납작

〈사진 9-25〉 50년 전에 사용했던 용산2리의 물레방앗간. 2009.

골 현재의 알펜시아로 이어지는데, 국토지리정보원의 축척 5만분의 1 지도와 2만5천분의 1 지도 모두에 언제부터인지는 모르지만, 지금까지 동문치를 동문사(東門寺)로 잘못 써놓아서 지도를 보는 사람들을 헷갈리게 한다. 고개라는 한자 치(峙)에서 실수로 뫼산(山) 변을 빼고 절사(寺)를 써서 고개를 절로 표기한 것이다. 곳집에서 내려와 용산천 다리를 건너 사잇골 발왕산 쪽으로 가면 넓은 경작지 밭 가운데에 농가 두 채가 있고 그 옆에 농산물 저장창고가 하나 있다. 그 중의 한 집과 창고가 용산2리 현재 이장 박영록 씨(31세)와 옛날 이장이었던 부친 박근선 씨(69세) 부부가 주로 봄부터 가을까지 농사철에 이용하는 건물들이다. 거기서 밭길을 따라 서남쪽으로 10분쯤 걸어가면 밭둑에 3반 돌암 서낭(서낭목과 석축) 제단이 있다. 거기서 또 서남쪽으로 2백여 미터 지점에 전설의 원님 마방터가 있고, 이어서 용산천 개울가에 원터와 문턱바위가 있다. 건설노동을 하는 박광성 씨가 사는 집이 바로 마방터 앞에 있다.

마방터에서 용산천을 건너 간선도로를 따라 5백 미터쯤 가면 오른쪽 길가에 이연종 할머니가 사는 집이 있고, 거기서 1킬로미터쯤 더 올라가면 도암에서 노산동으로 가는 길 모퉁이에 2008년 11월 10일 준공된 용산2리 마을회관과 국기게양대가 있다. 마을회관에서 1.5킬로미터 지점 곧은골 길모퉁이에 용산2리 반장 이길렬 씨 집이 있고, 그 맞은편 길모퉁이에는 황토빌 스파랜드라는 소규모 콘도형 건물 20여 동이 집중되어 있다. 황토빌 앞 용산천 원도암교 다리를 건너자마자 길가 오른쪽에 2008년에 신축한 용산2리 4반 곧은골 서낭당 건물과 서낭목이 있고, 서낭당 옆에는 이장댁 밭 농산물 제2저장고가 있다. 그 길로 계속 올라가면 황상기 씨(51세)네 비닐하우스 양채 묘판장을 지나 발왕산 밑 경작지 한가운데에 충북스포츠훈련관이 있어 겨울철에 스키 타러 온 초·중·고등학교 학생들의 숙소로 이용되고 있다. 그리고 그 안쪽 밭둑 소나무 아래에는 반세기 전에 사용했던 물레방앗간이 거의 주저앉은 형상으로 버려져 있다.

또 다시 간선도로에 돌아와 아랫노산으로 2킬로미터쯤 가면 오른쪽 언덕에 농사철에만 일시적으로 머무는 허찬 씨(55세)와 정태시 씨(68세)의 간이 농막 두 채가 지어져 있고, 그 주변에는 허씨의 브로콜리 농장과 정씨가 토봉을 기르는 통나무 양봉시설이 나뭇가지 위와 땅바닥에 즐비하게 놓여 있다. 거기서 5백 미터 거리에는 김태진 씨(46세)의 농막과 넓은 고랭지 배추밭이 있고, 그 건너편에는 김광식 씨(51세)의 농막과 양상추 밭이 있다. 거기서 또 2킬로미터쯤 더 가면 유천3리의 원복동에 폐교된 도성초등학교 원복분교장 터가 남아 있고, 뒤뜰에는 이승복 상이 숲 속에서 있다. 그 길을 따라 계속 나가면 유천1리의 옛날 도암면사무소 자리 서울—강릉 간의 옛길로 연결된다. 용산2리 3반(도암)과 4반(노산·직동)의 일부 학생들은 2001년 폐교될 때까지 원복분교장으로 통학했었다.

황토빌로 다시 나와 간선도로를 따라 윗곧은골로 올라가면 2킬로미터 지점에서 오른쪽으로 과거에 이장을 지낸 이기영 씨(61세) 농막과 농산물 저장고가 있고, 그 주변의 넓은 밭에는 셀러리와 파슬리 등의 양채를 재배하고 있다. 조금 더 올라가서 왼쪽 용산천 상류 건너편에는 서울, 원주, 강릉 등의 도시 부유층 사람들이 땅을 사서 다양한 색깔의 벽돌과 기와로 화려하게 지은 양옥 또는 통나무 2-3층 집들을 대여섯 채 지어 별장 또는 펜션으로 이용하고 있다. 용산2리의 끝자락인 웃골은골에는 주택이 없고 농경지뿐인데, 김광식 씨의 농산물 저장고 한 채와 등산객을 위한 간이화장실 하나가 세워져 있다. 그리고 경작지가 끝나고 발왕산으로 올라가는 등산로 입구에 발왕산 등산 안내도 입간판을 설치해 놓았다. 그러나 그 지도에도 용산2리 웃골은골에서 발왕재를 넘어 봉산리 발왕골로 넘어가는 오솔길은 표시되어 있지 않다.

2. 변화를 일으킨 주인공들의 사례

용산2리 영농인 박근선 씨(69세): 우선 한 개인의 가업과 마을주민들의 농사에 변화를 일으킨 기업가 정신이 투철한 장본인의 이야기부터 들어보기로 하자. 그 사람은 현재 용산2리 이장 박영록 씨(31세)의 아버지 1970년대의 이장 박근선 씨다. 그는 어릴 때 부모를 여의고 할아버지 밑에서 일찍 결혼하여 농사를 짓다가 21세 때 징집으로 육군에 입대하였다. 육군사관학교 경비중대에서 복무하는 동안 매점 업무를 맡아 운영했다고 한다. 군에서 제대하고 돌아온 뒤 1965년 할아버지가 80세에 돌아가셨기 때문에 가업인 농사를 책임질 수밖에 없었다. 그때까지 그 마을의 주요 농작물은 감자와 옥수수였다.

박근선 씨는 다음 해부터 농작물을 자가소비용 감자와 옥수수에서 상업작물인 고랭지 무와 배추로 바꾸었고, 야산을 개간하여 경지면적도 파격적으로 확장하여 3,500평에 무와 배추만 재배하였다. 그때 마을 어른들은 감자와 옥수수를 심으면 양식이 생기는데 무와 배추만 심었다고 비난했다고 한다. 1967년에는 야산을 더 개간하여 생땅 6천 평에 무를 재배하여 밭떼기로 서울의 상인에게 5만5천 원을 받고 팔았다. 그랬더니 동네 어른들이 그 사람 무 심어 가지고 엄청난 노다지 캤다고 하더란다. 그 당시에는 송아지 한 마리 값이 1만 원도 안 되었다고 한다. 박씨는 송아지를 몇 마리 사서 이웃집에 거리소로 주었다. 거리소라는 것은 노동력이 부족한 사람이 남에게 자기네 소를 먹여 달라고 맡긴 다음 일정 기간(거의 대부분 24개월)이 지난 뒤에 그 보수로 송아지 한 마리를 주는 것이었다. 그는 소와 땅(산)의 관계를 다음과 같이 설명하였다.

> 그때는 소 팔면 산 사기가 쉬웠어요. 그런데 땅을 사면 돈이 안 되니까 산을 사 가지고 거기서 가축을 기르는 거지요. 한마을에 사는 황상기와 함께 한때는 꽃사슴 30마리, 영양 30마리, 염소 50마리, 토종닭 수백 마리를 5년 동안 키웠어요.

1970년대 중반부터 대관령 일대에는 한우목장이 조성되었고, 한국-뉴질랜드 합자의 대단위 시범목장도 개장되어 국립종축장이 그것을 운영하면서 목초지 개발과 육우 번식 기술훈련을 실시하였다. 평창군에서도 축산진흥사업에 역점을 두고 1977년 국내 제일의 낙농단지를 조성하였다. 이런 추세를 지켜보던 박씨는 1979년 평창군 축산지도소의 추천을 받아 한국-뉴질랜드 합작 시범목장에 와있던 축산전문가인 뉴질랜드 대학교수와 도암면 차항리가 고향인 서울의 한국인 대학교수와 함께 뉴질랜드 정부 초청으로 크라이스트 처치와 호주, 일본, 싱가포르, 대만, 홍콩 등을 시찰하고 돌아왔다. 그는 자신이 소유하고 있던 야산 3만9천 평을 개간하여 5년 동안 뉴질랜드 소 30마리로 시작해서 50마리까지 사육하기도 했다. 뉴질랜드의 특수강철로 만든 철사는 녹이 안 슬어 그것으로 축사 울타리를 쳐놓았는데 지금도 성하다고 한다. 그러나 1980년대의 제5공화국 시절에 정치적 배경을 이용한 외국 소의 대량 수입으로 축산업은 포기할 수밖에 없었다.

용산2리 주민들 중에서 셀러리·파슬리·비트·브로콜리·케일·콜리플라워·양상추·신선초 등의 서양 채소 작물을 대규모로 처음 재배한 것도 박근선 씨였다. 그런 서양 채소 작물들을 그 지역에서 처음으로 계약재배 시킨 것은 1960년대 초 미8군 보급부대였다. 미군부대 감독관이 횡계리에 와서 토양검사와 기후 및 작물 성장조건 등을 조사하고 인분을 쓰지 않도록 하여 횡계리 농민과 계약재배하고 생산물 전량을 수매하는 형식으로 서양 채소 작물 재배를 시작하였다. 그런 과정을 세심하게 관찰하고 남보다 먼저 행한 이가 박근선 씨였다. 1960년대 후반에는 소규모로 재배하여 소형 트럭에 직접 싣고 서울로 가서 청량리, 왕십리, 동대문, 남대문시장, 염천교, 영등포, 안양, 수원, 평택까지 다니면서 팔았다고 한다. 육군사관학교에서 군복무를 할 때 서울 근방의 지리를 알아두었던 것이 큰 도움이 되었다고 한다. 1973년부터는 서양 채소를 대규모로 재배하기 시작하여 1977에는 5만 평까지 재배하였다. 그런 영농 방식을 따라 고랭지 서양 채소를 3-4만 평씩 재배하는 농가들이 용산2리에 6집으로 늘어났다. 박씨를 비롯한 이들 5-6명의 혁신적인 영농 기업가들은 모두 그 마을의 이장을 역임하였다고 한다.

판로를 더욱 확대하여 서양 채소를 자기 차에 싣고 직접 대구, 부산, 울산, 광주까지 다니면서 팔았다. 1970년대 말 전라북도 고창에서는 현지 동업자 한 사람과 함께 촛대봉 밑에 밭을 5만 평가량 임대하여 감자를 심고 추수해서 송정리 저장고에 넣었다가 나중에 팔았고, 곧바로 그 밭에 무를 심었다. 그런데 이득이 별로 없더란다. 경비가 많이 나고, 빼앗기고, 또 그쪽 일을 하다 보니 이쪽 용산2리 사업이 제대로 안 되고 해서 이태 동안만 하고 그만두었다. 그렇지만 겨울에는 용산리에서 농사를 안 하니까 심심해서 전라남도 진도에 내려가 겨울 배추를 사서 팔곤 했다. 그 당시엔 냉동창고가 없었고, 겨울에도 얼지 않으니까 밭에서 직접 노지 출하를 했기 때문에 이득이 적지 않았다고 한다.

우리가 현지조사를 시행한 2009-10년에 박씨 부부는 1남6녀 중 1남5녀를 결혼시켰고, 막내딸만 미혼이었다. 고향에 정착한 아들과 함께 3만 5천 평의 경작지에 서양 채소를 재배하여 8천만 원의 영농 순수입을 올린 것으로 파악되었다. 현재 그가 소유하고 있는 농기구만도 대형 트랙터(1), 소형 트랙터(1), 경운기(1), 트레일러(1), 퇴비살포기(1), 멀칭 피복기(2), 비료살포기(1), 차에 달린 자동분무기(2), 등에 메는 수동분무기(7), 세

렉스 트럭(2), 지프차(2), 갤로퍼(1), 하우스 온풍기(2), 농산물 저장고(100
평), 하우스(150평형 1, 100평형 1) 등으로 파악되었다. 그리고 농가 주변
에는 토종 벌통 10여 개를 가지고 있었다.

반세기 전 군입대 송별회 이후 처음 만난 봉산리 송재복 씨(70세) 삶의
증언: 1960년 8월 3일 군에 입대한 봉산리의 두 청년 송재복 씨(당시 20세)
와 최기수 씨(당시 22세)를 반세기 만에 횡계리 독가촌에서 만났다. 50년
전에 그 두 사람을 환송하는 송별회를 봉산리 이덕수 씨(당시 22세) 집에
서 마을 청년들과 함께 가졌던 기억을 그 두 사람은 물론 나도 생생하게
기억하고 있었다. 그 뒤에 오늘까지 송재복 씨가 살아온 파란만장한 삶의
증언을 중심으로 어떤 사건과 변화가 왜 일어났는가를 간단히 살펴보기
로 한다.

3년간의 군복무를 마치고 제대하여 다시 봉산리로 돌아온 그는 부모님
과 함께 감자와 옥수수 농사를 지으면서 어렵게 살았다. 봉산리는 발왕산

〈사진 9-26〉 봉산리에서 군입대 환송회 이후 반세기 만에 다시 만난 송재복·최기수 씨. 2009.
8. 21

〈사진 9-27〉 도성초등학교 원복분교장 뒤뜰 숲 속에 세워진 이승복 군 동상. 2009. 6. 2

과 박지산 사이의 깊은 골짜기에 위치하고 있기 때문에 농경지가 부족했고, 새로 개간할 만한 여지도 별로 없었다. 봉산리에는 학교가 없어서 서당 교육만 받은 것이 항상 불만스러웠다. 그가 1967년부터 봉산리 이장 직책을 맡아 산림계장과 이동조합장 일도 겸했다. 그 다음 해에 결혼하였다. 당시에는 봉산리가 행정구역상 도암면에 속해 있었기 때문에 용산초등 (국민)학교 봉산분교장 인가를 받기 위해 학교 부지를 마련하고 관련서류를 준비하고 있었는데, 마을사람들의 반대에 직면했다. 그 반대는 사전에 마을어른들의 동의와 합의를 받지 않았다는 것이 화근이 되었다.

1968년, 울진·삼척으로 침투한 무장공비 120명은 두 달 동안 강원도 태백산맥 일대에서 주민 23명을 학살하였다. 그 당시 평창군은 산악지대였던 관계로 평창면을 제외한 6개 면에 모두 무장공비가 출현하였다(평창군 2003: 210). 그때 살해된 23명 중의 한 사람이 세간에 널리 알려진 진부면의 이승복(당시 9세)이었다. 그는 자기 집에 들어온 무장공비가 공산주의를 선전하자 "나는 공산당이 싫어요"라고 외쳐 어머니와 두 동생과 함께 살해되었다. 그 사건이 언론을 통해 전국에 알려지면서 온 국민이 충격에 빠졌다. 봉산리 이장 송재복 씨도 그 당시의 기억을 다음과 같이 말했다.

봉산리에서도 청년들이 야간에 보초를 섰지요. 그때 나는 이장을 맡고 있었기 때문에 행정서류 일체와 직인 등을 감추기 위해 숲 속의 땅에 파묻었습니다.

그 뒤에 이승복기념관이 세워졌고, 평창군내 대부분의 초등학교에는 이승복 군 동상이 건립되었다. 무장공비는 그 뒤에도 동해안의 여러 지역으로 침투하였다. 1996년에는 강릉으로 침투한 무장공비 2명이 도암면 수하리와 용평리조트를 서쳐 오내산 방향으로 도주하다가 주민신고로 체포되었다.

송재복 씨는 1970년에 이장직을 끝내고 앞으로 살아갈 새 터전을 찾아 도암면 호명2리로 이사를 갔다. 손에 쥔 것이라고는 아무것도 없었다. 이삿짐이라곤 간단한 옷가지와 그릇 몇 개를 바소쿠리에 담아서 지게로 메

〈사진 9-28〉 수하리 가는 길가에 세워진 무장공비 신고 안내판. 2009. 3. 26

고 가는데, 첫돌이 갓 지난 딸을 등에 업고 따라오는 부인이 그렇게도 민망스러워 보였다고 한다. 호명리로 이사 가서 반년도 채 안 되어, 무장공비의 침투를 막기 위해 산간의 외딴집들을 모두 끌어내어 평지에 정착촌을 마련해 준다는 정부시책 소식을 들었다. 호명2리는 그런 조건에 해당하지 않았고, 봉산리도 행정 리가 아니고 법정 동리였기 때문에 해당되지 않았다고 한다. 그러나 봉산리는 오지 중의 오지 두메산골인 데다가 집들이 모두 깊은 골짜기 여기저기에 하나씩 멀찍멀찍 떨어져 있어 외딴집에 해당된다는 사실로 이주 신청을 하게 되었다. 그 당시 도암면에서 철거 대상지는 용산2리의 산막골과 수하리의 오지 일부였다고 한다. 그래서 송씨는 봉산리 주소로 이주 신청을 했고, 그와 함께 군대 생활을 했던 최기수씨, 최대수 씨, 유봉렬 씨 등 8가구가 이주 신청을 해서 지금도 횡계5리 독가촌 지르메마을에 살고 있다.

지금의 횡계리 지르메마을(일명 독가촌 또는 정착촌)은 그런 무장공비 사건을 계기로 1970년 10월 1일에 새로 세워진 마을이다. 그 당시에는 정착민 생계대책으로 1가구에 화전정리사업으로 개간한 경사지 밭 3천 평씩을 무상공급한다고 알려졌으나 실제로는 임대하는 형식으로 정책이 바뀌었다. 그래서 송씨는 여러 해 동안 겨울엔 황태덕장 일을 하고, 봄부터 가을까지는 감자원종장에서 막노동을 하면서 생계를 유지하였다. 그러다가 밭 1천 평을 임대하고, 농협 융자를 대출받아 소 두 마리를 사서 감자를 재배하기 시작했다.

2010년 조사 당시 송씨는 자기 밭 5천 평과 임대 토지 2만 평을 합해 2만 5천 평의 감자농사를 아들과 함께 지었다. 임대료는 평당 2천 원씩이었다. 본인 명의 1만3천 평과 아들 명의 1만2천 평에 감자만 재배하였다. 감자수확은 총 100톤가량이었는데, 모두 종자용으로 수매하여 전국에 씨앗으로 보급될 것이라고 했다. 절반은 원예조합과 단위조합에서 구매하였고, 나머지 절반은 국립종자보급소에서 구매하였다. 총 수매가격은 2억 원 이상이었다. 토지 임대료 4천만 원과 영농 필요경비 8천만 원을 빼고 나면,

순수입이 8천만 원가량은 된다고 했다.

송씨는 딸 셋과 아들(33세) 하나를 두고 있었다. 큰딸(43세)은 서울에 있는 대학의 간호학과를 졸업하고 큰 병원에서 일하다가 미국으로 가서 현재는 로스앤젤레스의 한 병원에서 간호사로 근무하고 있다. 매년 한 번씩은 부모와 형제자매를 만나러 한국을 다녀간다고 한다. 다른 딸들은 모두 국내에서 결혼하여 손자들 낳아 잘살고 있다. 막내인 아들은 대학에서 건축학을 전공하고 속초에 있는 건축회사에 2년 동안 근무하다가 귀농하여 부모와 함께 감자농사를 짓고 있었다.

3. 변화를 일으킨 계기와 사건들

봉산리와 용산2리에서 지난 반세기 동안 일어난 변화의 요인들은 매우 다양하다. 그런 변화를 일으킨 계기와 사건들 중에는 계획적으로 의도된 것도 있었고, 전혀 예기하지 않았던 것들도 있었다. 마을 사람들의 자발적이고도 창의적인 노력과 협동으로 이루어진 변화도 있었고, 국가와 여러 차원의 지방행정기관에서 계획하고 지원하여 이룩된 변화도 있었으며, 개인과 기업체들이 주도적으로 일으킨 변화도 있었다.

정부 주도형의 새마을사업과 마을사람들의 협동: 1960년대 중반부터 공업화에 치중해 온 군사정부가 1970년대에 들어오면서부터 농촌의 발전에 관심을 가지고 계획적 변화를 추진하기 시작하였다. 특히 내무부 관료 조직의 행정적인 계통(중앙, 시도, 시군, 읍면동, 마을)과 물질적 지원을 활용하여 농산어촌 마을 단위의 지도자와 주민들의 참여를 이끌어내는 정부 주도형 하향식 새마을사업을 전개하였다. 예를 들면 각 마을에 시멘트를 무상으로 지급하여 이동개발위원회(里洞開發委員會)를 중심으로 각 마을의 환경개선사업을 주민 협동으로 추진하도록 계획적 변화를 유도하였다. 더 구체적인 사업 내용은 마을 안길과 농로 정비를 비롯하여 농가의 전통적인 초가지붕이나 겨릅 또는 너와지붕을 함석이나 슬레이트로 대체시키는 지붕개량사업 등을 추진시켰다. 그런 사업들의 성과를 평가하여 각 마을에 등급의 차이를 부각시켜 경쟁체제를 강화하는 한편, 새마을 지도자의 훈련과 양성뿐만 아니라, 새마을 국민교육까지 전개하고, 새마을 운동의 국내외 홍보와 국제적인 협력 사업으로까지 발전시켜 나갔다.

봉산리와 용산2리에서도 새마을 사업의 일환으로 가장 먼저 가시적인 변화를 가져온 것이 지붕개량과 마을 안길의 도로정비였다. 두 마을에는 1960년 조사 당시 함석지붕이나 슬레이트 지붕은 전혀 없었다. 그러나 1970년대 초부터 새마을 사업으로 정부의 자금지원을 받아 그때까지 살던 집들을 가옥의 구조와 벽 그리고 평면 형태와 방의 배치 등은 그대로 둔 채 겨릅지붕이나 너와지붕을 걷어내고, 함석이나 슬레이트로 지붕을 개량하여 가옥의 외부 형태를 눈에 띄게 바꾸었다. 특히 지붕의 색깔을 청색이나 빨간색으로 칠하여 화려하게 보이도록 하였다. 그렇게 바뀐 지붕들은 봉산리와 용산2리에서 지금까지도 폐가로 버려진 집에서 볼 수 있다.

마을 안길 정비는 봉산리와 용산2리에서 모두 쉽게 이루어졌다. 이 두 마을에는 간선도로 하나가 봉산천과 용산천 개울을 끼고 마을 전체를 관통하고 있었기 때문에 도로 확장이 간편하였고, 개울의 외나무 다리를 정부에서 지원해 준 시멘트로 콘크리트 다리를 건설하는 것이 주된 사업이었다. 그밖에도 용산2리에서는 정부의 지원과 주민자체사업으로 마을사람들이 협동하여 부역노동으로 마을회관을 건립하였다.

그 마을회관이 2006년도의 폭우에 의한 침수와 산사태로 파괴되어 평창군의 보상금과 보조금을 받아 총건설비 1억8천만 원을 들여 30평형 현대식 건물로 새로 짓고 2008년 11월 10일 준공식을 가졌다. 현재의 마을회관 중앙에는 넓은 회의실(거실)과 주방 및 화장실(욕실)이 있고, 회의실 양쪽에 동서로 소회의실 겸 침실이 하나씩 배치되어 있었다. 주방 서쪽 편에는 저장고 두 개가 있다. 회의실에는 대형 텔레비전과 노래방 기기를 갖추었고, 주방에는 냉장고와 가스버너가 설치되어 있으며, 전기보일러 온수기로 난방과 온수를 겸하고 있다. 그리고 마을회관 앞에는 국기게양대를 설치하였다.

용평(평창)스키장 리조트 건설과 용산2리의 급속한 변화: 앞에서 간단히 경관만을 살펴본 용평스키장 리조트를 처음 건설하기 위하여 쌍용그룹이 고원개발주식회사(高原開發株式會社)를 설립한 것은 1973년 4월이었다(김용범 외 2005:32). 회사의 우선적인 작업은 광대한 터전의 확보를 위해 사유지와 공유지(국유지와 도유지)를 매입하고 임대하는 일이었다. 일단 토지매입이 시작되면 단지로 계획 중인 부지 안의 땅값이 급등하리라고 예상한 회사에서는 스키장뿐만 아니라 호텔과 콘도미니엄 등의 숙박시설과 먼 장래에 골프장까지 조성할 수 있을 정도의 부지를 될 수 있는 한 넓게 그리고 일시에 확보하는 것이 주요한 과제였다.

그래서 당시 용산2리 산막골과 사태골 그리고 사잇골 일부와 수하리에 살고 있었던 주민 소유의 땅은 거의 일시에 매입되었다. 국유지와 도유지는 산림청과 강원도청의 사용허가를 얻어 임대하였다. 그렇게 해서 제1단계로 확보한 부지가 120만 평에 달했다. 그 뒤로 몇 차례의 부지 확장을 통해 확보된 땅은 2003년 현재 총 520만 평을 조금 넘었다고 한다. 개발 초기에 용산2리 주민들의 사유지는 평당 110원 정도에 거래되었다. 그때 땅을 팔고 용산2리를 떠난 주민들은 대부분 횡계와 강릉 또는 진부 등지에 새로운 삶의 터전을 잡았고, 일부는 서울과 부산까지 이사를 갔다.

스키장과 골프장을 포함한 리조트를 건설하면서 가장 먼저 끌어들인 것이 전기였다. 그리고 도로확장 및 포장공사였다. 스키장에 전기가 들어오면서 용산2리에도 1973년부터 전기가 가설되었다. 그 뒤에 따라 들어온 것이 유선 라디오·텔레비전·냉장고 등이었다. 상수도 시설은 아직 없고 지하수와 하천 상류의 물을 수도관을 통해 끌어다가 쓰고 있다. 1980년대 초부터 2010년 현재까지 영농 규모가 수만 평으로 확대된 농가수가 증가하면서 트랙터를 비롯한 대형 농기계 사용으로 마을의 간선도로뿐만 아니라 그 길의 양쪽에 있는 광대한 농경지로 들어가는 농로도 확장되고 따라서 교량도 모두 콘크리트 다리로 넓어졌다. 그밖에도 현재 용산2리에서 농사철에만 이주농업을 하고, 농한기 겨울철에는 횡계리와 강릉 등 인근지역에 거주하는 사람들에게 용평리조트는 각종 행사에 동원되는 임시고용과 제설작업 등의 일자리를 제공함으로써 용산2리 지역사회와 협력관계를 맺고 있다고 리조트 사장은 말했다.

봉산리는 왜 아직도 두메산골로 남아 있는가: 앞에서 우리는 〈봉산리의 두메산골 여행〉을 통해 진부에서 신기리를 거쳐 1천 미터 이상의 새재 고개를 넘어, 10킬로미터 이상의 멀고 깊은 봉산리 골짜기를 관통하면서 주변 경관을 살펴보았다. 지난 반세기 동안의 용산2리 변화와 비교해 볼 때, 봉산리의 변화는 상대적으로 느렸고 낙후되었다는 인상을 지울 수가 없었다. 그러니까 평창군 홈페이지 문화관광 포털사이트에서도 오지 중의 오지 산촌체험의 장으로 봉산리를 소개한 것으로 생각되었다. 그 포털사이트에서 독자에게 약간 과장된 묘사처럼 느껴지게 하는 대목이 있기는 해도, 50년 전과 현재의 봉산리를 대조적으로 비교해 볼 수 있는 글의 일부를 참고삼아 여기에 그대로 옮겨 보기로 한다.

한때 이 마을은 바깥세상과 담을 쌓은 곳이기도 하였다. 봉산리에서 50여 리가 넘는 진부장을 보자면 꼬박 2일이나 걸렸을 테고 전기가 들어오지 않아 초롱불로 밤을 새우고, 그 흔하던 라디오도 없어 외지의 소식을 듣자면 이따금 진부장이라도 나가서 세상 돌아가는 이야기에 귀를 기울였던 마을이다.
비행기는 구경할 수 있어도 차를 구경할 수 없었던 봉산리, 산판길이 닦이고 '제무씨 도라꾸'(GMC사가 생산한 트럭)가 다니게 되어서야 자동차를 구경할 수 있었던 곳이니 그야말로 오지 속의 오지 두메산골이었다. 그러나 지금은 텔레비전도 있어 세상 돌아가는 일 훤히 알 수 있는 마을이지만 예나 지금이나 다름없이 진부장을 쉽게 나갈 수 없는 곳이다.(평창군 홈페이지 문화관광 포털사이트에서).

실제로 봉산리에 전기가 처음 들어온 것은 1978년이었다. 용산2리보다 5년 늦게 진부에서 신기리를 거쳐 봉산리까지 전선이 연결되어 텔레비전과 냉장고가 차례로 뒤따라 들어왔다. 그 뒤에 유선전화도 들어왔다. 그러나 지금까지도 무선 휴대전화는 봉산리와 외부 사이에 통화가 안 된다. 새마을 사업으로 마을의 간선도로는 차가 다닐 정도로 넓어졌고 농로도 확장되었지만 마을 간선도로와 샛길 모두가 여전히 비포장도로이다. 깊은 산골짜기에 위치한 봉산리의 경작지는 대부분 경사가 심하고 규모가 작다. 더구나 용산2리처럼 기업농의 대규모 서양 채소 영농을 하는 농가가 봉산리에는 없기 때문에 트랙터를 비롯한 대형 농기계의 도입과 이용도 상대적으로 한정되어 있다. 2010년 조사 당시에 봉산리 전체에 트랙터는 하나뿐이었다. 50년 전에 그 마을에 살았던 주민으로 지금까지 봉산리에 살고 있는 가구는 현재의 이장 손장수 씨(56세)와 반장 김순남 씨(57세) 부부 가족 두 집뿐이었다. 그들은 지난 20년 동안 봉산리에서 이장과 반장직을 계속 맡아 왔다.

국지성 집중호우와 산사태로 발생한 자연재해: 강원도 영서지방 특히 평창군 일대의 2006년 국지성 집중호우와 산사태는 봉산리의 농가 및 농경지에 엄청나게 큰 자연재해를 일으켰다. 특히 진부면 신기리 일대의 오대천과 봉산리 봉산천의 범람으로 하천변의 도로와 교량 및 가옥들이 거의 모두 파손되었고, 산사태로 인한 산록의 가옥과 농경지 침수 매몰로 많은 주민들이 집을 잃고 일 년 농사를 망쳤다. 집들은 흔적도 없이 떠내려가거나 흙 속에 묻혔고, 농경지는 경계를 알아볼 수 없을 정도로 잘려 나갔거나 토사와 바위덩어리로 덮였다. 전봇대가 쓰러졌고 전기와 전신줄이 끊어졌다. 도로와 교량도 끊겼으니 외부와의 통신은 물론 왕래도 어려웠다. 집을 잃었으니 봉산리에서는 주민들이 살 곳이 없어졌다.

봉산리 주민들은 우선 신기리나 진부 등 인근에 살고 있던 자녀들이나 형제자매 또는 일가친척 집으로 임시 거처를 옮겼다. 낮에는 마을로 돌아와 수해복구 공사를 했고, 밤에는 다시 외부의 임시 거처로 나가는 생활이 계속되었다. 재해를 입은 주민들에게는 정부보조금이 지급되었지만 그 액수가 턱없이 부족하여 집을 새로 짓고 농경지를 복구하는 데에는 자기 자본을 들여야 했다. 그럴 만한 능력이 없는 사람들은 봉산리의 생활을 포기할 수밖에 없었다. 그해 뒤로 영영 돌아오지 않은 집들도 있었다. 신기리에 살다가 재해보상금을 받아 봉산리에 새로 화려한 2층 저택을 멋지게 짓고 들어온 사람도 있었다. 수해 전에 서울에서 들어와 통나무집을 짓고 살던 사람은 수해로 집을 떠내려 보내고도 재해보상금과 자기자본으로 더 좋은 통나무집을 짓고 서울과 봉산리를 왔다 갔다 하면서 지내고 있었다.

외부의 임시 거처에 살면서 낮에만 봉산리에 들어와 집을 짓고 농토를 복구하여 농사를 짓는 사람들은 거의 2~3년 동안 그런 이주농업의 생활을 계속했다. 2010년 조사 당시에도 봉산리에 집을 가지고 주민등록상으로는 그 마을 사람이면서도 농사철에만 봉산리를 드나들며 이주농업 생활을 하고, 겨울에는 진부나 다른 인근 지역에 따로 집을 가지고 사는 사람도 많았다. 그런 이주농업의 형태는 봉산리뿐만 아니라 용산2리에도 많이 있었다. 그리고 2006년의 국지성 집중호우로 인하여 용산2리 마을회관이 침수되고 파괴되었던 사실을 우리는 앞에서 이미 살펴보았다.

봉산리 구역 안에 있는 크고 작은 교량의 수는 20개가 넘는다. 그것들은 모두 2007년부터 2008년에 걸친 수해복구 공사기간에 새로 건설된 것들이다. 봉산천을 따라 마을을 관통하는 간선도로는 지방도이기 때문에 그 도로의 교량은 국토관리청 강원도 도로관리사업소에서 발주하여 시공사가 건설 또는 보수하였다. 봉천1교부터 봉천8교까지의 8개 교량과 모리1교부터 모리5교까지의 교량 5개는 국토관리청 소관이었다. 그러나 간선도로에서 갈라진 지선도로와 그 도로의 교량은 군도였기 때문에 평창군청이 발주하여 시공사가 건설 또는 보수하였다. 박지골교와 봉두곤1교부터 봉두곤3교 등은 평창군청 소관이었다. 마을 안길의 다리들은 모리5교처럼 길이 50미터와 폭 7미터의 대형 교량부터 박지골교처럼 길이 16미터와 폭 5미터의 소형 교량에 이르기까지 다양하였다.

10. 산촌의 공동화(空洞化)·역촌의 인구집중

지난 반세기 50년 동안에 봉산리와 용산2리의 산촌 인구수는 13퍼센트 가량으로 감소하여 마을의 공동화 현상이 일어났고, 횡계리의 역촌(驛村) 인구수는 450퍼센트 이상으로 증가 팽창하여 인구집중 현상이 일어났다. 1960년에 봉산리와 용산2리 인구수는 각각 221(남 123, 여 98)명과 427(남 225, 여 202)명이었고, 횡계리(1-2리)의 인구수는 939(남 497, 여 442)명이었다. 그런데 2010년 봉산리와 용산2리 인구수는 각각 29(남 15, 여 14)명과 63(남 33, 여 30)명이었고, 횡계리(1-13리)의 인구수는 4,283(남 2,313, 여 1,970)명이었다. 같은 기간에 가구수는 봉산리의 경우 38가구에서 12가구(32퍼센트)로, 용산2리에서는 69가구에서 31가구(45퍼센트)로 감소하였고, 횡계리에서는 175가구에서 2,051가구(1,112퍼센트)로 11배 이상 증가하였다(1960년판 도암면 「면세일람」과 2010년 대관령면 리별 인구 통계자료 참조).

이렇게 상반된 인구감소에 따른 산촌마을 공동화 현상과 인구증가에 따른 역촌 마을의 복합기능 취락 형성은 왜 일어났을까? 이 질문에 대한 해답의 일부는 이미 앞에서 살펴본 9장에서 직접 또는 간접으로 암시되었다. 그러나 봉산리와 용산2리의 인구변동과 주민들의 구성에 나타난 변화와 그 원인은 밝혀지지 않았다. 반세기 전에 한산했던 역촌이 복잡한 상가와 다양한 업체들의 시설과 행사로 사람들이 붐비는 복합기능 취락으로 변화하는 과정과 그 원인도 뚜렷하게 밝혀지지 않았다. 여기서는 그러한 봉산리와 용산2리의 인구변동과 주민 구성의 변화 및 횡계리의 복합기능 취락으로 변화하는 과정을 구체적으로 살펴보기로 하겠다.

1. 봉산리와 용산2리의 인구변동과 주민 구성의 변화

우리는 앞의 첫째편 2장에서 1960년 당시의 봉산리와 용산2리 가구와 인구 및 주민의 구성을 통계자료를 통해 분석하였고, 1950년부터 1960년까지 가구수와 인구수의 변동을 살펴보았다. 1960년부터 2010년까지 두 마을의 가구수와 인구수의 변동은 〈표 10-1〉과 같다.

봉산리와 용산2리 가구수와 인구수의 변동은 지난 50년 동안 계속 감소하는 경향을 보였다. 그런 감소 현상은 이미 1950년대 후반부터 나타나고 있었다. 그 원인은 1950년대 이전에 봉산리와 용산2리 같은 산간 촌락으로 이주해 들어온 사람들이 대부분 외부에서 경제적으로 실패하여 토지와 가옥을 잃고 화전을 개간하여 살길을 찾아온 사람들이었거나, 피란처 또는 도피처를 찾아 들어온 사람들이었는데, 1950년대 후반부터는 화전의 개간이 금지되었고, 풍수지리설을 믿는 사람들이 줄어들었기 때문인 것으로 해석되었다. 반면에 봉산리와 용산2리의 젊은 층에서는 자녀교육이나 더 좋은 직업을 찾아 기회만 있으면 외부로 나가려는 성향이 뚜렷하게

〈표 10-1〉 봉산리와 용산2리 가구수와 인구수의 변동 (1960-2010)*

연 도	봉 산 리		용 산 2 리	
	가 구 수	인 구 수	가 구 수	인 구 수
1960	38	221	69	427
1977	29	155	58	348
1980	24	112	49	339
1985	24	79	36	389
1990	16	85	25	138
1995	16	46	21	58
2000	10	28	22	46
2005	14	28	52	169
2010	12	29	31	63

* 1977-2005년도 자료는 평창군 통계연보에 의한 것이고, 1960년도와 2010년도 자료는 필자가 현지조사에서 수집한 것이다.

나타나고 있었다. 그런 성향 때문에 1960년 봉산리의 한 청년은 앞으로 10년만 지나도 그 마을에 한 사람도 남아 있지 않을 것이라고 미래를 비관적으로 내다보기도 하였다.

그러나 실제로 봉산리와 용산2리의 가구수와 인구수가 감소한 것은 사실이었지만, 완전히 없어지지는 않았다. 다만 1960년에 그 두 마을에 살고 있었던 주민들이 대부분 외부로 빠져 나갔고, 외부에서 새로 들어온 사람들의 숫자가 나간 사람들의 수보다 적었을 뿐이었다. 50년 전 조사 당시에 조사지역 두 마을에 살았던 남성 주민들 중에서 2010년 조사 당시까지 외부로 나가서 현재 살고 있는 지역을 확인된 것만 보면 다음과 같다. 봉산리에서 외부로 나간 남성들의 행선지는 평창군 대관령면 횡계리(8), 진부면(3), 봉평면(1), 홍천군 내면(2), 강릉시 주문진읍(2), 충남 논산(2), 서울(3) 등지였다. 용산2리에서 떠나간 남성들의 행선지는 평창군 대관령면 횡계리(7), 유천3리(1), 차항리(1), 진부면(7), 대화면(2), 정선(2), 영월(1), 삼척(1), 태백(1), 홍천(1), 동해(1), 강릉(25), 속초(1), 춘천(1), 충북 음성(1), 경북 포항(1), 경남 울산(1), 부산(9), 경기도 여주(2), 성남(1), 서울(5) 등지로 매우 다양하였다.

지난 반세기 동안 외부에서 봉산리와 용산2리로 들어온 사람들을 모두 확인하기는 불가능했고, 다만 현재 두 마을에 주민등록이 되어 있는 가구들이 어디서 왔는가를 확인해 본 결과는 아래와 같다. 우선 현재 봉산리에 등록된 주민 12가구 중에서 1960년 이전부터 지금까지 계속 살고 있는 가구는 현재의 봉산리 이장 손장수 씨와 반장 김순남 씨 두 집뿐이었다. 나머지 10가구의 전 거주지는 진부(3), 주문진(3), 원주(1), 서울(3)이었다. 현재 용산2리에 등록된 주민 31가구 중에서 1960년 이전부터 지금까지 살고 있거나 그런 가족에서 태어난 용산2리 출신은 15가구였다. 나머지 16가구의 전 거주지는 강릉(3), 원주(2), 서울(2)의 7가구만 확인되었고, 나머지 9가구의 전 거주지는 확인할 수 없었다. 용평스키장 리조트에서 일하는 사람과 집이 비어 있는 별장 또는 펜션 주인 가구들은 남성 또는 여성 1인만 용산2리에 주민등록을 해놓고 실제로는 거주하지 않는 경우가 대부분이었다.

　가구주의 성별은 여성 가구주가 봉산리에 4명이었고, 용산2리에는 7명이었다. 가구주의 연령은 봉산리의 경우 40대 2명, 50대 5명, 60대 3명, 70세 이상 2명이었고, 용산2리의 경우에는 30대 2명, 40대 6명, 50대 11명, 60대 8명, 70세 이상 4명이었다. 특히 용산2리의 30대 가구주는 부모 또는 장인 장모가 그 마을 토박이로 분가한 경우였다. 가구원의 수는 봉산리의 경우 2인 가구 8, 3인 가구 3, 5인 가구 1이었고, 용산2리의 경우에는 1인 가구 16, 2인 가구 7, 3인 가구 2, 4인 가구 3, 5인 가구 3이었다. 29세 이하의 청소년은 용산2리의 홀로 사는 할머니 댁에서 횡계리의 고등학교에 다니는 여학생과 건설노동자 박광성 씨 아들 두 사람을 제외하고는 전혀 없는 것으로 확인되었다. 1960년 조사 당시의 연령별 인구 구성에서 19세 이하의 청소년과 20대의 청년들이 많았던 현상과는 달리, 50년이 지난 2010년에는 29세 이하의 청소년이 거의 없고, 50대와 60대 이상의 노년층 인구가 대부분을 차지하고 있는 현상은 매우 대조적이었다. 교육수준별 인구 구성과 직업별 인구 구성에 있어서도 반세기 50년 전에는 두 마을에서 모두 동질성이 뚜렷하였는데, 현재는 다양성을 보이는 것도 인구와 주민 구성의 큰 변화로 보아야 할 것이다.

2. 스키장 인근의 인구집중과 새로운 취락 형성

　횡계리는 조선시대부터 반세기 전 1960년대까지 서울-강릉을 왕래하던 구도로의 역촌이었다. 농사철에는 감자와 옥수수를 재배하고, 겨울철에는 황태덕장과 리프트도 없는 초기의 재래식 소규모 스키장 민박집이 모여 있던 한산한 고원지대의 농촌 겸 역촌이었다.

　그런데 1975년에 용평스키장 리조트가 개장되었고, 영동고속도로가 개통되면서 횡계IC 나들목이 생겼기 때문에 리조트의 스포츠 관광 서비스 시설인 호텔·콘도·모텔·음식점·스키 대여점 등이 횡계1리(현재의 횡계

1·4·5·6·7·8·9·10·11·12·13리)에 집중되어 인구도 급증하였다. 2009년에는 알펜시아 스키장 리조트까지 개장하여 횡계리는 더욱 확장되고 있다. 횡계1리에서 서울까지의 대중교통 소요시간이 8시간에서 3시간대로 단축되었고, 강릉까지는 30분 이내에 갈 수 있는 데다가 자동차의 보급이 급속히 늘어나면서 횡계1리가 빠른 속도로 하나의 커다란 복합기능 취락 형태로 발전하였다. 면사무소, 우체국, 경찰지서, 농협, 초·중·고등학교들이 횡계1리로 이전하고 새로 생기기도 하였다.

또 한편 횡계1리의 주변과 횡계2리(현재의 횡계 2·3리)의 고원지대에는 다양한 형태의 농장과 목장 및 초지로 개발되었고, 농촌진흥청 고랭지농업연구소, 국립종자관리소, 강원도감자종자공급소, 대관령원예농업 청과물종합유통센터, 축산기술연구소 등이 집중적으로 모여 있다. 그뿐 아니라 마을의 형성 배경과 기능에 따라 재건마을, 독가촌(정착촌)마을, 황태덕장마을, 장(場)거리마을 등의 특수 마을들이 하나의 복합기능 취락으로

〈표 10-2〉 횡계리 가구수와 성별 인구수의 변동(1960-2010)*

횡계리의 행정구역	연			도			
	2010				1960		
	가구수	인구수	남	여	가구수	인구수	남	여
횡계1리	256	391	240	151	118	601	328	273
횡계2리	89	215	116	99	57	338	169	169
횡계3리	86	206	120	86				
횡계4리	108	219	119	100				
횡계5리	197	451	240	211				
횡계6리	219	552	290	262				
횡계7리	111	236	131	105				
횡계8리	83	175	92	83				
횡계9리	85	180	85	95				
횡계10리	125	225	109	116				
횡계11리	303	681	355	326				
횡계12리	162	428	224	204				
횡계13리	227	324	192	132				
총 계	2,051	4,283	2,313	1,970	175	939	497	442

* 1960년 자료는 도암면 「면세일람」(1960), 2010년 자료는 대관령면 리별 인구(2010)임. 1960년도의 횡계1리는 2010년의 횡계1리와 4-13리, 횡계2리는 2010년의 횡계2-3리임.

발전한 것이 오늘의 횡계리(1-13리)다.

가구수와 인구수의 변동: 1960년과 2010년 횡계리 가구수와 성별 인구 수는 〈표 10-2〉와 같다. 횡계리의 인구가 1960년의 도암면과 2010년의 대관령면 총인구에서 차지하는 비율을 비교해 보면 지난 반세기 동안에 횡계리의 세력이 얼마나 커졌는가를 짐작할 수 있다. 1960년 도암면의 총인구는 7,869명이었는데, 2010년에는 6,058명으로 감소하였다. 1960년 횡계(1-2)리 총인구가 당시의 도암면 총인구에서 차지하는 비율은 11.8퍼센트였는데, 2010년에는 횡계(1-13)리 총인구가 당시의 대관령면 총인구에서 차지하는 비율이 70.7퍼센트로 거의 7배가량 커졌다. 그만큼 대관령면에서 차지하는 횡계리의 세력이 커졌음을 보여주는 것이다. 1960년 이후 현재까지 반세기 동안 횡계리의 성장 발전 과정을 몇 개의 사례를 통해서 살펴보기로 하겠다.

재건마을: 우선 1961년 5·16 군사정변 이후 1964년 평창군에서는 화전민 자활 정착사업의 하나로 대관령 자활 정착사업장에 124정보를 개간하였다. 그리고 1965년 도암면 횡계리에 84세대의 화전민을 입주시킨 것이 오늘의 재건마을이다(『평창군지』 상권 2003: 209 참조).

지르메마을(독가촌 또는 정착촌): 1968년 울진·삼척 무장공비 침투로 인한 평창군내 6개 면의 이승복 어린이를 비롯한 23명이 살해된 사건은 이미 앞에서 살펴본 바 있다. 그 이후, 산간의 외딴집들을 평지에 끌어내어 정착촌을 마련한다는 정부시책에 따라 1970년에 지금의 횡계리 지르메마을(일명 독가촌 또는 정착촌)이 세워졌다.

대관령 젖소·한우·양떼목장: 1972년 삼양축산개발주식회사(일명 삼양 대관령목장)는 대관령 횡계2리 매봉산과 황병산에 582만 평의 한국 최대 목장을 개발하고 55만 평의 초지를 조성하였다. 그리고 1973년에 한우 2백 여 마리를 들여놓았다. 이어서 1974년에는 축산기술 전문가를 양성하기

〈사진 10-1〉 대관령목장, 풍력발전기, 멀리 용평·알펜시아 스키장을 배경으로 한
선자령 산행 기념사진(사진 오승환). 2010. 12. 18

위해 횡계리에 대관령축산고등학교를 설립하였다. 개교 첫해에 입학한 122명의 학생들은 전원 기숙사에 들어가 학업을 계속하였다. 현재는 관광지로 널리 알려져 있다. 2000년대 초 구제역 파동 때 외부인의 출입을 금지했다가 2003년 가을부터 다시 일반에게 개방하였다. 봄부터 가을까지는 소황병산(1,430m) 정상부터 대관령 쪽의 완만한 구릉지에 형성된 푸른 목초지와 풍력발전기가 장관을 이루었고, 겨울에는 눈 덮인 선자령이 트래킹하는 산사람들을 끌어들였다. '백두대간 선자령'의 돌탑에서는 2018년 동계올림픽을 계획하는 알펜시아 스키장 리조트와 용평스키장 리조트를 한눈에 내려다볼 수 있다. 뿐만 아니라 남한강의 발원지인 '학소대'가 바로 목장 안에 있다.

대관령 일대에는 한일산업 (주)대관령목장(일명 한일산업목장)을 비롯한 30여 개의 크고 작은 목장이 횡계2리에 개발되었고, 국립종축원 대관령지원이 설립되었다. 목장이 가장 많을 때는 50여 개나 되었지만, 축산

〈사진 10-2〉 지르메 양떼목장 주인을 따라온 양들. 2009. 9. 23

업의 사양화 경향이 생기면서 젖소목장은 점점 감소되어 현재는 30여 개의 목장에서 한우 사육으로 바뀌어 가고 있다. 특히 한일산업목장은 현재 4백여 마리의 홀스타인 젖소와 250마리의 양을 사육하고 있으며, 연간 약 1,400톤의 원유와 3백여 마리의 쇠고기 및 양고기를 판매하고 있다.

지르메 양떼목장: 백두대간 선자령의 대관령목장과 횡계리의 지르메 양떼목장은 사람들이 많이 찾는 관광명소로 널리 알려져 있다. 특히 지르메 양떼목장은 1982년 태백산맥 능경봉(1,123m)과 고루포기산(1,238m) 중턱 횡계3리 구역에 소를 기르는 일반 목장으로 개발되었다가 2004년 양떼목장으로 바꾼 것이다. 2010년 조사 당시 이 양떼목장은 6만2천여 평의 초지에 250마리의 양들이 풀을 뜯는 목가적인 풍경을 보여주고 있었다. 당시 대관령에서 기르는 양은 총 7백 마리였는데, 그중에서 지르메 양떼목장과 대관령목장에 각각 250마리씩 있었고, 삼양목장에 2백 마리가 있었던 것으로 확인되었다.

2-3년 전까지는 양 사육에 중점을 두어 양털과 양고기 판매를 목적으로 하였다. 그러나 양은 1년에 새끼 한 마리씩만 번식하는데 판매가격은 70만 원이고, 사료값은 50만 원이 들기 때문에 수지가 맞지 않고, 양털 가공공장이 국내에서 모두 중국으로 이전하여 소비처가 없어졌기 때문에 목장 그 자체로서는 현상유지가 어렵게 되었다. 그래서 대관령의 양떼목장들은 대부분 최근에 관광목적으로 전환하여 입장료를 받고, 셔틀버스를 동원하여, 먹이주기 체험, 양고기 음식 판매 등으로 관광객들을 불러들이고 있다. 한 양떼목장의 입장객은 하루에 5백 명에서 6백 명인 것으로 추정되었다.

황태덕장: 2005년 횡계8리에서 가장 오래된 삼신황태덕장 주인 평안도 출신 유성준(당시 83세) 씨와 그의 아들 유용선(당시 40세) 씨를 면담하여 황태덕장 실태를 조사한 엄기종(2005:249-253)의 취재기와 주강현(2005:240-245)의 황태덕장을 요약하여 소개한다. 우리도 그 황태덕장을

〈사진 10-3〉 덕장에서 건조시킨 황태를 선별하여 비닐 자루에 넣는 일꾼들. 2009. 3. 25

2009년 3월 25일 현장 방문하여 조사하였다. 황태는 원래 동해에서 잡힌 명태를 속초와 주문진에서 내장을 빼고 횡계로 가져와 말린 것이다. 옛날의 건조 과정은 우선 횡계리 송천 물에 하루 동안 담갔다가 덕장에 걸어 얼리고 말리기를 수십 번 반복하는 것이었다. 그러나 요즘엔 하천오염 때문에 송천 물에 담그는 일을 금하고 있다. 옛날에는 싸리가지에 20마리씩 꿰어서 말렸지만 지금은 나일론 끈으로 꿰고 있다. 동해의 명태도 어획량이 줄어 1970년대부터는 러시아 캄차카 원양어선이 잡아 온 명태를 이용하고 있으며, 요즘엔 아예 중국산 화덕 건조 황태까지 값싸게 들어와 대관령 황태의 경쟁력을 약화시킨다고 불평을 토로했다.

덕장 건조대 나무기둥과 걸대를 고랑대라고 하는데, 길이는 3.6미터이고, 옛날에는 소나무를 썼는데 요즘엔 값이 비싸서 낙엽송을 쓰고 있다. 덕장에서 말린 누런 명태를 일반적으로 황태라고 하지만, 날씨가 지나치게 추워서 흰색을 띠면 백태라 하고, 날씨가 더워서 얼지 않고 마른 것을 흑태 또는 먹태라 하며, 불량품은 파태라고 한다. 바람 또는 실수로 덕장에서 땅에 떨어진 것은 낙태라고 하여 깨끗하게 씻어 다시 덕장에 걸어놓는다. 바닷가 생산지에서 말린 것은 바닥태, 어획량이 너무 많아 어선에서 머리를 잘라 바다에 버리고 몸통만 가지고 육지에 나와서 말린 것을 모두 태라고 한다. 크기에 따라서도 길이가 20센티미터 미만의 작은 것은 앵태, 30센티미터 안팎의 것은 소태, 40센티미터 안팎은 중태, 50센티미터 이상은 왕태라고 한다.

옛날에는 관태라 하여 완제품 황태를 10마리씩 끝을 뾰족하게 깎은 싸리나무에 눈 밑을 꿰어서 보관했는데, 요즘에는 마대나 비닐자루에 2백 마리씩 넣어 보관했다가 주문이 들어오면 두꺼운 종이 포장상자에 옮겨서 판다. 고랑대 4개를 엮은 건조대 단위를 한 칸이라고 하는데, 한 칸에 건조하는 황태는 평균 2천5백 마리다. 20마리 한 축을 황태 한 급이라고 하는데, 조사 당시 왕태 1급 가격은 5–6만 원이었고, 소태 1급은 3만 원가량이었다. 11월부터 다음 해 3월까지 사용한 황태덕장 고랑대는 4월에 해체하여 보관해 두었다가 다음 해 재활용하고 있다. 덕장의 토지도 4월부터 10월까지는 고랭지 채소밭으로 이용된다. 우리의 조사 당시 횡계리에 있는 황태덕장은 15개가량 있었다.

3. 대관령의 축제와 행사

대관령면서는 해마다 겨울(1월)에 대관령눈꽃축제를 열고, 여름(8-10월)에는 대관령감자큰잔치를 벌이며, 여름방학(7-8월) 때는 대관령국제음악제를 개최하고 있다.

대관령눈꽃축제: 1992년에 첫 번째 행사를 시작하여 2010년 18번째 축제를 거행하였다. 2009년과 2010년 조사 당시의 대관령눈꽃축제 행사 내용은 다음과 같았다.

설벽 오르기: 인공 설벽을 만들어 남녀 청소년들이 등반하는 행사.

소발구 타기: 소가 끄는 눈썰매 운반도구인 발구를 타고 즐기는 어린이들의 체험행사.

스노우 래프팅: 굴곡이 있는 눈 위에서 눈차가 끄는 눈썰매를 타고 즐기는 체험행사.

눈조각 작품 경연대회: 테마 이야기가 있는 캐릭터 눈조각 작품 만들기 경연대회.

이글루 체험: 에스키모인의 이글루 주거환경을 직접 체험해 보는 행사.

선자령 트래킹: 완만한 선자령을 트래킹하며 겨울산과 눈꽃의 아름다움을 체험하는 행사.

황병산 사냥민속놀이: 눈마을 사람들의 겨울사냥 생활문화를 재연하는 민속놀이.

눈꽃 노래자랑: 주민과 관광객 남녀노소가 참여하는 노래자랑 대회.

알몸 마라톤 대회: 웃옷은 벗고 아래옷은 스타킹과 반바지만 입고 뛰는 마라톤 경기. 특히 2010년 대관령눈꽃축제에서는 2킬로미터의 단거리와

〈사진 10-4〉 대관령눈꽃축제 행사장 입구(사진 박영록), 2010. 1. 16
〈사진 10-5〉 인공 설벽을 오르며 눈을 즐기는 청소년들(사진 박영록), 2010. 1. 16

10킬로미터의 중거리 경기가 있었는데, 4백여 명이 참가했고, 그 중에 10킬로미터 부문에 참가한 83세의 김종주 할아버지는 영하 20도의 혹한과 매서운 칼바람을 뚫고 알몸으로 1시간 15분에 완주를 해서 대회 관계자들을 놀라게 했다.

대관령감자큰잔치: 국내 최대의 감자생산지 대관령 횡계리에서 매년 8월과 10월 사이에 개최되는 감자 주제의 학술대회와 일반관광객들이 직접 참여하여 즐길 수 있는 축제 행사이다. 그 내용을 요약하면 다음과 같다.

감자학술대회: 한국감자연구회 주관으로 학계, 가공업체, 생산자 단체 관계자들이 매년 당면과제에 따라 주제를 정하여 학술대회를 열고, 감자 관련 홍보책자를 발간하여 각급 기관과 일반인들에게 배포한다. 감자역사자료관과 감자상품전시관도 운영하고 있다.

감자 추억 만들기: 출향인사들을 초청하여 행사장 인근 감자밭에서 감자 캐기 경연대회를 벌이고, 그들이 캔 감자를 직접 구어 먹으면서 고향의 옛 추억을 갖도록 하는 행사이다.

감자왕 선발대회: 감자 생산 농민들의 단위면적당 다수확 농가와 유통 판매 우수농가를 선발하여 상을 줌으로써 영농 의욕을 북돋우고 격려하는 행사이다.

감자와 감자요리 매장 운영: 대관령 감자와 다양한 감자 음식 판매장을 행사장에 설치하여 지역주민과 관광객들이 값싸게 사가지고 가거나 현장에서 직접 맛보게 하는 행사이다.

대관령국제음악제와 음악학교: 2004년에 개최하기 시작하여 매년 7-8월에 대관령면내에서 열리는 국제적인 클래식 음악의 향연과 어린이 음악 꿈나무들을 위한 음악학교이다. 첫해부터 예술감독은 바이올리니스트 강효 교수(미국 줄리아드 음대와 예일대), 지휘는 브라질 출신의 미국 첼리스트 알도 파리소 교수(미국 예일대), 연주 및 음악학교 학생 지도는 정명화 교수(한국예술종합학교)가 맡아 왔다. 특히 2009년 용평리조트 눈마을홀에서 열린 '저명 연주가 시리즈'는 예술감독 강효 교수가 평소 접하기 힘든 작품과 친숙한 곡을 적절하게 안배한 것으로 알려졌다. 브라질 작곡가 빌라 로보스의 〈브라질풍의 바흐5번〉, 중국 탄둔의 〈고스트 오페라〉, 한국계 미국 작곡가 얼 킴의 〈소프라노와 현악을 위한 세 개의 프랑스 시〉, 미국 작곡가 조지 크럼의 〈고래의 목소리〉, 마우리치오 카켈의 〈세 연주자를 위한 대결〉 등 20세기 작품들이 연주되었다. 파리소는 제자 19명으로 구성된 첼로 앙상블을 직접 지휘했다. 2010년에는 종전의 용평리조트에서 개최하던 대관령국제음악제와 음악학교를 알펜시아 콘서트홀(630석)에서 개최하였고, 예술감독도 종전의 강효 교수에서 정명화와 정경화 공동 예술감독으로 바뀌었다. 2011년에는 알펜시아 리조트에 1천3백석 규모의 관현악 전용 홀인 '뮤직 텐트'도 완공될 예정이다.

11. 가족·친족 및 혼인의 변화

1. 가족의 변화

지난 반세기 동안에 가족의 뚜렷한 변화는 크기가 적어졌다는 것이다. 2010년 현재, 주민등록상의 봉산리 12가족(가구)과 용산2리 31가족(가구)은 거의 대부분 2인 가족 또는 1인 가족의 형태를 이루고 있다. 50년 전에는 봉산리 총 38가족 중에서 2인 가족이 3집, 1인 가족이 1집뿐이었고 평균 가족의 크기는 5.8인이었는데, 현재는 봉산리 총 12가족 중에서 2인 가족이 8집으로 대부분을 차지하고 평균 가족의 크기는 2,4인으로 적어졌다. 용산2리에서도 50년 전에는 총 69가족 중에서 2인 가족이 3집뿐이었고, 평균 가족의 크기는 6.2인이었는데, 현재는 용산2리 총 31가족 중에서 2인 가족이 6집, 1인 가족이 15집으로 대부분을 차지하고 평균 가족의 크기는 2인으로 적어졌다.

이처럼 가족의 크기가 적어지는 현상은 용산리와 봉산리뿐만 아니라 한국의 농촌과 산촌에서도 공통으로 일어나는 것으로 보고되었다(정명채 외 1995. 8: 60-62 참조). 예를 들어 한국농촌경제연구원의 한국 농촌 사회경제 장기변화 조사보고에 따르면, 1985년에서 1994년까지 10년 사이에 평균 가족의 크기가 도시근교 마을에서는 3.8인에서 3.2인으로, 중간마을에서는 4인에서 3.1인으로, 산간마을에서는 3.6인에서 2.5인으로 적어졌다고 한다. 이렇게 볼 때 봉산리와 용산2리 가족의 평균 크기는 50년 동안의 장기간에 걸친 변화이긴 하지만, 한국의 근교, 중간, 산간마을들보다도 훨씬 더 적어졌음을 확인할 수 있었다.

가족의 구성 또는 형태에도 많은 변화가 일어났다. 가족의 크기와 가족 구성은 상호 밀접한 관계를 가지고 영향을 주고 있는 것으로 확인되었다. 1960년 봉산리에는 13인 4대의 직계가족이 79세의 남자 노인, 장남 부부, 장손 부부, 미혼 손자 3인, 미혼 손녀 3인, 증손자 1인, 증손녀 1인으로 구성된 사례가 있었다. 그리고 용산2리에도 13인 3대 직계−결합가족이 50대의 부부, 장남 부부, 차남 부부, 미혼 아들 2인, 미혼 딸 2인, 손녀 2인으로 구성되어 있었다. 이처럼 3세대 이상의 직계가족 또는 직계−결합가족이 50년 전 봉산리에는 총 38가족 중에서 10가족(26.3퍼센트)이었고, 용산2리에는 총 69가족 중에서 24가족(34.8퍼센트)이었다. 그러나 2010년 봉산리에는 3대 이상의 직계가족이나 직계−결합가족은 한 집도 없었고, 용산2리에는 3대 직계가족이 2집 있었고, 할머니와 미혼 손녀 두 식구가 사는 경우도 한 집이 있었다.

용산2리 3대 직계가족의 한 집 가장인 반장 이길렬 씨(현재 57세)는 그 마을에서 3대(110년)째 살고 있는 토박이 원주민으로, 그의 가족은 지금도 그 마을에서 상주하는 단지 세 가족 중의 한 집이다. 1960년 조사 당시 그의 선친(당시 36세)과 모친(당시 35세)은 3남1녀를 두었고, 외조부(당시 55세) 댁도 용산2리에 있었다. 당시 선친은 5반 반장직을 2년째 보면서 소작농으로 밭 3천 평에 감자와 옥수수 농사를 짓고 있었다. 그 당시 선친께 "아드님은 장차 무슨 직업을 가졌으면 좋겠다고 생각하고 계십니까?"라고 질문을 드렸더니, 장남과 차남 모두 상업이나 공무원을 했으면 좋겠다고 대답하였다. 그 뒤에 아들 4형제를 더 낳아 6남2녀를 두었는데, 장남 이길렬 씨의 모친 칠순 때 8남매 부부가 손자녀 모두와 어머님을 모시고 기념촬영을 했다.

장남인 이길렬 씨는 부부는 조사 당시 어머님을 모시고 강원대학을 졸업한 두 딸(큰딸은 강릉 초등학교 교사, 작은딸은 원예농협 직원)과 함께 살면서 반장직을 보며 밭 3만 평에 감자·양상추·배추·파슬리 등을 재배

〈사진 11-1〉 용산2리 이길렬 반장 모친의 칠순기념 가족사진(자료사진). 2010. 10. 1

하는 복합영농을 하고 있었다. 어느 한 가지 작물만 재배하면 수확기에 값이 떨어질 경우 본전도 못 건지고 밭에 그냥 버리는 상황이 있기 때문에 복합영농을 한다는 것이었다. 장손인 이길렬 씨의 아들은 충주대학 졸업반 학생으로 취직 준비를 하고 있었다. 이길렬 씨 6형제 중에서 둘째 아들은 서울에 있고, 셋째 아들인 이경렬(현재 54세) 씨는 용산2리에서 농사를 짓고 있으며, 넷째 아들은 대관령면 유천3리에서 농사짓고, 다섯째 아들은 아직 미혼이며, 여섯째 막내아들은 육군사관학교를 졸업하고 현재 육군 모 부대의 대대장 직을 맡고 있다. 여동생 둘은 김포와 서울에 있다.

현재 봉산리의 가구 구성은 부부(8집) 및 부부와 자녀(4집)로 구성된 핵가족이 있을 뿐이다. 그러나 용산2리에는 독신가구 16(남 11, 여 5), 부부가족 4, 부부와 자녀로 구성된 핵가족 6, 편부모와 자녀로 구성된 가족 2, 3대 직계가족 2, 조모와 손녀 가족 1이 있다. 용산2리에 특히 독신 가구수가 많은 것은 서울, 원주, 강릉 등의 기업인들과 의사·변호사들이 용산2리에 땅을 사서 별장·펜션·통나무집 등을 짓고 그들 본인 또는 부인이 위장전입하여 주민등록을 하였기 때문인 것으로 보인다.

가족들의 연령 구성을 보면 봉산리와 용산2리에는 초등학교와 중학교 및 고등학교 학령의 가족구성원이 오직 한 사람(용산2리의 할머니와 사는 여고생)밖에 없었다. 그러니까 봉산리와 용산2리에는 청소년층이 없는 중년층과 노년층 가족들만 살고 있는 것이다. 그 까닭은 봉산리와 용산2리에서 통학할 수 있는 학교들이 없고, 농업 이외의 다른 직업 선택의 기회가 거의 없기 때문인 것으로 해석된다. 따라서 초등학교부터 고등학교까지의 학생 연령층 가족성원들이 외부로 나갈 수밖에 없었다. 그들 중의 일부는 학생들만 출타하여 가족 분산이 발생하였다. 그리고 나머지 일부는 가까운 진부나 횡계 또는 강릉에 집을 장만하여 자녀들은 그 집에 주민등록을 하고 학교에 다니거나 졸업한 뒤에 직장에 다니는 것이었다. 그러나 부모들은 농한기인 겨울에는 그 집에 살다가 봄부터 가을까지의 농번기에는 토지와 농막이 있고 주민등록이 되어 있는 봉산리와 용산2리에 살면서 이주농업을 하는 경우가 대부분이었다.

가족성원들 중에서 교육이나 직업 때문에 출타한 사람들은 거의 대부분 고향 마을인 봉산리와 용산2리로 돌아오지 않는 것으로 확인되었다. 그들은 외부에서 학교를 졸업하고 직장을 구한 다음, 결혼하여 자녀들과 함께 외부에 살면서 고향을 잊어 가고 있었다. 그래서 봉산리의 경우 2006년 국지성 호우와 산사태로 가옥과 농경지가 매몰되었을 때 주민들이 임시방편으로 우선 찾아갈 수 있었던 곳이 바로 외부로 출타한 자녀와 형제자매 또는 가까운 친인척들이었다.

2. 친족의 변화

반세기 전에는 봉산리와 용산2리 두 마을 사이나 각 마을 안에 형제자매 또는 친척과 인척 관계로 맺어진 친족들이 많이 있었다. 그러나 지금은 봉산리 12가족 중에 그런 친족관계로 맺어진 가족이 하나도 없다. 용산2리

31가족 중에서 부자 관계(4), 부녀(옹서)관계(4), 형제 관계(4), 남매(처남 매부) 관계(2), 숙질 관계(2), 당숙질 관계(2), 친척 관계(6)로 맺어진 친인 척 가족은 24가족이다. 이들 24가족 중에는 이중 삼중으로 겹친 친인척도 포함되어 있었다. 이처럼 복잡하게 얽힌 친인척 관계는 마을 사람들의 인 간관계를 더욱 끈끈하게 맺어 주고 마을의 영농회와 반상회 또는 부인회 등의 단결을 굳게 하는 것으로 해석되었다.

친족관계는 마을의 범위를 넘어서도 공동의 조상을 중심으로 친족 성 원들의 단결과 협동을 강력하게 조장하는 기능을 하기도 한다. 그런 예를 우리는 용산2리 안동 김씨 정의공파 종족(宗族)에서 볼 수 있었다(〈그림 11-1 참조). 50년 전 조사 당시 용산2리에는 안동 김씨 정의공파 남자 종 족원이 8가족 22명(기혼 남성 가장 8명과 미혼 남성 14명)이었다. 그런데

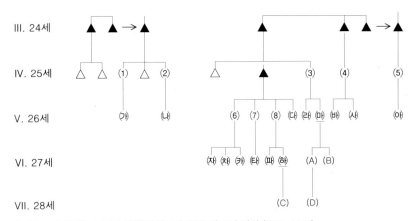

〈그림 11-1〉 용산2리 안동 김씨 정의공파 종족 계보의 변화 (1960-2010)

△: 용산2리 거주 경험 없었던 남성

▲: 용산2리 거주 경험 있었던 남성

(1), (2), (3): 1960년 조사당시 용산2리 거주 가족의 기혼 남성 가장

(가), (나), (다) … (하): 1960년 조사당시 용산2리 거주 미혼남성

(마), (하): 2010 용산2리 주민등록 가구주

(A), (B), (C), (D): 2010년 현재 용산2리에 주민등록 없음. (마), (하)의 아들과 손자로 용산2리에 거주 안함

2010년 현재 (1)(김하회, 1960년 당시 49세)부터 (8)(김태공, 당시 29세)까지의 기혼 남성 가장들은 모두 타계하였다. (가)(김태룡, 당시 23세)부터 (하)(김광식, 당시 1세)까지의 미혼 남성 14명 중에서도 4명(가, 다, 라, 타)이 타계하고 2명(마 김태섭, 현재 67세, 하 김광식, 51세)만 용산2리에 주민등록을 하고 농번기에만 농막에서 농사를 짓고, 농한기에는 강릉 집에 살고 있었다. 나머지 8명(나, 바, 사, 아, 자, 차, 카, 파)과 그들의 자손들은 대부분 강릉시와 그 주변지역으로 이사 가서 농사를 짓거나 다른 직업에 종사하고 있는 것으로 확인되었다. 현재 용산2리에 주민등록이 되어 있는 (마, 하)의 아들과 손자도 용산2리에 살지 않고 있다.

이처럼 종족성원들은 분산되어 있으면서도 강릉, 횡계, 용산2리에 사는 일가들 간에 비슷한 연배들끼리 갑계를 조직하여 한 달에 한 번씩 강릉에 모여서 회식을 하고 있었다. 그리고 한식(寒食)과 시향(時享) 제례를 올릴 때에는 종족 성원들이 전국 어디에서나 선산의 묘역에 모여 함께 제사를 지내고 음식을 나누어 먹으면서 일체감을 더욱 굳게 다지고 있었다. 50년 전 조사 당시의 용산2리 이장 김수진 씨(6, 당시 37세)의 장남 김원식(자, 당시 16세) 씨는 현재 강릉과 평창에서는 물론 전국적으로 이름난 한시(漢詩) 작가로 널리 알려져 있다. 그의 5대조(彝鉉) 부부가 산소에 2007년 석물을 구비하고 묘비를 세웠는데, 비문을 김원식 씨가 썼다. 그리고 2009년 10월 3일에는 그 산소에서 시향제를 지냈는데, 60명가량의 남녀노소 일가들이 참여하였고, 제사가 끝난 다음 기념촬영을 했다.

3. 혼인의 변화

봉산리와 용산2리 마을 안에는 현재 혼인연령의 청년 남녀들이 없다는 것이 반세기 전과 달라진 특징이라고 볼 수 있다. 가구수와 인구수가 급격하게 감소한 데다가 교육과 취업 기회를 찾아 청소년들이 외부로 나갔기 때문이다. 그러니까 최근에 봉산리와 용산2리 마을에서 결혼식은 매우 드물게 볼 수 있는 현상이었다.

〈사진 11-2〉 결혼식에 참석한 하객들. 2009. 4. 19

　2010년 현재, 봉산리의 기혼 가구주 12명 중에서 봉산리 같은 마을 안에서 살았던 남녀간의 촌락내혼(村落內婚) 사례는 50대 후반의 1건뿐이었다. 1960년에 봉산리 기혼 가구주 37명 중에서 촌락내혼 사례가 17쌍(46.1퍼센트)이었던 사실과는 매우 큰 차이가 났다. 용산2리에서도 황토빌라·펜션·통나무집 등 최근에 별장이나 숙박업소를 짓고 들어와 임시로 주민등록을 한 1인 가구를 제외한 18명의 기혼 가구주 중에서 촌락내혼 사례는 2쌍뿐이어서, 1960년 67명의 기혼 가구주 중에서 24쌍(35.8퍼센트)이 촌락내혼이었던 것과는 크게 달라졌다.

　초혼연령(初婚年齡)도 1960년에는 남자의 경우 봉산리와 용산2리에서 20-24세가 가장 많았고, 그 다음으로 15-19세가 많았던 것으로 보고되었으며, 심지어는 여자 13세와 남자 14세의 초혼 사례도 확인된 바 있었다. 그러나 최근에는 그런 조혼 사례를 전혀 찾아볼 수 없었다. 오히려 만혼의 경향이 뚜렷하게 나타나는 것이 일반적인 현상이었다. 더구나 농촌이나 산촌의 미혼 남자들은 배우자를 구하기가 어려운 처지였기 때문에 동남아, 중앙아시아, 남미 등의 신부와 결혼하는 사례들이 언론매체 특히 텔레비전 프로그램에 자주 방영되고 있는 실정이었다. 그러나 봉산리와 용산2리에는 아직 국제결혼의 사례가 전혀 없었던 것으로 확인되었다.

2009년 4월 19일 일요일, 용평호텔 예식장에서 용산2리의 신랑과 인근 면 신부의 결혼식이 진행되었다. 예식은 평창군수를 역임한 그 지방 명사의 주례로 진행되었다. 200명가량의 하객들은 대부분 신랑·신부 양가의 일가친척과 지난날 용산2리에 살았던 친지 및 이웃 마을 횡계리를 비롯한 대관령면과 진부면 그리고 강릉에서 온 사람들이었다. 식장의 좌석이 모자라 서 있는 사람들도 있었고, 미리 피로연 식당으로 간 하객들도 많았다. 결혼식이 끝난 뒤에 피로연을 마친 하객들은 답례로 받은 용평스키장 드래곤 플라자 곤돌라 왕복 탑승권으로 발왕산 정상까지 올라가서 용산리·횡계리·대관령 일대를 내려다보는 즐거운 시간을 가졌다. 그들은 이처럼 성대하고 화려한 결혼식이 용산2리 역사상 처음이라고 말했다.

12. 대규모 상업농과 시장의 변화

　2010년 현재 봉산리와 용산2리 가구주들의 직업은 대부분 농업이다. 봉산리의 가구주 12명 중에서 농업 이외의 직업을 가진 사람은 5명이다. 전직 초등학교 교사로 거문초등학교 봉산분교장이 폐교되기 전에 그 학교 여선생님이었던 부부 교사, 대광사 주지 스님 부부, 서울에서 휴양을 위해 진부면 신기리에 집을 짓고 살다가 2006년 폭우와 산사태로 재해를 입고 보상을 받아 봉산리 발왕동에 2층 양옥을 짓고 직업 없이 지내는 서울 사람 부부, 봉산리 거문골 봉산천 두루교 옆에 통나무집을 짓고 살다가 역시 2006년 국지성 호우로 재해를 입고 보상을 받아 새로 통나무집을 짓고 아직 가족은 서울에 살고 관리인 한 사람이 개를 키우며 집을 지키고 있는 경우, 그리고 진부에 거주하면서 주민등록만 봉산리에 있는 80대 초반의 부부이다. 봉산리에서 대를 이어가면서 농사를 짓고 있는 가구는 현재의 이장과 반장뿐이다. 나머지 5가구는 농사철에만 봉산리에 들어와 농사를 짓고, 추수가 끝난 농한기에는 진부와 신기리 등 인근 지역에 나가서 거주하는 출입농가들이다.

　용산2리에는 4계절 상주 가구 3집 중에서 농사를 짓는 가구주는 2명이고, 1명은 건설노동자이다. 농사철에만 용산2리에서 농사를 짓는 출입농가는 12호다. 남의 농사일을 보조해 주는 가구주가 1명 있어서 총 15명의 가구주 직업이 농업과 농업 노동이다. 총 31가구 중에서 나머지 16명의 가구주 직업은 용평스키장에서 근무하는 사람이 2명이고, 14명의 가구주는 빌라·펜션·별장·통나무집 등의 주인 또는 관리인으로 용산2리에 주민등록만 해놓은 사람들이다.

1. 대규모 고랭지 채소 재배의 기계화와 상업화

경작 규모의 대형화: 가장 최근의 「진부면지」(평창문화원 1993: 77-80)
와 「도암면지」(평창문화원 1993: 53-57)에 수록된 통계자료를 바탕으로
봉산리와 용산2리의 농업 특히 경지면적과 경작 규모를 살펴보기로 한다.
봉산리의 총경지면적은 165,000평으로 당시의 농가수가 13호였으므로 농
가당 평균 경작 규모는 12,692평이었다. 용산2리의 총경지면적은 288,000
평으로 당시의 농가수가 22호였으므로 농가당 평균 경작 규모는 13,091평
인 것으로 확인되었다. 두 마을의 경작지는 모두 밭이고 논은 전혀 없었
다. 같은 시기 한국의 표준 평야마을·중간마을·산간마을(정명채 외 1995,
16권:73-74)과 봉산리 및 용산2리(평창문화원 1993, 「도암면지」와 「진부
면지」) 총경지면적과 농가호당 평균 경지면적을 비교하면 〈표 12-1〉과 같
다.

마을의 총경지면적은 봉산리와 용산2리 모두 1960년보다 1993년에 약
간씩 증대되었다. 그러나 농가 호수가 두 마을에서 모두 3분의 1가량으로
감소했기 때문에 농가호당 평균 경지면적은 3배 이상 증대되었다. 그러나
한국의 표준마을에서는 평야·중간·산간마을에서 모두 1985년보다 1994
년에 마을의 총경지면적이 각각 15퍼센트, 20퍼센트, 57퍼센트씩 감소되
었다. 그 마을들의 농가 호수도 같은 기간에 평야마을에서는 38호에서 29
호(76퍼센트)로, 중간마을에서는 32호에서 21호(66퍼센트)호로, 산간마을
에서는 45호에서 23호(51퍼센트)로 감소하였다. 같은 기간에 농가호당 경
지면적은 평야마을에서는 3,154평에서 3,523평(112퍼센트)으로 증대되었
고, 중간마을에서는 3,450평에서 4,197평(122퍼센트)으로 증대되었는데,
산간마을에서는 2,830평에서 2,396평(85퍼센트)으로 감소되었다. 1960년
부터 1993년까지 경작 규모별 농가수의 변화와 한국의 표준 평야·중간·산
간마을과의 비교는 〈표 12-2〉와 같다.

〈표 12-1〉 경지면적의 변화와 한국의 표준 평야·중간·산간마을과의 비교*

(단위: 평)

조사지역	봉산리		용산2리		평야마을	중간마을	산간마을
연 도	1960	1993	1960	1993	1994	1994	1994
총경지	152,100	165,000	283,200	288,000	102,157	88,127	55,105
농가호수	38	13	69	22	29	21	23
호당경지	4,002	12,692	4,104	13,091	3,523	4,197	2,396

* 자료: 봉산리와 용산2리 1960년도 자료는 평창군 도암면 「면세일람」(1960), 1993년도 자료는 평
  창군 「진부면지」(1993)와 도암면지(1993), 평야마을, 중간마을, 산간마을 자료는 정명채 외(1995)
  「한국 농촌 사회경제의 장기변화와 발전」(특수연구보고 M15-16)에 의거한 것임.

〈표 12-2〉 경작 규모별 농가수의 변화와 평야·중간·산간마을과의 비교*

(단위: 농가)

조사지역		봉산리		용산2리		평야마을	중간마을	산간마을
연도		1960	1993	1960	1993	1994	1994	1994
경작 규모 단위: 평	3000평 미만	11	3	21		14	9	13
	3000~9000	25	10	45	3	14	10	10
	9000~30000	2		3	11	1	2	
	30000평 이상				8			
	총계	38	13	69	22	29	21	23

* 자료: 봉산리와 용산2리 1960년도 자료는 평창군 도암면 「면세일람」(1960), 1993년도 자료는 평
  창군 「진부면지」(1993)와 도암면지(1993), 평야마을, 중간마을, 산간마을 자료는 정명채 외(1995)
  「한국 농촌 사회경제의 장기변화와 발전」(특수연구보고 M15-16)에 의거한 것임.

1993년 경작 규모별 농가호수는 봉산리의 경우 3천 평 미만이 3농가, 3천 평 이상 9천 평 미만이 10농가였고, 9천 평 이상은 한 농가도 없었다. 용산2리의 경우에는 3천 평 미만의 농가는 한 집도 없었고, 3천 평 이상 9천 평 미만이 3농가, 9천 평 이상 3만 평 미만이 11농가, 3만 평 이상이 8농가였다. 2009-2010년 조사 당시에도 봉산리에는 2만 평 안팎의 경작 규모 농가가 2농가 있었고, 나머지는 9천 평 미만의 농가들만 있었다. 같은 조사 기간에 용산2리에는 3만 평 이상의 농가가 6농가 있었고, 나머지는 대부분 9천 평 미만의 농가들이었다. 봉산리 및 용산2리와 비교하기 위해 제시한 표준 평야마을과 중간마을 및 산간마을의 경작 규모는 3만 평 이상의 농가가 하나도 없었고, 9천 평에서 3만 평 미만의 농가도 한 마을에 한두 집뿐이었다.

〈사진 12-1〉 봉산리 농경지 구획과 규모. 2009. 8. 21
〈사진 12-2〉 용산2리 농경지 구획과 규모. 2009. 6. 2

50년 전 1960년부터 1993년까지 30여 년 사이에 영농 규모의 변화는 봉산리의 경우 큰 차이가 없었다. 그러나 용산2리의 경우에는 3천 평 미만의 영세농가가 없어진 동시에 9천 평 이상 3만 평 미만의 중대형 농가가 대폭 증가했고, 대규모 기업농인 3만 평 이상의 농가가 전례 없이 등장하였다. 한 마을 전체 농가호수 중에서 3만 평 이상 대규모 기업농가 호수의 비율이 36퍼센트(총 22농가 중 8농가)인 용산2리는 도암면(현재의 대관령면) 전체 마을 중에서도 대규모 기업농가 비율이 최대로 큰 마을이다. 2009-2010년 조사 당시에는 가장 큰 영농 규모로 5만 평도 있었다. 한국농촌경제연구원이 한국의 표본으로 조사했던 평야마을·중간마을·산간마을에서도 용산2리처럼 큰 대규모 기업농은 전혀 없었다.

그러면 유독 용산2리에서 경지 규모의 대형화가 두드러지게 나타난 원인은 무엇인가? 봉산리에서는 그런 변화가 왜 일어나지 않았는가? 우선 봉산리의 경우부터 살펴보면 그 마을은 외부로부터의 접근이 아직도 어려운 형편이다. 현재는 행정적으로 진부면에 속해 있지만 진부에서 20킬로미터 거리에 있는 봉산리로 가려면 4륜구동차가 아니면 1천 미터의 가파른 고갯길을 넘어갈 수가 없고, 발왕산(1,442m), 두타산(1,391m), 두루봉(1,225m) 등의 높은 산들로 둘러싸인 깊은 골짜기에 위치해 있기 때문에 접근하기가 쉽지 않다. 휴대전화도 불통이다. 마을의 총면적은 봉산리가 26제곱킬로미터고, 용산2리가 18.8제곱킬로미터로 봉산리가 훨씬 더 크지만 앞에서 본 것처럼 마을의 총경지면적은 용산2리가 봉산리보다 1.8배가량 더 크다. 거기에다 지형 자체가 봉산리는 좁고 깊은 협곡을 지나는 봉산천을 중심으로 개울가에 작은 밭뙈기들이 분산되어 있기 때문에 트랙터와 같은 대형 농기계 사용이 불편한 어려움도 있다.

반면에 용산2리는 1975년 영동고속도로의 개통과 용평스키장 리조트의 개장으로 교통과 통신수단이 급속도로 발전하였다. 지형적으로도 봉산리에 비하면 마을 중심을 지나는 용산천 양쪽의 산중턱까지 넓은 개활지가 전개되어 있어서 밭의 필지가 원래부터 컸고, 인접한 여러 필지의 경작지를 하나로 합치기도 용이하였다. 더구나 1970년대 이후 마을 주민들이 외부로 대거 전출하면서 농경지를 팔았고, 마을에 남아 있는 기업가 정신이 투철한 농민들이 땅을 사서 여러 필지를 합치고 대형화했다. 그들은 감자와 옥수수 등의 전통적인 작물 재배 대신에 셀러리·파슬리·비트·브로콜리·케일·콜리플라워·신선초·양배추·양상추 등의 대도시 호텔이나 양식당에서 소비되는 새로운 고급 서양 채소[洋菜]로 작물을 바꾸었다. 경운기·분무기·트랙터 등의 농기계가 도입되면서 사람과 가축에 의한 노동을 대신하였다.

농작물과 농사력의 변화: 봉산리와 용산2리는 해발 8백 미터 이상의 고랭지에 위치하고 있기 때문에 전통적으로 자가소비용 식량작물로 감자와 옥수수 및 무와 배추 등을 재배하였다. 그러나 1970년대 중반 이후부터는 자가소비용 식량작물로서가 아니라 시장 판매를 위한 상업용 작물로 전환하였다. 두 마을에서 옥수수는 더 이상 식량작물로 재배하지 않고 감자·무·배추 등은 고랭지 채소로 계속 재배하고 있지만, 자가소비용 식량작물로서가 아니라 도시의 시장 판매를 위한 상업용 작물로서 재배하고 있다. 그러나 봉산리와 용산2리의 농작물과 영농 방식에는 큰 차이가 있다. 봉산리에서는 지금도 옛날처럼 감자·무·배추·양배추 등의 전통적인 작물 위주로 고용노동 없이 가족노동으로 농사를 짓고 있다. 용산2리에서는 감자와 배추도 재배하지만 주로 서양 채소 작물들을 여러 가지 농기계와 고용노동으로 경작하고 있다. 현재는 옥수수뿐만 아니라 1960년에 경작했던 콩·팥·귀리·호밀·메밀·약초·삼·아마 등도 일체 재배하지 않고 있다. 주요 농작물의 농사력을 살펴보면 다음과 같다.

감자: 대관령에 있는 강원도 감자종자공급소에서 종자를 구매하여 4월 20일경부터 5월 초까지 심는다. 그런데 2010년에는 대관령에 1백여 년만의 4월 말 영하권의 한파가 장기간 계속되어 심었던 감자가 얼기도 했고, 심는 시기가 늦추어지기도 했다. 밭을 갈기 전에 퇴비를 미리 뿌리고 평지

〈사진 12-3〉 평지밭에서 땅속작물수확기를 부착한 트랙터로 감자 캐기. 2010. 9. 30

밭은 경운기나 트랙터로 갈아 이랑을 만들고, 비탈밭은 소 한 마리가 극쟁이를 끄는 호리로 갈아 이랑을 만든다. 두둑을 비닐로 덮는 멀칭은 기계로 하고, 멀칭 구멍에 씨감자를 심는 작업은 사람이 손으로 직접 한다. 옛날에는 멀칭을 하지 않았기 때문에 잡초가 무성하여 애벌과 두벌 김매기를 했지만, 지금은 김매기를 하지 않고, 9월 중순부터 하순에 걸쳐 수확한다. 감자를 수확할 때에도 비탈 밭은 소 한 마리가 중간 크기의 극쟁이를 끄는 호리로 감자 두둑을 하나씩 갈아엎어서 캐어진 감자를 거두어 담는다. 그러나 평지밭에서는 트랙터에 땅속작물수확기를 부착하여 여러 개의 감자 두둑을 한꺼번에 갈아엎어서 노출된 감자를 거두어 모은다. 따라서 비탈밭을 경작하는 농가는 일소를 직접 사육하거나 밭을 갈 때와 감자를 캘 때 소와 사람 품을 사야 한다.

그런 소의 필요성 때문에 봉산리와 용산2리를 통틀어 오직 한 농가에서만 소를 기르고 있다. 그 집이 바로 용산2리 반장 이길렬 씨 댁이다. 그는 8

〈사진 12-4〉 감자를 선별하고 대형 포대에 담는 작업. 2010. 9. 30

년 동안 부리던 열다섯 살 먹은 소를 2009년 3월에 팔고 열한 살 먹은 암소
(뱃속에 4개월 된 새끼를 가졌음) 한 마리를 3백만 원 주고 샀다. 그 집에
도 3만 평가량의 큰 농사를 짓고 있으니 대형 및 소형 트랙터와 경운기·트
럭·세렉스·갤로퍼 등의 농기계를 모두 갖추고 있다. 더구나 그 집은 최근
에 새로 지은 대형 2층 양옥이다. 그래서 시멘트 축사를 따로 짓고 소를 기
르고 있는 것이다. 사료는 논농사를 짓는 강릉에 가서 돈을 주고 논바닥에
깔린 볏짚을 걷어 묶어서 트럭에 싣고 와서 여물을 주는 한편, 한 포에 1만
5천 원씩 나가는 배합사료를 섞어서 준다.

무·배추·상추: 대관령 고랭지에서는 성장기간이 거의 일정하기 때문에
수확 시기에 맞추어 파종과 이식 시기를 달리한다. 무는 성장기간이 55일
이기 때문에 8월 15일에 수확하려면 파종 시기를 6월 20일로 정한다. 그리
고 배추와 상추는 성장기간이 85일이기 때문에 7월, 8월, 9월에 수확할 것
은 각기 85일 전에 파종한다.

〈사진 12-5〉 비탈 밭에서 소 한 마리가 끄는 극쟁이 호리질로 감자 캐기. 2010. 10. 1.

셀러리: 성장기간이 150일로 가장 오래 걸리기 때문에 3월 말까지는 종자를 심고, 싹이 나온 다음 162구짜리 모종판에 옮겨 심는다. 그 뒤로 1개월이 지난 다음 밭두둑에 퇴비를 넣고 이식하는데, 기계로 작업한다. 정식한 뒤에도 2-3회 웃거름(追肥)을 주고 10회가량 약을 친다. 정식한 뒤에 3개월이 지나면 수시로 수확한다.

파슬리: 성장기간이 오래 걸리지만, 일단 파슬리 순을 따기 시작하면 곁가지에서 새순이 계속 나오기 때문에 7월부터 9월까지 3개월 동안 계속 수확이 가능하다.

비트: 밭을 갈아 두둑을 만들 때 퇴비를 넣고 기계로 비닐 멀칭을 한 다음, 비트 모종을 사람이 손으로 심는다. 웃거름은 하지 않고 농약은 4회가량 친다. 정식 후 3개월이 되면 수확해서 창고에 저장해 두고 수시로 출하하여 판매한다.

브로콜리·콜리플라워: 5월 중에 씨를 묘판에 심고, 6월 중에 정식을 해서 8월부터 9월에 걸쳐 수확한다. 수확할 때 원대를 자르면 곁가지에 새순이 나와서 자라기 때문에 2-3회에 걸친 수확이 가능하다. 그러나 새로 나온 순은 성장 속도가 느리다.

케일: 6월 중순에 모종을 정식하여 잎이 충분히 자라는 대로 가을까지는 수시로 수확이 가능하다. 그러나 일단 대가 올라오면 그 이후로는 잎이 충분히 성장하지 못하기 때문에 수확이 불가능하다.

양상추: 5월 20일경에 기계로 코팅 파종하여 1개월 후 밭에 퇴비를 넣고 이식한다. 85일의 성장기간 동안에는 살충제와 살균제 농약을 7-8회 치고 웃거름을 준 다음, 정식 후 2개월부터는 수시로 적당한 시기에 단 한 번의 수확으로 끝난다.

기계화와 고용노동: 봉산리와 용산2리에서 대형화된 경작 규모의 고랭

〈사진 12-6〉 멀칭 재배한 파슬리를 수확하는 작업. 2009. 8. 22
〈사진 12-7〉 배추를 수확하여 플라스틱 상자에 담고, 큰길까지 소형 트럭으로 옮긴 후, 대형 트럭에 실어 대도시로 출하하는 작업. 2009. 8. 22

지 채소 재배는 농기계와 고용노동 없이는 불가능하다. 대부분 50대 이상의 노인 부부만 살고 있기 때문에 경작 규모에 비하여 노동력이 절대적으로 부족한 실정이기 때문이다. 모종판에 씨를 뿌려 모종을 키우는 일부터 시작하여, 밭을 갈아 이랑을 만들고 멀칭 두둑에 모종을 옮겨 심는 정식, 비료를 주고 농약을 살포하는 일, 수확하여 고랭지 채소를 선별 포장하고 대형 트럭에 실어 생산지에서 판매와 소비지까지 수송하는 등 일련의 작업들은 여러 가지 농기계와 마을 외부로부터의 고용노동으로 행하여지고 있다.

1993년 「진부면지」와 「도암면지」에 보고된 봉산리와 용산2리 및 1994년 한국농촌경제연구원이 조사한 평야마을·중간마을·산간마을의 농기계 보유 현황은 〈표 12-3〉과 같았다.

그 당시까지만 해도 한국의 표준마을로 선정된 평야·중간·산간마을과 봉산리의 농기계 보유 상태는 매우 열악하였다. 그러나 용산2리의 농기계 보유 상태는 매우 두드러지게 양호하였다. 2009-2010년 조사 당시에는 봉산리에도 농가마다 경운기와 동력분무기는 대부분 가지고 있었지만, 트랙터는 이장 댁에 1대만 보유하고 있어서 다른 농가들이 트랙터를 빌려 사용할 때는 이용료를 경지 평당 200원씩 내고 있었다. 용산2리에서는 영농규모 3만 평 이상의 농가는 모두 트랙터와 4륜구동차를 보유하고 있었다. 그 정도의 영농을 하려면 트랙터 1대와 4륜구동차 1대는 꼭 필요했기

〈표 12-3〉 농기계 보유 현황과 평야·중간·산간 마을과의 비교*

(단위: 대)

농기계	봉산리(1993)	용산2리('93)	평야마을('94)	중간마을('94)	산간마을('94)
경운기	1	12	3	4	10
트랙터		2	2	1	
동력분무기		13	6	5	3
농가호수	13	22	29	21	23

* 자료: 봉산리와 용산2리 자료는 평창군 「진부면지」(1993)와 「도암면지」(1993), 평야마을·중간마을·산간마을 자료는 정명채 외(1995) 「한국 농촌 사회경제의 장기변화와 발전」(특수연구보고 M15-16)에 의거한 것임.

때문이었다. 그 밖의 다른 농가에서도 대부분 경운기와 동력분무기 등을 보유하고 있었다. 조사 당시 미국산 트랙터 1대 값은 1억 원 이상이었다. 용산2리에서 최신형 농기구를 가장 많이 보유하고 있는 대표적인 농가는 기업가 정신이 투철한 영농인 박근선 씨 댁이었다.

고랭지 채소밭에는 감자와 무·배추 기타 서양 채소가 자라고 있는 농사철 내내 멧돼지와 고라니·노루 등의 야생동물이 저녁 땅거미와 밤중에 10여 마리씩 떼를 지어 나타나서 애써 가꾼 농작물을 캐먹고 짓밟아서 엉망진창으로 만들어 놓기가 일쑤였다. 대규모의 고랭지 채소를 재배하는 용산2리에서는 야생동물의 피해가 극심하여 이장이 직접 피해 사진을 찍어 마을 농민들과 함께 영농회에 참석한 대관령면 산업계장에게 대책을 강구해 줄 것을 공식적으로 요청하기도 했다. 산 밑의 밭 둘레에 4-5미터 간격으로 1.5미터 높이의 쇠막대기를 꽂아 놓고 아래위로 가느다란 철사를 둘려 쳐서 전기를 통하게 하는 전기 목책을 설치하기도 했지만, 그 효과는 별로 크지 않았다고 농민들이 말했다. 용산2리 반장 이길렬 씨는 자기가 청년시절에 멧돼지 사냥을 했던 경험담을 다음과 같이 털어놓았다.

나는 열여섯 살 때부터 어른들하고 사냥 같이 당겼어요. 마리 숫자로 하믄 내가 옛날서부터 잡은 게 한 백 마리는 될 거요. 눈이 1메다는 빠지는데 사냥 당기자면 밥을 먹어야 되거던요. 그런데 옛날에는 먹을 게 없으니까 강냉이 엿반대기에 옥수수 튀긴 거 묻인 것을 가지고 다녔지요. 사냥가서 점심때 배가 고프믄 '야 우리 한 반대기 먹고 멧돼지 달구자!' 그러거든요. 멧돼지를 포위해서 바짝 긴장시켜야 돼지도 맥 빠질 거 아니에요. 그때는 사람도 맥 빠지는데, 포위해 가지고 반들반들한 창으로 내지르는 거지요. 잘못하믄 큰 멧돼지가 사람을 물어 죽여요. 그러나 돼지 한 마리 잡으믄은 포식했어요. 다섯이 가 한 마리 잡았잖아요. 그러믄은 고기를 농궈야 될 거 아니에요. 누구는 앞다리, 누구는 뒷다리, 사냥 잘했으니 누구는 조금 더 주고, 나머지 고기는 볶아서 막걸리 한잔 먹고 잔치를 벌이는 거지요.

우리가 2009년 6월 초에 봉산리를 방문했을 때에는 반장이 밤중에 비가 오는 데도 배추밭에 나가서 전지불과 양철통 두드리는 소리로 짐승들을 쫓고 있었다. 봉산리에서는 밭뙈기가 작기 때문에 전기 목책을 설치하는 경우보다 농약상회에서 야생동물이 싫어하는 독한 냄새의 약을 사다가 물에 타서 밭가에 뿌려 동물의 접근을 막고 있었다. 그 약의 냄새는 사람에게 느껴지지 않고 농작물에도 해를 주지는 않는다고 했다. 그러나 이 방법도 역시 효과가 적다고 했다. 환경부 집계에 따르면 1998년도에 야생동물에 의한 전체 농작물 피해는 160억 원가량이었다고 한다.

대규모의 영농에는 현대식 최신 농기계가 필수적인 요인인 것처럼, 노동력도 마을 안에서는 동원될 수가 없으므로 한 농가에서 하루에 수십 명씩 외부 인력으로 충당하는 것이 관례로 되어 있었다. 외부 노동력은 대부분 강릉, 원주, 동해, 서울 등 대도시의 인력회사에 필요한 남녀 인력을 전화로 주문하면 그 회사에서 외국인 노동자들을 차에 태워서 노동 현장까지 아침 일찍 데려다주었고 하루 일이 끝나면 저녁에 회사 차로 데려갔다.

중국, 우즈베키스탄, 동남아 여러 나라와 아프리카에서 온 외국인 노동자들의 하루 임금은 2009년도에 남성은 8만 원, 여성은 4만8천 원이었는데, 실제로 외국인 노동자들에게 돌아가는 금액은 남성 3만5천 원, 여성 2만 원이었다. 남성 노동자들에게는 점심과 아침저녁 새참 식사를 제공하였고, 여성 노동자들에게는 아침저녁 새참 식사만 제공하고 점심식사는 노동자들이 싸 가지고 왔다. 비가 와서 일을 못하는 날까지 포함한 노동자들의 숙식비와 교통비, 기타 인력회사의 필요경비를 제하고 남는 금액만 노동자들에게 돌아가는 것이었다. 수확기에는 서양 채소의 경우 선별작업을 해서 원예작물조합의 냉장창고에 보관했다가 서울을 비롯한 대도시 농산물시장으로 출하했고, 무와 배추는 밭에서 계약재배 김치공장으로 공급되었다.

노동의 형태로 볼 때 현재의 봉산리와 용산2리에서는 가족노동, 마을 외부의 대규모 인력회사 외국인 노동자들의 고용노동, 횡계·진부·강릉 등 인근지역의 잘 아는 사람들 특히 부녀자들의 고용노동 형태가 거의 전부를 차지했다. 50년 전에 조사지역에서 흔히 볼 수 있었던 품앗이의 교환노동, 두레의 공동노동, 울력의 부역노동 등은 전혀 행하여지지 않고 있었다. 고용노동 중에서도 옛날에 대규모 경작면적의 토지를 가지고 있던 몇몇 농가에서만 행하여졌던 해머슴[年雇]이나 달머슴[月雇]도 없어진 지가 오래되었다.

이처럼 고랭지 채소 경작 규모의 대형화, 영농의 기계화, 인력회사의 대량 노동력 공급이 가능해짐에 따라 마을 농민도 아니고, 출입농민도 아닌, 도시의 대규모 영농회사가 용산2리에 들어와서 농사를 짓기도 하였다. 예를 들면 용산2리에서 16만 평의 고랭지 채소밭을 임대하여 무·배추·양배추만을 재배하는 서울의 영농회사가 있었다. 사장 김태진이라는 사람은 서울 본사에 있고, 동생인 김태성(59세)이라는 사람이 농사 현장을 감독하고 있었다. 우리가 농장을 방문했을 때 마침 20명의 인력회사 노동자를 동해시에서 공급받아 2인 1조로 양배추 웃거름주기를 비료살포기로 하고 있었다. 그 영농회사는 이런 방식으로 제주도에서도 1백 만 평가량의 채소 재배를 하고 있었다. 가을부터 겨울과 봄까지 채소농사를 지어 서울로 가져와서 팔았다.

토지 임대료는 평당 2천 원, 영농비(종자, 농약, 비료, 멀칭 비닐, 기타 자재와 농기계 및 노임 등 일체의 영농비용 포함)는 평당 4천 원, 수확 후의 농산물 판매액은 평당 8천 원으로 대충 계산해서 순이익이 평당 2천 원씩은 된다는 것이었다. 그렇게 해서 용산2리에서의 순수익 총액은 3억 2천만 원가량으로 보면 된다고 했다. 가락시장 등의 판로도 미리 확보해 두었기 때문에 판매가격도 지역농민들보다 더 받는다고 했다.

그런 영농회사들뿐만 아니라 개별 상인들이 무·배추·양배추밭을 정식 직후에 밭떼기로 사서 수확기에 출하하는 경우도 있었다. 봉산리에서는 2009년에 밭떼기로 판 배추밭에서 멀쩡한 배추가 모두 썩어 가고 있는 것을 보았다. 출하시기에 배추값이 떨어져서 수확 자체를 하지 않았다고 밭주인이 말했다. 그러나 2010년 9월 하순에는 배추 한 포기에 1만 원을 훨씬 넘었다가 두 달 뒤인 11월 하순에는 포기당 3천 원으로 내려가기도 했다.

2. 영농비 지출과 수입

앞에서 본 것처럼 영농 규모가 커졌고 작물의 종류가 다양해졌으며, 기계화와 고용노동에 의한 생산방식으로 영농이 복잡하게 변화했다. 게다가 옛날에는 대부분의 생산물이 자가소비용이었는데 지금은 시장 판매용으로 바뀌었기 때문에 영농비 지출과 수입을 추적하여 계산하는 작업이 매우 복잡하게 되었다. 따라서 50년 전에 실시했던 것처럼 조사연구자가 농가의 지출과 수입을 항목별로 질문하여 계산하는 타계주의면접(他計主義面接)은 불가능해졌고, 그 대신 농가에서 직접 지출과 수입을 기록하는 자계주의기장(自計主義記帳) 방법을 사용할 수밖에 없었다. 〈표 12-4〉와 〈표 12-6〉은 용산2리 영농 규모 32,300평의 복합채소 농가의 2009년도 영농비 지출과 수입을 기록한 것이다.

〈표 12-4〉에 기록된 영농비 지출 항목은 크게 ① 퇴비, 비료, 농약 대금, ② 채소 모종 대금, ③ 인건비, ④ 농기계 및 자재비용, ⑤ 지대로 나누어 볼 수 있다. 여기에는 의식주 생활비와 잡비 등의 생계비 지출과 가족노동 인건비 및 재산형성비 지출이 포함되지 않았고, 현금으로 지출된 농업생산비만 기록되었다. 이 복합채소 농가는 용산2리에서 상층에 속하는 농가로서 70대의 부모와 외아들 부부가 함께 농사를 짓고 있었는데, 부모와 아들 부부는 강릉에 별개의 집을 가지고 따로 살고 있었다.

표에 기록된 영농비 지출 총액 중에서 퇴비, 비료, 농약 대금이 차지한 비율은 44.6퍼센트로 가장 컸던 것으로 나타났다. 반세기 전에는 봉산리와 용산2리를 통틀어 최상층 농가의 비료값이 농업생산비 지출 총액에서 차지하는 비율이 18.8퍼센트였다. 그 당시에는 마을의 전체 농가가 퇴비를 구매하지 않고 몇 개의 '잿풀(퇴비) 품앗이' 집단으로 나뉘어 집집이 돌아가면서 잿풀 품앗이를 하여 퇴비를 장만하였다. 화학비료와 농약을 살 만한 돈이 없었기 때문이었다. 화학비료는 주로 약초를 재배하는 몇몇 농가에서만 쓰고 있었다. 그러나 현재는 봉산리와 용산2리 모두 퇴비를 직접 만들 수 있는 인력을 가지고 있지 않다. 뿐만 아니라 현재의 복합채소

<표 12-4> 용산2리 영농규모 32,300평 복합채소 농가 2009년도 영농비 지출

(단위: 원)

구분	지출 내역	지출 금액
퇴비, 비료, 농약 대금	퇴비, 비료, 농약 대금(대관령원예농협)	24,789,220
	비료, 농약 대금(대관령단위농협)	20,407,255
	농약 대금(유정종묘사)	7,143,200
	농약 대금(그린파워)	180,000
	소 계(44.6%)	52,519,675
모종 대금	양상추모종(대관령육묘)	2,500,000
	양상추, 셀러리 모종(초록육묘)	5,300,000
	청옥 모종(김태진 배추모)	1,350,000
	소 계(7.8%)	9,150,000
인건비	양상추 단모작(45,000원×138명)+(70,000원×10명)	6,910,000
	양상추 이모작(45,000원×100명)	4,500,000
	셀러리(45,000원×20명)+(70,000원×2명)	1,040,000
	배추 단모작(45,000원×20명)+(70,000원×2명)	1,040,000
	감자 정식(50,000원×6명)+(70,000원×1명)	370,000
	감자 수확(소 10만원×3일)+(소아비 10만원×3일)	600,000
	농약 살포(77,000원×3명×15회)	3,465,000
	잡초 제거(45,000원×40명)	1,800,000
	제초제 살포(80,000원×10명)	800,000
	소 계(17.4%)	20,525,000
농기계 및 자재비용	멀칭 비용	3,000,000
	기계구입 및 정비, 오일 교환, 감가상각	20,000,000
	유류대금(난방비 포함)	10,000,000
	소 계(28.0%)	33,000,000
지 대	토지 임대료(군유지, 국유지)	2,500,000
	소 계(2.1%)	2,500,000
총 지 출	총 계(99.9%)	117,694,675

작물들을 재배하는 데에는 퇴비와 화학비료 및 농약이 절대적으로 필요한 요소가 되었다.

농업생산비 중에서 그 다음으로 큰 비율을 차지하는 항목은 농기계와 자재비용으로 28.0퍼센트였다. 농업의 기계화와 멀칭재배 등이 농업노동력을 감소시키는 기능을 하는 대신에 필요한 농기계와 자재 구입 및 유류, 정비, 감가상각 등의 비용이 많이 들기 때문이었다. 50년 전에 농업생산비 중에서 가장 큰 비율(43.0퍼센트)을 차지했던 씨앗값은 현재 상추나 셀러리 등의 서양 채소 모종 대금으로 7.8퍼센트를 차지하고 있었다.

인건비는 세 번째로 큰 비율을 차지했는데, 남자가 하루에 7만 원에서 10만 원까지 작업의 특성에 따라 다르고, 여자 인건비는 4만 원에서 4만5천 원으로 역시 하는 일에 따라 약간의 차이가 났다. 비탈 밭의 감자 수확 작업은 소 한 마리를 부려서 극쟁이로 흙을 뒤엎는 호리질로 하는데, 소를 하루 부리는 데 10만 원, 소를 부리는 수아비 하루 일당이 10만 원이었고, 농약 살포 작업은 남자 일당 7만7천 원이었다. 일꾼들을 쓰는 데에도 힘이 더 들고 덜 드는 정도에 따라 남자와 여자의 비율을 달리하여 고용하였다. 임대료는 현재 영농비 총액 중에서 2.1퍼센트에 불과하지만, 반세기 전에는 군유지와 국유지뿐만 아니라 소작지도 있어서 최상층 농가에서 15.3퍼센트나 차지하고 있었다.

1959년도 봉산리 최상층 농가와 2009년도 용산2리 상층 농가의 영농비 지출 내역과 금액을 비교해 보면 〈표 12-5〉와 같다. 지난 50년 동안에 농작물 종류가 바뀌었고 영농 규모의 대형화에 따라 기계화가 급속도로 진행되었으며 노동을 거의 전적으로 고용노동에 의존하게 됨으로써 영농 방식이 크게 달라졌고 영농비도 크게 증가하였다. 영농비 총지출 금액만 보더라도 지난 반세기 동안에 14,970배로 증가하였다. 50년 전에는 영농비 총지출에서 씨앗값이 가장 큰 비중을 차지했으나, 현재는 모종값이 가장 적은 비중을 차지하고 있다. 그 대신 현재의 영농비 지출은 비료·농약·농기계·인건비 등이 대부분을 차지하고 있다.

물론 그동안에 각종의 물가·인건비·지대 등이 수백 배에서 수천 배로 상승했다는 사실을 인정하더라도 영농비 지출은 엄청나게 증가하였고, 영농비 지출 금액에 비례해서 영농 수입 금액도 크게 증가하였다. 1959년 봉산리 최상층 농가의 농작물 수입(〈표 4-4〉)이 33,470원이었는데, 2009년 용산2리 상층 농가의 영농 총수입(〈표 12-6〉)은 224,900,000원으로 6,719배 이상 증대하였다.

2009년 용산2리 상층 농가 영농 수입은 〈표 12-6〉에서 보는 것처럼 채소의 재배 작물 평당 판매가격과 면적에 따라 단순 집계되었다. 그러나 동일

〈표 12-5〉 1959년(봉산리 상층농)과 2009년(용산2리 상층농) 영농비 지출 내역과 금액 비교*

1959년 봉산리 최상층 농가		2009년 용산2리 상층 농가	
구 분	지출 금액(원)	구 분	지출 금액(원)
씨앗값	3,382	모종값	9,150,000
비료값	1,480	퇴비, 비료, 농약 값	52,519,675
농기구 비용	1,000	농기계 및 자재비용	33,000,000
품값 기타 비용	800	인건비	20,525,000
지대, 조세, 기타 공과금	1,200	지대	2,500,000
총 지 출	7,862	총 지 출	117,694,675

* 자료: 〈표 4-5〉 및 〈표 12-4〉 참조.

〈표 12-6〉 용산2리 영농 규모 32,300평 복합채소 농가 2009년도 영농 수입

(단위: 원)

수입 내역	수입 금액
셀러리 판매 대금(7,500원×1,000평)+(8,000원×500평)	11,500,000
양상추 단모작 계약재배 대금(8,000원×4,800평)−1,000,000원 할인)	37,400,000
양상추 단모작 판매 대금(8,000원×9,000평)	72,000,000
양상추 이모작 판매 대금(7,000원×7,000평)	49,000,000
배추 단모작 판매 대금(3,500원×5,000평: 연작 피해로 상품성 저하)	17,500,000
배추 이모작 판매 대금(5,000원×2,500평)	12,500,000
감자 판매 대금(10,000원×2,500평)	25,000,000
총 수 입	224,900,000

한 작물이라도 판매 시기에 따라 평당 판매가격이 달라질 수가 있었고, 서로 다른 밭의 작황에 따라 평당 판매가격이 달라질 수도 있었다. 두 번에 걸친 셀러리 판매가격이 서로 달랐던 것이 바로 그런 이유 때문이었다. 그리고 양상추 단모작과 이모작의 작황이 달랐기 때문에 평당 판매가격이 달라지기도 하였다. 양상추 단모작 계약재배 평당 가격과 계약재배가 아닌 단모작 평당 판매가격이 여기서는 동일했지만 대부분의 경우에는 일치하지 않았다. 배추 단모작의 평당 판매가격이 이모작의 평당 판매가격보다 오히려 적었던 것은 연작 피해로 인한 상품성의 저하 때문이었다. 요컨대 고랭지 채소의 평당 판매가격은 여러 가지 요인들에 의해서 달라질

〈사진 12-8〉 토종꿀 벌통과 나뭇가지에 분봉 시설이 있는 양봉단지. 2009. 9. 22.

수 있다는 것을 보여주는 것이었다.

사례 농가의 2009년도 복합채소 영농 순수입은 총수입 금액 2억2천490만 원에서 총지출 금액 1억1천769만4675원을 뺀 1억720만5325원이었다. 1억 원 이상의 순수입을 올린 것이었다. 그 배경에는 영농 규모의 확대와 복합채소 재배 농업의 상업화가 크게 작용했던 것으로 해석되었다. 농업의 상업화 정도는 봉산리보다 용산2리에서 훨씬 더 크게 진전되었다. 작목의 선택부터 판매를 목적으로 이루어졌고, 영농 규모를 확대하여 판매 금액을 증가시켰다. 결과적으로 작목별 생산량 전체를 판매함으로써 상품화율 또는 상업화율을 거의 100퍼센트까지 끌어올렸다고 해석되었다. 한국농촌경제연구원(1995: 98)이 1994년 조사한 표본 농촌마을에서 농업의 상업화율이 75퍼센트 이상인 농가가 평야마을에서는 전체 농가의 78.6퍼센트, 중간마을에서는 전체 농가의 57.1퍼센트, 산간마을에서는 전체 농가의 69.6퍼센트였던 사실과 비교해 보면 용산2리 농업의 상업화율은 상대적으로 높았던 것으로 평가되었다.

농업 이외의 부업으로는 토종 꿀벌 양봉이 있었다. 용산2리 최대의 토종 꿀벌 양봉농가는 400통에서 500통까지 분봉하여 토종꿀을 채취하고 있었다. 1통에서 평균 1리터의 토종꿀을 채취하여 리터당 20만 원에 판매했을 경우 총 판매대금은 8천만 원에서 1억 원까지 올릴 수 있었다. 양봉 규모가 50통인 농가도 있었고, 10통 내외의 농가는 많이 있었다. 농막 가옥의 주변에 10여 통의 토종 꿀벌을 기르는 경우는 흔히 볼 수 있었다.

3. 고랭지 농축산물 유통과 진부장

대관령의 고랭지 농산물과 축산물 및 황태 등의 대규모 생산물 집산지로서 횡계리가 도매시장 기능을 활발하게 수행할 것으로 보였지만, 실제로 도매 상거래의 대부분은 원예농업협동조합이나 상인들 간에서만 이루어지고 있었다. 고랭지 채소 특히 서양 채소의 경우 일부는 외지 상인들에게 밭떼기로 팔았고, 나머지는 밭에서 수확 후에 규격에 맞추어 플라스틱 또는 종이상자나 비닐망에 포장하여 소형 트럭에 싣고 큰길에 세워 둔 대형 트럭에 옮겨 대관령원예농업청과물유통센터로 운반됐다가 서울의 가락시장으로 반출되어 상거래가 이루어지고 있었다. 감자는 1차적으로 국립감자종자보급소에서 수매하였고, 나머지는 원예농업협동조합과 단위농업협동조합에서 수매하였다.

계약재배 배추는 한 상자 또는 망에 5-6포기씩 포장하여, 대형 트럭에 476상자(2,700-2,800포기)를 싣고 횡성, 문막, 포천, 경상남도 거창 등의 김치공장으로 직송되기도 하였다. 그러나 대부분의 생산물 도매 거래 내역을 보면 농산물의 경우 중간상인의 개입으로 현지에서 다른 지역으로 반출된 다음, 제2의 장소에서 다시 도매 거래가 이루어지고 있었다. 상인들도 대부분 도매와 소매를 겸하고 있는 경우가 많았다. 이런 측면에서 중간상인을 배제함으로써 유통 단계를 축소하여 직거래를 한다면 현지 생산자의 소득을 향상시키는 데에 유리할 것으로 생각되었다. 소매 거래는 대부분 상설 점포에서 이루어지고 있었으며, 교통이 편리하고 다양한 상품이 구비되어 있는 슈퍼마켓이 많은 고객을 끌어들이고 있었다. 따라서 횡계리와 같은 산촌의 소도시화에 따른 슈퍼마켓의 증가와 상권의 변화가 일어나기도 하였다.

대관령면과 진부면의 상거래 업소를 비교하면 〈표 12-7〉에서 보는 것처럼 대관령면이 상업적 거래의 면에서 더 우세했던 것으로 나타났다. 그 원인은 영동고속도로의 개통과 횡계리 일대의 고랭지 채소를 비롯한 30여 개의 목장과 겨울철의 황태덕장 및 용평·알펜시아 리조트의 각종 레저산업이 조성되면서 관광객들이 몰려와 유동인구가 엄청난 소비층을 형성했

〈표 12-7〉 진부면과 대관령면의 상거래 업소*

	음식점	숙박업소	생필품 슈퍼	다방	이용업소
대관령면	82	19	48	9	13
진부면	22	15	17	15	15

* 자료: 「도암면지」(평창문화원 1993a:58) 및 「진부면지」(평창문화원 1993b:81).

기 때문이었다. 횡계리 자체만으로도 현대적 규모의 새로운 시가지로 성장하면서 큰 시장과 상권을 형성하게 되었다.

그럼에도 불구하고 전통적으로 봉산리와 용산2리 주민들이 주로 이용했던 정기시장은 진부 오일장이었다. 매월 3, 8, 13, 18, 23, 28일에 열리는 오랜 역사의 진부장은 1975년에 이미 평창군내 제1의 정기시장으로 성장하였다(이덕성 1976:84 참조). 1970년대에 용산2리에서 진부 오일장을 보러 다닌 이야기를 이길렬 반장과의 인터뷰를 통해 들어 보았다.

> 진부장에 가면은 있잖아요. 옛날에는 콩을 자루에 너 가지고 한 말씩 짊어지고 다 걸어당겼어요. 걸어서 재를 세 번 넘어가야 되었지요. 아침 여덟 시에 출발하면 진부장에 가서 콩이나 옥수수 팔아 가지고 국수 한 그릇 사먹고 걸어오면 또 재를 세 번 넘어 갔던 길 와야 될 것 아니에요. 그러면 눈이 이만큼 오는데 고무신 신고 미끄러지고 자빠지고 그랬어요. 장 봐 가지고 오면 겨울 해 일곱 시에는 깜깜해요. 그리고 돌아와서 나무 불 때야지, 소여물 주어야 될꺼 아니에요. 그래 가지고 밥 먹고 나면 저녁 열 시 정도 되고 이랬어요.

진부, 평창, 대화, 봉평, 계촌, 미탄 6개 정기시장 중에서 상설 점포나 이동 상점의 수에 있어서 진부장은 평창, 대화장을 훨씬 능가하였다. 그리고 2003년에도 "진부장은 평창군의 가장 큰 장으로 인근의 용평면과 도암면 주민들까지 이용하고 있다"라고 『평창군지』(평창군 2003, 하권: 539)에 기록되어 있다. 특히 영동고속도로가 개통되면서 진부장은 시장의 규모와 세력의 면에서 평창군내 모든 정기시장을 압도하였다. 영동고속도로가 대화를 통과하지 않고 빗나간 반면에 진부를 통과하는 나들목이 생겼기 때문에 장의 세력에 영향을 준 것이었다(국립민속박물관 1995:176 참조). 뿐만 아니라 진부장은 평창군내에서 우시장으로도 유명하였다.

그러나 2009-10년 조사 당시에는 진부장을 포함한 평창군내 오일장 정기시장들의 규모와 세력이 전반적으로 쇠퇴하는 경향이 뚜렷하게 보였다. 그 원인은 첫째로 시장권에 속한 농촌과 산촌의 인구가 대폭 감소하여 수요가 그만큼 줄었다는 것이었고, 둘째는 생활필수품을 판매하는 상설시장 잡화상과 슈퍼마켓이 필요한 만큼 계속 증가하여 일상의 공급이 늘었다는 것이다. 셋째는 고속도로뿐만 아니라 지방도로가 잘 정비되어 있는 데다가 집집마다 자가용차를 가지고 있어 큰 장을 보아야 하는 상품을 불과 30분 만에 강릉에 가서 쉽게 구입할 수 있었고, 자가용차가 없거나 운전을 못하더라도 고속버스와 각 지방의 노선버스와 마을버스가 자주 왕래하였기 때문에 구태여 옛날처럼 오일장을 기다려서 이용할 필요가 없어졌기 때문이었다.

이처럼 쇠퇴일로에 있었음에도 불구하고 진부 오일장은 여전히 정기적으로 3일과 8일에 열려서 봉산리와 용산2리를 포함한 진부면과 대관령면 및 용평면 주민들을 상대로 여러 형태의 상인들이 상업적 거래를 계속하고 있었다. 진부장의 터전인 하진부리에는 면사무소, 경찰서, 유치원, 초·중·고등학교 등의 관공서와 교육기관 및 농업협동조합을 비롯한 주민들의 일상생활과 관련된 기관들이 집중되어 있었다. 따라서 진부장 권역의 주민들은 장날에 상업적 거래뿐만 아니라 다목적으로 필요한 업무를 수행하기 위해서도 장을 보러 나갔다. 진부에는 상설 점포들이 많이 있었지만 장날에만 나오는 소규모의 노점상과 특정한 상품만을 자가용차에 싣고 평창군내 여러 오일장들을 순회하는 이동 상인들도 많았다. 1990년대 초까지는 운임을 받고 순회상인들의 상품 운송을 전담하는 중대형 트럭 장차가 있었지만, 요즘엔 순회상인들도 모두 자가용 트럭으로 다니고 있었다.

현재의 진부장터는 구 버스터미널 공터에서 진부초등학교로 이어지는 좁은 골목 장거리를 중심으로 형성되어 있었다. 진부장 주변의 큰길가에는 일상 생활용품을 파는 슈퍼마켓, 잡화상, 의류상, 식료품상, 음식점 등의 상설 점포들이 오일장과는 상관없이 매일 개점하고 있었다. 3·8일 정기시장 오일장에만 상거래가 이루어지는 진부장의 배치도는 〈그림 12-1〉과 같다.

진부 장날 노점상들의 상거래 경관을 간략하게 살펴보기로 하겠다. 우

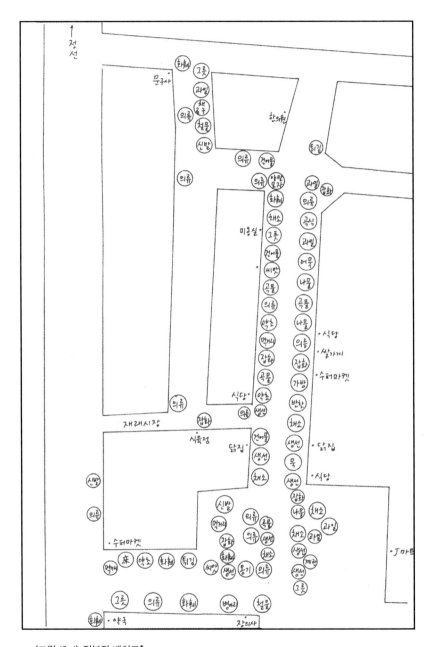

〈그림 12-1〉진부장 배치도*
*자료 출처: 진용선 2001:188

〈사진 12-9〉 진부 오일장의 어물전. 2009. 6. 3
〈사진 12-10〉 진부 오일장의 채소 및 가공식품 노점상. 2009. 6. 3

선 J마트 앞 광장에서 좁은 장거리 골목길을 따라 들어가니까 길 양쪽에 천막을 쳐서 매장을 설치한 어물전이 나왔다. 매장에는 플라스틱 상자들을 잇대어 엎어놓고 진열대를 만든 다음, 그 위에 있는 스티로폼 얼음상자에 소금을 뿌린 고등어·대구·갈치·꽁치·조기·동태 등을 진열해 놓았다. 그 옆의 다른 진열대에서는 각종 양념장을 비닐봉지나 플라스틱 통에 넣어서 팔고 있었다. 생선 진열대 뒤에는 물통과 내장 쓰레기통이 놓여 있었고, 천막을 받친 기둥에는 포장용 비닐봉지들이 걸려 있었다. 생선가게 여주인이 고객들을 맞아 거래를 하고 있었다. 생선은 주로 동해안의 주문진과 속초에서 사온다고 했다. 장거리 골목길 바로 맞은편에도 비슷한 어물전 매장 진열대에 비슷한 생선을 놓고 여주인 어불상이 고무장갑을 끼고 손님을 맞고 있었다.

　채소 노점상은 거의 모두가 여성이었는데, 장거리 길 양쪽 어물전 옆에 잇대어 천막을 치고 진열대 위에 오이·호박·감자·열무·마늘종·깻잎·도

〈사진 12-11〉 진부 오일장의 노점 철물상. 2009. 6. 3

라지·더덕·고사리, 그 밖의 여러 가지 산나물을 팔고 있었다.

잡곡과 가공식품을 파는 노점상들은 플라스틱 소쿠리나 커다란 양은 대야 또는 비닐봉지에 담긴 찹쌀·좁쌀·보리쌀·콩·팥·왜콩·은행·들깨·참깨·고춧가루·메주가루·청국장·메밀묵·도토리묵·두부 등을 팔고 있었다. 이런 천막 노점상들 뒤에는 삼계탕·국밥·칼국수·콩국수·만둣국 등을 파는 음식점 건물들이 있었다.

철물상은 J마트 앞 광장에 두 가지 종류가 있었는데, 하나는 장거리에 펼쳐놓은 노점 철물상이었고, 또 다른 하나는 자가용차 트럭에 실린 채로 팔고 있는 철물상이었다. 이처럼 매점 형식은 각기 달랐지만 진열해 놓고 판매하는 상품들의 종류는 거의 비슷했다. 무쇠로 만든 호미·낫·괭이·곡괭이·도끼·식칼·가위·인두·다리미·화로·부젓가락·솥·자물쇠와 열쇠·놋쇠로 만든 대야·제주잔과 잔대·향로·요강, 그 밖의 강철·스텐·양은·플라스틱으로 만든 온갖 종류의 식기·농기구, 옛날에 쓰던 골동품들, 다양한 공구들과 전기용품 등을 망라한 만물상의 특성을 가지고 있는 것은 공통적이었다.

장거리를 이용하는 노점상들은 모두 장세를 내고 더러는 자릿세도 내고 있었다. 장세는 진부면사무소에서 면 공유지 장거리를 이용하는 모든 노점에 대하여 청소비 명목으로 하루에 1천 원씩 부과하는 것이었고, 자릿세는 개인의 사유지 장거리를 이용하는 노점상에게만 사용면적에 따라 매년 30만 원에서 100만 원까지 지주가 상인들에게 부과하는 것이었다.

13. 의식주 생활양식의 도시화

　반세기가 지나는 동안에 가장 눈에 띄게 변화한 부문들 중의 하나가 마을 주민들의 의식주 생활양식이었다. 전통적인 의식주 생활양식이 현실 생활에서는 그 원형을 찾아보기 어려울 정도로 변했기 때문에 그 고장의 민속축제와 놀이 및 민요 등을 통해서 옛 것이 시연(試演)되고 경연(競演)되기도 한다. 여기서는 그런 사례들을 통해서 의식주 생활양식의 변화 과정과 양상을 확인해 보기로 하겠다.

1. 기성복과 세탁기

　봉산리와 용산2리가 아무리 산간벽지라고 하더라도 그 마을에서는 남녀노소 어느 계층의 사람도 평상복과 외출복으로 전통적인 한복을 입는 사람이 하나도 없다. 특히 화학섬유의 발달과 대량생산으로 나일론 계통의 기성복이 시장에 싼 값으로 보급되면서 산간벽지까지 급속도로 의생활의 변화를 일으켰다. 봉산리와 용산2리에서 삼(麻)을 재배하여 삼구덩이에 쪄서 껍질을 벗기고 직물 섬유를 만들어 베를 짜서 옷을 만들어 입는 관행이 없어진 것은 1970년대 중반부터라고 한다. 고랭지 채소 농업의 상업화로 삼 재배가 없어졌고, 전통적인 한복은 명절이나 혼인·환갑·칠순 잔치 의례 때에만 볼 수 있는 특별한 옷차림으로 바꾸어진 지 오래다.

　옛날에 집에서 만들어 입던 바지·저고리·조끼·치마·버선·미투리·설피 등의 전통적인 한복과 신발 등이 공장에서 대량생산된 새로운 유행의 양복과 양장 기성복과 양말, 가죽구두, 고무와 천으로 만든 운동화, 장화 등으로 교체되었다. 집에서 옷을 만들어 입는 농가는 하나도 없다. 시장 의류상이나 옷가게 또는 도시의 백화점에서 공장제품 기성복을 사서 입는 것이 현재 의생활의 관행이 되었다. 개울에서 세탁을 하는 여인들의 모습도 사라졌다. 집안에 전기세탁기가 있어서 그 속에 빨래거리와 물비누, 가루비누 등의 세제, 표백제를 넣고 돌리면 자동으로 빨래를 깨끗하게 해서 탈수까지 해주고, 건조기를 쓰면 빨래를 말려 주기까지 한다. 옛날 여인네들의 일상사였던 다듬이질과 홍두깨질도 요즘의 젊은이들은 알지 못한다. 다듬잇돌과 홍두깨 다듬잇방망이 자체를 알지도 못하고 본 적도 없다. 전기다리미가 그것들을 완전히 대체시켰기 때문이다.

평창군에서는 사라져 가는 전통 의생활 문화를 복원하여 후세에 전하기 위해 〈삼굿놀이〉를 농촌체험행사로 부각시켜 시연한 바 있다. 그 놀이는 삼베 옷감재료인 삼껍질을 벗기기 위해 삼가마를 만들어 삼을 쪄내는 일련의 과정을 놀이화한 것이다. 삼굿놀이는 1960년부터 1973년까지 발표되었으나 놀이의 과장 준비가 어렵고, 30대부터 60대까지의 출연자가 40명이나 되어 인원을 동원하기도 쉽지 않았기 때문에, 그 명맥이 끊어지는 것을 막기 위해 평창군이 1986년 강원도민속경연대회에서 재연시켰고, 2007년에도 총 40명을 농촌체험행사에 출연시켰다. 놀이의 마당 구성은 해마다 약간씩 다른데, 2007년의 일곱 마당으로 구성된 삼굿놀이를 간단히 소개하면 다음과 같다(평창문화원 2007, 『노성의 맥』 22: 79-85 참조).

(1) 삼베기와 층짓기: 장정은 낫을 준비하고 부녀자는 삼칼을 들고 삼밭으로 간다. 남정네들이 삼을 베어 놓으면 아낙네들이 잎을 친 다음 삼을 잘 다듬어서 크기에 따라 상·중·하로 '층짓기'를 하여 단을 묶는다.

(2) 가마짓기: 마을 청년들이 삽·괭이·가래로 가마터를 파내고 불목을 놓는다. 거기에 돌을 달구기 위한 화목을 쌓고, 화목 위에 자갈과 큰 돌을 섞어 차곡차곡 얹어 놓는다. 가마에 화집 아궁이를 설치한다.

(3) 삼 모리기: 가마에 삼을 쌓아 올리는 작업으로 삼쌓기와 삼덮기로 이루어진다. 쌓아 올린 삼더미에 풀과 흙을 덮어 어떤 경우에도 진물을 줄

〈사진 13-1〉 용산2리 이연종 할머니의 평상복 옷차림. 2009. 3. 3

때 수증기가 새어나가는 손실이 없도록 한다.

(4) 화집잡기: 화집에 불을 질러 쌓아놓은 화목이 다 타서 화집 위에 쌓은 돌더미가 벌겋게 달아오르면 그 위에 풀을 단단히 덮고 흙으로 묻어 두는 작업이다. 흙덮기가 끝나면 삼굿장이 제사를 지내고 잿물을 돌려 부정을 씻는다.

(5) 진물주기: 화집에 물을 부어 뜨거운 수증기로 삼을 찌는 작업이다. 화집이 잡히면 두 사람이 마주서서 괭이로 구덩이를 파고, 다른 두 사람은 풀채로 수증기가 나오지 못하게 구덩이를 가리고 시뻘겋게 달아 있는 화집에 찬물을 부어 수증기가 오르게 한다.

(6) 삼 꺼내기: 삼가마를 헤치고 수증기에 익은 삼단을 들어내는 작업이다. 이때 주변에 있는 아이들은 삼단 사이에 끼어 두었던 잘 익은 옥수수와 감자를 꺼내서 나누어 먹는다. 남정네들은 삼단을 물에 담가 불렸다가 건져서 껍질을 벗긴다.

(7) 베짜기와 〈베틀가〉: 아낙네들은 남정네들이 벗겨 놓은 삼껍질을 잘게 쪼개고 삼실을 이어 베틀에 걸고, 베를 짜면서 〈베틀가〉를 부른다.

베틀을 노세 베틀을 노세 옥난간에다 베틀을 노세
　(후렴: 에헤야 베 짜는 아가씨 사랑노랜 베틀에 수심만 지누나)
양덕맹산 중생포요 길주명천에 세북포로다
춘포조포생당포요 강원도라 방림포로다
반공중에 걸린 저 달은 바위장단에 다 넘어간다
잉앗대는 삼형제인데 눌림대는 독신이로다
주야장천 베만 짜면 어느 시절에 시집을 가나
이 베 짜서 누구를 주나 바디질 손 눈물이로다
닭아닭아 우지를 마라 이 베짜기가 다 늦어진다.

2. 도시 사람처럼 식량을 사먹는 산촌의 농민들

반세기 전 현지조사 당시에 40일 동안 하루 세 끼를 감자와 나물 반찬만 먹고 지냈던 봉산리와 용산2리에서는 지금도 쌀 한 톨이 생산되지 않는다. 그러나 그 마을 농민들은 지금 감자와 옥수수를 주식으로 하지 않고 있다. 옥수수는 더 이상 식량작물로 재배하지 않았고, 감자는 대규모로 재배하고 있었지만 거의 전부를 외부에 판매하였다. 그리고 쌀과 다른 식료품 일체를 횡계, 진부, 강릉 등의 외부 시장과 식료품 가게에서 구입하여 먹고 있었다. 지난날 그 시절에는 집 앞의 산골짜기 개울물을 식수와 일상용수로 이용했지만, 현재는 그 개울의 상류에 취수장을 만들어 상수도관을 통해 집 안까지 물을 끌어들여 이용하고 있었다.

새로 지은 농가에는 거의 예외 없이 집 안의 주방에 냉장고와 가스레인지가 설치되어 있었다. 도시와 마찬가지로 냉장고에는 온갖 식료품들과 음료수가 지징되어 있었고, 실내 주방 조리대와 싱크대에서 준비된 식재료는 가스레인지에서 요리되었다. 요즘에는 농업의 기계화로 어느 농가에서나 대부분 소를 기르지 않기 때문에 소죽을 끓이는 가마솥이 필요하지도 않았다. 그래서 부엌이 밖에 있는 집은 거의 찾아볼 수가 없었다. 나무를 때어 음식을 끓이는 농가도 거의 모두 사라졌다. 그러나 지금도 드물기는 하지만 여름철 농번기에 20~30명의 많은 고용노동자들에게 새참 식사를 제공할 때는 마당 한데에 화덕을 만들어 놓고 커다란 솥을 걸어 대량의 음식을 장만하고 있었다.

옛날과 비교하면 지금의 봉산리와 용산2리 농가수와 인구수가 너무 크게 줄어들었기 때문에, 옛날처럼 이웃 간에 음식을 나누어 먹는 기회가 매우 적어졌다. 생일잔치와 혼상제의 기회도 그만큼 적어졌다. 그 대신 농가의 구성원이 대부분 노인 부부이기 때문에 어린이와 청소년들이 없는 마을에서 반상회·부녀회·영농회 등의 공식적인 모임이 있을 때는 거의 예외 없이 마을의 주민들 모두가 부부동반으로 마을회관에 모여 회식을 하고 있었다. 마을회관 주방에는 냉장고와 가스레인지 및 식기 일체가 갖추어져 있었다. 그리고 냉장고와 창고에는 식료품과 음료수 및 조미료들이 항상 준비되어 있었다. 해마다 지내는 서낭제 때에도 참가자들이 예외 없이 회식과 음복을 함께하였다.

진부와 횡계에 있는 음식점에서는 그 고장의 토속 향토요리와 별미음식이 상품화되어 있었다. 예를 들면 곤드레밥과 나물, 그리고 황태 해장국 등은 그 지방 사람들뿐만 아니라 외지에서 온 관광객들에게도 별미로 잘 팔리고 있었다. 감자축제를 비롯한 여러 가지 형식의 행사와 놀이에서도 감자떡·옥수수 범벅·메밀 두루마리·올챙이묵 등이 별식으로 팔리기도 하였고, 축제 행사의 일부로 그런 향토요리 시연과 시식이 행하여지기도 하였다.

3. 주거의 이중성과 가옥의 변화

1970년대 새마을운동의 지붕개량사업으로 봉산리와 용산2리의 전통적인 너와집·굴피집·겨릅집 등이 빨간색이나 청색의 함석이나 슬레이트로 바뀌었다. 1990년대 이후에 지은 집들은 거의 모두 도시의 현대식 단독주택 설계를 그대로 옮긴 단층 또는 2층 벽돌 기와집 또는 플라스틱 컨테이너 건물들이다. 등화·난방·취사도 전기와 가스 또는 기름보일러로 바꾸었고, 식수를 비롯한 가정용수도 수도관을 통하여 집안에 공급되고 있다. 텔레비전·냉장고·전화 등의 가재도구 일체가 도시와 다를 것이 하나도 없다. 더구나 봄부터 가을까지 농사철에만 마을에 들어와 살면서 농사를 짓고, 겨울의 농한기에는 진부, 횡계, 강릉 등의 외부에 나가서 생활하는 출입농민의 이중적인 주거생활은 반세기 전에는 볼 수 없었던 새로운 주거양식이다.

이처럼 가옥의 외형과 주거 생활양식이 급속하게 변화한 데에는 여러 가지 정책적, 사회경제적 요인들이 작용했기 때문인 것으로 생각된다. 우선 새마을운동의 지붕개량사업은 정책적인 권장사업의 성격 이상으로 정부의 자금지원을 통해 가옥의 기본구조는 그대로 둔 채 외형만을 바꾼 것이었다.

소규모의 생계형 농업이 대규모의 상업적 농업으로 변화한 사회경제적 요인도 가옥의 형태를 크게 변화시켰다. 반세기 전에 생계를 위해 감자와 옥수수를 식량 작물로 재배할 때는 밭을 갈고 짐을 실어 나르기 위해서도 집집마다 소를 사육했기 때문에 외양간이 반드시 필요하였다. 두엄자리 퇴비장이 있어야 했고, 연료용 장작과 나무를 쌓아 놓는 장작 나뭇가리도 없어서는 안 될 공간이었다. 변소도 집 안에 있지 않고 밖에 두어야 했다. 거기에다 옥수수를 걸어 말리는 나무 골격의 옥수수가리도 필요했고, 마당가의 감자 구덕이나 무·배추 구덕도 있어야 했다. 따라서 집터에 못지 않게 넓은 마당이 있어야만 했다.

그러나 대규모 상업적 농업으로 전환된 뒤에는 농업의 기계화로 소를 기르지 않게 되었다. 농가에서 퇴비를 직접 만드는 작업도 불가능해졌다. 수확한 농작물은 밭에서 곧바로 트럭에 실려 출하되기 때문에 주택의 마당에 보관·건조·하적의 공간이 필요하지 않게 되었다. 나뭇가리, 옥수수 가리, 감자 구덕, 무·배추 구덕, 바깥 변소 등이 꼭 필요한 공간은 아니었다. 그래서 최근에 새로 건축한 도시형 농가에는 최소한의 농기구와 차량의 주차 공간이 필요할 뿐이다. 이런 산촌 가옥의 외부 형태, 공간 형태, 외부 공간 이용의 여러 가지 변화 양상은 이미 1980년대 초부터 나타난 것으로, 한 실증적 조사연구(신중성·윤진숙 1984: 252-261)가 보고한 바 있다.

14. 마을 조직과 협동의 변화

 봉산리와 용산2리 가구수와 인구수가 지난 반세기 동안에 급격하게 감소하였고, 전체 가구 중에서 최근에 외부에서 이주해 들어온 가구들이 차지하는 비율이 높기 때문에 마을 주민들 전체의 응집력과 협동은 옛날에 비해 훨씬 약해졌다. 실제로 그 마을에서 수십 년 동안 농사를 지으면서 살아온 원주민들과 최근에 외부에서 들어온 이주민들은 물과 기름처럼 겉돌았고 어울리지 않았다. 이주민들끼리도 서로 한 마을에 사는 이웃 감정조차 느끼지 못하고 있는 것 같았다. 원주민 집단 자체 안에서도 과거에 전통적으로 마을 주민들이 가지고 있었던 지역적 연대감과 사회적 협동이 지금은 실질적으로 기능을 하지 않는 것으로 보였다.

 두 마을에는 지금도 옛날과 마찬가지로 공식적인 이장과 반장 및 부녀회장이 1명씩 정해져 있었다. 그러나 실제로는 이장만 마을을 대표하여 면사무소나 단위농업협동조합 또는 원예농업협동조합과 상호 연락과 업무 보고를 하고 있을 뿐이었다. 현재 봉산리의 손장수 이장은 20년 이상 계속해서 이장과 영농회장 직을 맡고 있었다. 그는 2세 때 부친을 따라 봉산리에 이사 와서 현재까지 살고 있는데, 이장 직을 이어받을 마땅한 주민이 없기 때문에 지금까지 계속해 왔다고 한다. 이장 부부도 농사철에만 봉산리에 살면서 농사를 짓고, 겨울철에는 대부분의 시간을 하진부리 집에서 지내고 있었다.

 그러나 용산2리에서는 현재 주민들 절반가량의 가구가 반세기 전부터 지금까지 계속해서 그 마을에 주민등록을 하고 농사를 지으며 살아왔기 때문에 비록 농사철에만 상주할지라도 중년 이상 노년의 남자 가구주들이 대부분 돌아가면서 이장과 영농회장 직을 맡아 왔다. 현재는 30세를 갓 넘은 대학과 대학원을 마친 젊은 박영록 이장이 나와서 KBS방송국의 '6시 내 고향' 프로그램을 통해 전국에 방영된 바 있다. 용산2리에서 대를 이어 농사짓고 사는 황상기 씨는 현재의 이장에 대하여 다음과 같이 자신의 생각을 털어놓았다.

> 우리 동네 이장은 지금 평창군에서 최고예요. 나이도 젊고 키 크고 인물 좋지. 똑똑하지, 갖출 것을 모두 다 갖췄어요. 많이 배웠고 대학과 대학원까지 졸업했으니, 요즘 우리 같은 벽지 산골 농촌에 그런 사람이 어디 있어요? 앞으로 우리 동네 이장을 몇 년 동안 더 해야 될 터인데, 우리 마을 사람들이 일치단결해서 도울 것은 돕고 따를 것은 따르면서 잘 협조해야 됩니다.

1. 공식적인 반상회·부인회·영농회

한국의 농촌 마을에는 어디에나 공식적으로는 반상회·부인회·영농회라는 명칭의 조직이 있다. 그러나 10여 가구 또는 20-30가구로 구성된 작은 마을에서는 그런 조직들이 형식에 불과하고 이장과 반장 및 부녀회장을 제외한 마을 사람들은 그런 조직이 있다는 사실조차 인식하지 않고 지내는 것이 거의 관례처럼 되어 있다. 그럼에도 불구하고 용산2리에서는 가장 바쁜 농번기인 4월부터 8월까지 5개월을 제외한 기간에 매월 25일 저녁 7시부터 마을회관에서 영농회를 개최한다. 영농회장과 부녀회장은 단위농협의 마을 영농회 조직 장으로 임명되어 있다. 모임에 참석하는 사람들은 그 마을에 주민등록이 되어 있고 농사를 짓는 가구주 부부들이다. 마을 사람들은 그 모임을 마을 계모임이라고도 하고, 반상회 또는 영농회라고도 부르고 있었다. 그런 모임의 성격을 용산2리 반장 이길렬 씨는 다음과 같이 설명하였다.

> 지금은 우리 마을에 계속 남아 농사를 짓고 있는 집이 한 15가구 정돈데, 그 사람들이 한 달에 한 번씩 반상회에 모여서 소주 한 잔 먹고 아기자기한 재미 좀 봐요. 그

〈사진 14-1〉 반상회에서 담소하는 부녀회원들. 2009. 3. 25

걸 안하면 재미가 없어요. 강릉에 있는 사람, 서울에 있는 사람, 여기 있는 사람, 그기 이제 반상회를 해야지 오거든요. 농사도 강릉서 출퇴근하며, 농사하는 사람이 반수 이상이고, 그때 부녀회도 같이 하고….

2009년 2월 25일, 용산2리 정기 영농회와 3월 30일, 임시 반상회 참관 내용을 보면 다음과 같다. 첫 번째 영농회 모임에는 오후 6시경 마을회관에 회원 18명(남자 11명, 여자 7명)이 모였다. 남자들 중에는 전임 이장들과 반장들이 거의 대부분이었다. 여자들 중에도 전임 부녀회장들이 많았다. 필자를 포함한 외부 참관인 4명도 자리를 함께했다. 그러나 최근에 외부에서 들어온 황토빌, 펜션, 통나무집 별장 주인들을 포함한 비농가 이주민들은 한 사람도 참석하지 않았다. 황토빌이 건설된 2000년 당시의 이장이었던 이기영 씨 말에 따르면 그들은 용산2리 원주민들과 전혀 교류가 없고 자기네끼리도 상호간의 왕래나 조직이 없다고 한다. 별장 주인들은 각기 오는 날짜가 다르고, 펜션이나 황토빌 주인들도 영업이 잘 안 되니까

〈사진 14-2〉 반상회가 끝난 뒤의 회식 자리. 2009. 3. 25

부도가 나고 소유권이 바뀌어 누가 주인인지 알 수가 없다고 한다. 용산2리에 상주하는 건설노동자 박광성(57세) 씨도 주민들과는 전혀 어울리지 않는다고 한다. 그래서 용산2리 영농인만 반상회에 나온다는 것이었다.

반상회에 앞서 어둡기 전에 마을회관 앞에서 기념촬영을 했다(〈사진 6-2〉). 그리고 회관에 들어가 부인 회원들은 주방에서 저녁식사를 위한 음식으로 칼국수와 만둣국에 밥을 짓고 반찬을 장만하는 한편, 다과회를 위한 떡·산자·단감·사과 등을 그릇에 담고 있었다. 남자 회원들은 넓은 거실 회의장이 아닌 열댓 명이 앉을 수 있는 소회의실 겸 침실 하나에서 회의를 시작했다. 영농회장인 이장이 경과보고를 하고, 주요 토의 안건으로 감자 종자와 감자병에 대한 논의기 집중적으로 계속되었다. 내관령면에는 국립종자관리소 동부지사, 농촌진흥청종자관리소 대관령지소, 강원도감자종자공급소 등이 있는 데도 불구하고, 다른 지방의 채종포에서 공급한 감자 종자가 강원도 지역에 감자병을 옮기는 경우가 많으니 그것을 통제해야 한다는 내용이었다. 특히 일본에서 들어왔다는 감자 품마름병은 감자의 줄기 자체를 시들게 하여 죽게 하는데, 그런 감자병이 남쪽에 많고 강원도까지 올라오면 큰 문제이기 때문에 관계당국에서 대책을 강구해야 한다는 요망사항을 전달해 달라는 것이었다.

두 번째의 3월 30일, 임시 반상회에는 전번의 영농회 참석자들 남녀 회원들 대부분과 외부인 필자 및 사진가에 더하여 대관령면 산업계장과 경찰관이 각각 한 명씩 참석했다. 임시 반상회에도 외부에서 들어온 이주민들은 아무도 참석하지 않았다. 주요 안건은 용산2리 마을 내부의 다양한 문제들을 해결하는 데에 초점이 맞추어졌다. 그날따라 오후 4시에서 5시 사이에 고라니·노루·멧돼지 20여 마리가 떼를 지어 산기슭 밭으로 내려와서 한바탕 휘젓고 갔다. 그런 일이 종종 있기 때문에 이장이 사진기를 가지고 나가서 야생동물들의 출현 장면을 영상자료로 사진에 담아 가지고 왔다. 마을 주민들과 면 산업계장 및 경찰관에게 사진자료를 보여주면서 농작물 피해가 클 것이라는 우려를 밝혔고, 야생동물에 의한 농작물 피해방지 대책으로 수렵 허가를 내줄 것을 경찰관에게 건의했다. 이 문제에 대하여 경찰관은 평창경찰서에 건의해서 반영시켜 보겠다는 반응을 보였다. 그는 또 요즘에 도시와 농촌 어디서나 보이스 피싱(voice fishing)이라는 중국의 전화 사기범들이 극성을 부리고 있으니 각별히 주의하라고 주민들에게 당부하였다.

용산2리 웃곧은골에 대관령면이 등산객들을 위해 설치한 간이화장실이 잘못 사용되어 너무나 더러운데, 청소하는 사람이 없으니 면에서 조치해 줄 것을 산업계장에게 건의하기도 했다. 또 용산2리의 황토빌라와 펜션 주인들이 쓰레기를 마구 버려서 원주민들과 갈등을 일으키고 있다는 사실에 대하여 산업계장은 마을 주민들이 외부에서 들어온 사람들을 이해해야 한다고 설득하기도 했다. 그는 농업용수 부족을 해결해 달라는 마을 농민들의 청원에 대해서도 우리나라도 유엔이 정한 기준에 따르면 물 부족 국가에 해당하기 때문에 음용수나 농업용수나 모두 아껴 써야 한다고 강조하였다.

임시 반상회가 끝난 다음 참석자들이 함께 회식하고 맥주와 소주를 권하면서 마을의 일상생활 문제들을 논의하다 보니 밤 12시가 되어서야 헤어졌다. 어떤 사람은 온실 모종판 일을 밤중까지 하다가 헤어지는 시간에 서야 마을회관을 방문하기도 했다.

2. 계(契) 조직의 변화

반세기 전에 봉산리와 용산2리에 있었던 동계(洞契)·산림계·유물계(儒物契)·혼사계·상포계 등은 1970년대 중반부터 마을사람들이 한꺼번에 대거 외부로 빠져나가면서 저절로 소멸되었다고 한다. 그러나 서낭계(城隍契)와 갑계(甲契)는 옛날처럼 규모가 크지는 않아도 명맥을 유지하고 있었다.

서낭계는 서낭목과 서낭당 및 서낭제를 공동으로 모시는 지역 신앙 조직이다. 2009년 조사 당시에 봉산리에서는 봉두곤에 사는 이장 손장수 씨와 반장 김순남 씨 두 분만이 발왕동에 있는 서낭목과 서낭당에 제사를 공동으로 지내고 제물 구입 비용도 두 분이 부담하는 서낭계의 형식을 갖추고 있었다. 그것이 봉산리의 오직 하나뿐인 서낭계였다. 용산2리에서는 돌암(道岩)과 곧은골(直洞) 두 지역 서낭목과 서낭당에 따로따로 서낭제를 지내는 두 개의 서낭계가 있었다. 2009년 서낭제를 공동으로 지낸 두 개의 서낭계원은 사잇골의 박근선 씨와 김광식 씨와 곧은골의 이길렬 씨와 황상기 씨, 허찬 씨 등이었다.

갑계는 동년배의 남자들로 구성된 연령집단(年齡集團)의 조직이다. 서로 다른 연령집단의 동년배들이 갑계를 조직하기 때문에 한 마을에 여러 개의 갑계가 있게 마련이었다. 그러나 실제로는 인구수가 적기 때문에 봉산리나 용산2리 그 자체만으로 갑계를 구성한다는 것은 쉬운 일이 아니었다. 그래서 용산2리에서는 횡계리 동년배 사람들과 함께 갑계를 조직하여 한 달에 한 번씩 횡계리 음식점에서 부부동반으로 참석하여 회식하고, 그 비용을 월회비로 충당하거나 돌아가면서 한 사람씩 전액을 부담하기도 하였다.

3. 마을의 협동과 사회통제 관행의 소멸

마을 주민들의 대표적인 협동 형태로 품앗이는 반세기 전만 해도 농업에 없어서는 안 될 가장 중요한 교환노동이었다. 잿풀(퇴비) 품앗이를 비롯하여 온갖 농사일에 품앗이가 적용되지 않은 예가 없었다. 농사뿐만 아니라 월동준비로 나무하기, 삼베 길쌈하기 등에도 품앗이는 항상 노동의 효율을 높이는 협동의 형태였다. 그러나 지금은 풀을 베어다가 퇴비를 만들고, 겨울의 땔감으로 나무를 비축하며, 삼을 심어서 길쌈을 하는 일 자체가 모두 사라졌고, 노동의 형태도 개인의 자기노동 이외에는 모두가 고용노동과 기계노동으로 대체되었기 때문에 품앗이는 더 이상 협동의 형태로 존재하지 않았다.

옛날에 공동노동의 조직과 농악대의 오락 기능을 겸하고 있었던 두레도 지금은 그 모습을 찾아볼 수가 없었다. 특히 용산2리에는 50년 전 조사 당시 완벽한 농악대의 오락 기능을 갖춘 공동노동조직으로서의 두레가 있었다. 그러나 지금은 농악대의 두레도 없어졌고, 공동노동조직으로서의 두레도 사라졌다. 인구수가 줄었고, 젊은 층이 없어졌고, 기계화가 이루어져서 노동의 형태가 변했기 때문에 두레는 하나의 민속놀이로서만 남게 되었다. 농악대의 두레는 민속경연대회에서나 볼 수 있는 지난날의 민속경연 전시물이 되고 말았다. 해방 전후까지 마을의 사회통제 기능을 맡았던 영좌·대방·청수로 구성된 영좌 조직은 이미 1950년의 한국전쟁 이후 그 기능을 상실하였으나, 그 부서를 맡아 행사했던 사람들은 1960년 조사 당시까지 생존해 있었는데, 지금은 그런 사회통제 조직과 기능이 있었다는 사실조차 알고 있는 사람들이 없었다.

15. 신앙과 의례의 연속과 변화

　반세기 전에 봉산리와 용산2리에서 흔히 볼 수 있었던 개인 및 가족과
관련된 민간신앙과 의례는 현재 대부분 간소화되거나 변형 또는 소멸되
었다. 그러나 마을공동체의 서낭(城隍) 신앙과 의례는 간소화되고 변형되
기는 하였지만 두 마을에서 모두 계속 시행되고 있었다. 옛날에는 용산2
리에 불교와 천주교 신자가 한두 명씩 있었고, 태극도(太極道)와 성덕도
(聖德道)를 믿는 사람들도 있었지만, 지금은 그런 종교를 믿는 사람들이
없었다. 특히 태극도를 열심히 믿었던 동군 최씨 일가들이 1967년 태극도
의 본산인 부산 감천동으로 집단이주한 뒤에는 용산2리에 신도가 한 사람
도 남지 않았다. 부산에서 확인한 바에 따르면 현재 부산에 살고 있는 동
군 최씨 후손들 대부분은 태극도를 믿지 않고 있었으며, 오히려 혐오감을
가지고 있었다. 그러나 예외적으로 지금도 태극도를 성실하게 믿는 사람
도 있었다. 불교 사찰은 봉산리 지칠지에 대광사라는 절이 하나 생겼고,
용산2리 입구 용평스키장 리조트에는 절이 아닌 영화 촬영 세트인 대웅전
을 하나 옮겨다 놓았다.

1. 개인·가족과 관련된 신앙·의례의 도태

　한 개인의 임신과 출생부터 성년과 혼인을 거쳐 질병과 사망에 이르기
까지의 신앙과 통과의례는 지난 반세기 동안에 매우 간소화되고 변형되
었다. 임신을 기원하고, 임신 중 무탈하기를 빌며, 출생 후에 감사의 뜻을
전하는 삼신(三神) 신앙과 의례는 거의 전부 소멸되었다. 봉산리와 용산

〈사진 15-1〉 용산2리 사잇골 산속의 허물어져 가는 곳집. 2009. 3. 25

2리에서 임신과 출산이 없어진 지가 오래 되었기 때문만은 아닌 것 같다. 임신과 출산에 대한 사람들의 관념이 바뀌었고, 마을 밖으로 나간 기혼 자녀들은 거의 모두가 병원에서 임신과 출산 진단 및 의료 서비스를 받기 때문인 것으로 보인다. 백일과 돌잔치 의례도 봉산리와 용산2리에서는 오래 전부터 없어졌다.

다만 어른들의 생신날 이웃 간에 음식을 나누어 먹는 관습은 지금도 여전하다. 혼인의례도 대부분 신랑신부 집에서 행하지 않고 예식장이나 호텔에서 행하며 혼인식에 참석한 하객들에게 음식을 대접하는 것도 집에서 하지 않고 식당에서 하고 있다. 질병을 예방하고 진단하여 치료하는 의료행위 일체가 보건소나 병원에서 행하여지고 있다. 질병과 관련된 신앙과 의례는 일체 마을에서 찾아볼 수 없었다. 전통적인 상례와 장례 관행도 단절되었다. 그런 의례가 대부분 마을에서 행하여지지 않고 장례식장에서 이루어지고 있기 때문이다. 그렇다면 전통적인 혼례와 장례는 언제까지 연속되었고 언제부터 단절되었을까? 참고로 1975년부터 1985년까지 진부면 거문초등학교 봉산분실 및 봉산분교장 교사였던 고순희(당시 40 대) 선생의 말씀을 여기에 그대로 옮긴다(현미선, 이재욱 2007:1).

75년도에 들어와서 85년까지 봉산리에 있었다. 40대에 발령받아서 들어왔다. 당시 길이 없었다. 당시에도 길쌈하고 그런 것은 없었다. 조금씩 쌀 먹는 집도 있었지만, 거의 옥수수와 감자를 주로 먹었다. 85년도에 봉산리를 나갈 때까지. 혼례 치르는 사람이 있었는데 당시에는 구식으로 치렀다. 장례 역시 구식으로 치렀다. 현재도 사망 시 매장은 하나 사람이 없으므로 장례 절차를 다 지키지는 못하는 것 같다.

가족과 관련된 신앙과 의례도 거의 전부 도태되었다. 봉산리와 용산2리의 성주·조앙·구룽장군 등의 가신(家神)은 현재 어느 집에서도 찾아볼 수 없었다. 가옥 구조가 변하여 가신들의 성소로 인식되어 왔던 가옥의 대들보나 상량(上樑) 또는 부엌의 아궁이와 부뚜막, 그리고 외양간이 없어졌기 때문이었다. 그보다 더 중요한 원인은 반세기가 지나는 동안 마을 주민들의 가신 신앙과 의례에 대한 관념이 달라졌기 때문이라고 생각되었다. 봉산리의 경주 최씨 일가에서만 행하여졌던 사랑방 구룽장군에게 올리는 관행도 없어졌다. 봉산리에는 현재 경주 최씨가 한 집도 없을 뿐만 아니라, 설사 있다고 하더라도 집에서 육류나 생선을 먹을 때마다 사랑방 구룽장군에게 먼저 고기 음식을 올리지는 않을 것이라는 생각이 들었다. 옛날에는 교통이 불편하고 육류와 생선이 귀할 때 냉장고도 없었기 때문에 상한 고기 음식을 먹고 식중독이나 부스럼이 생겼지만, 지금은 그런 일이 발생할 가능성이 없어졌기 때문이라고도 생각되었다.

조상숭배 신앙과 제사 의례는 지금도 끊임없이 지속되고 오히려 가문을 내세우는 행사로 더욱 강화되고 있는 것 같았다. 특히 근래에 생활수준이 높아지고 재산도 늘어가는 추세와 관련해서 조상의 산소에 화려한 상석과 비석을 새로 설치하는 경우를 많이 발견하였다. 뿐만 아니라 한식절제(寒食節祭)와 시향제(時享祭)를 휴일에 지냄으로써 일가의 남녀노소와 고향 및 객지의 후손들이 수십 명씩 산소에 모여 함께 제례를 올리고 음복을

〈사진 15-2〉 안동 김씨 정의공파 용산리 후손들의 시향제에서
제주가 술잔을 집사에게 전하여 헌작하고 있다. 2009. 10. 3

하면서 야유회처럼 즐기는 모습도 흔히 볼 수 있었다.

2. 오늘의 서낭(城隍) 신앙

봉산리에서는 50년 전에 발왕동, 봉두곤, 지칠지, 금동, 박지, 굴암의 6개 지역 서낭당에서 그 지역마다 각기 매년 음력 1월과 7월에 두 번씩 초정일(初丁日) 날에 서낭제를 지냈었다. 그러나 지금은 발왕동에 있는 서낭목과 서낭당을 중심으로 한곳에서만 이장 손장수 씨와 반장 김순남 씨 두 사람이 유사(有司)가 되어 매년 음력 정월 초정일 날에 서낭제를 한 번만 지내고 있다. 다만 2006년 국지성 호우와 산사태로 2년 동안은 서낭제를 지내지 못하다가 2009년부터 다시 계속해서 지내고 있다.

용산2리에서도 반세기 전에는 사잇골(間洞), 돌암(道岩), 곧은골(直洞)의 3개 지역 서낭당에서 그 지역마다 매년 음력 3월과 9월 초정일 날에 두 번씩 서낭제를 지냈으나, 지금은 돌암과 곧은골 두 곳에서만 3월 초정일 같은 날 같은 시간에 한 번씩만 서낭제를 지내고 있다. 2009년에는 음력 3

〈사진 15-3〉 돌담 제단에 제물을 진설하고 배례하는 돌암 서낭제. 2009. 3. 31

월 5일(양력 3월 31일) 아침 6시에 돌암 서낭제를 이장 부친 전 이장 박근선 씨와 전 이장 김광식 씨 두 사람이 유사가 되어 서낭제를 지냈다. 곧은 골에서는 같은 날 같은 시에 반장 이길렬 씨가 유사로, 황상기 씨, 허찬 씨와 함께 세 사람이 서낭제를 지내고 음복을 함께했다. 서낭제날이 다가오면 제사 3일 전에 서낭 신역(神域)과 유사 집에 왼새끼로 금출을 쳐서 부정한 사람이 접근하지 못하도록 한다.

돌암 서낭제단은 서낭당집이 없기 때문에 돌배나무와 뽕나무 고목을 신목(神木)으로 하고 돌담을 쳐서 둘러싼 신역 땅바닥에 비닐 자리를 깔고 거기에 제물을 진설해 놓았다. 신위(神位) 표시도 없었다. 옛날에는 서낭당도 있었고, 신목도 버드나무였다. 그런데 백 년도 더 되는 버드나무 고목의 속이 썩어 쓰러지면서 서낭당을 부수어 버렸다고 한다. 그래서 지금은 돌배나무와 뽕나무를 신목으로 하고 돌담과 그 위에 부서진 옛날 서낭당의 기왓장을 올려놓고 신역으로 삼았다고 한다. 제물 진설 맨 뒤의 오른쪽 끝과 왼쪽 끝에는 촛불을 켜서 세워 두었다. 그 앞에 메(제삿밥)를 세 그릇 놓았다. 신위는 없어도 세 그릇의 메는 중앙의 서낭신(城隍神), 오른쪽의 토지신(土地神), 왼쪽의 여역신(癘疫神, 유행성 열병의 신)에게 올리는 것이라고 한다. 메 앞에는 제주 잔대와 잔, 그리고 수저 세 벌씩을 진설하였다. 또 그 앞에는 대추·사과·오징어포를 따로따로 세 접시에 담아 세 벌 총 아홉 접시를 진설하였고, 맨 앞에 제주(막걸리) 병을 두었으며, 유사 명단과 소지(燒紙)로 쓸 종이가 담긴 고리바구니를 놓았다.

제사 차례는 제관 두 사람 중의 한 사람이 제주가 되어 메 그릇의 개(蓋, 뚜껑)를 열고 제주잔을 올린 다음 절을 사배(四拜, 네 번 절)하기를 세 번 되풀이하여 총 3잔의 제주와 12번의 절을 하였다. 일반적으로 기제(忌祭)에서는 헌작(獻爵, 술잔 올리기)을 할 때마다 재배(再拜, 두 번 절하기)를 하지만 서낭제에서는 네 번 절한다. 옛날에는 서낭제 독축(讀祝, 축문 읽기)을 했지만 이번에는 축문을 읽지 않았다. 끝으로 신령들 앞에서 비는 뜻으로 얇은 백지를 불살라 공중으로 올라가게 하는 소지를 함으로써 일단 제의를 끝내고 그 자리에서 간단한 음복을 하였다.

　돌암 서낭제가 끝나자마자 우리는 곧은골 서낭당으로 갔다. 곧은골 서낭제도 그때 마침 끝나서 유사가 제단의 제물을 치우고 있었다. 곧은골 서낭당은 옛날부터 당집이 있었고, 서낭 신목은 벚나무와 단풍나무 고목이었다. 1965년(乙巳) 음력 3월 1일 서낭당집을 중수(重修)하였고, 현재의 서낭당은 2008년에 새로 지은 것이다. 중수할 때의 헌금자 명단과 금액을 나무판에 쓴 「중수기(重修記)」가 지금의 서낭당 안벽에 걸려 있다. 1950년대부터 전해져 내려오는 서낭제 계문서(契文書)에 보면 중수 다음 날인 을사(1965) 음력 3월 초2일에는 서낭제 치성(致誠)을 마치고 강달섭(姜達燮) 씨 댁에서 회계를 보았는데, 당시의 이장이었던 김수진 씨가 유사를 물려받고, 남은 계돈 유사전(有司錢) 100원을 김태석 씨가 썼다는 기록이 있다. 그리고 그해 음력 9월 6일에 서낭제 치성을 드리고 김수진 댁에서 회계를 보았는데, 남은 돈 149원을 최종복 씨가 썼고, 다음 유사는 김해순(태공) 씨가 물려받았다는 기록도 있다. 빌려 쓴 유사전에 대해서는 정해진 이자를 내도록 되어 있었다고 한다.

　현재의 새로 지은 곧은골 서낭당의 콘크리트 기초는 그 당시(2008년) 다리를 놓고 있던 건설업자에게 부탁해서 시공했고, 벽돌과 목재의 건물 구조 뼈대는 서낭당 바로 건너편에 있는 황토빌 주인이 지원했으며, 지붕과 문은 주민들이 부담했다고 한다. 곧은골 서낭당 계문서에는 반장 이길렬 씨가 2009년 음력 3월 5일 유사였다는 기록을 새로 써 넣었다.

　지금은 각각의 서낭당마다 치성에 참여하는 주민이 두서너 명에 불과하지만, 과거에는 그 수가 상당히 많았던 것으로 기록에 남아 있다. 돌암 서낭제 계문서 기록에 따르면 1992년(壬申) 음력 9월 3일에는 7명의 명단이 적혀 있었고, 1988년(戊辰) 음력 3월 7일에는 11명, 그리고 1970년대 초에는 서낭계원 명부에 22명의 명단이 기록되어 있었다. 그리고 1966년(丙午) 음력 9월 2일(丁未)의 가을 서낭제문(城隍祭文)이 다음과 같이 기록되어 있었다.

〈사진 15-4〉 용산2리 곧은골 서낭목과 서낭당. 2009. 3. 31

維歲次丙午九月丙午朔初二日丁未內道岩居民幼學金泰公崔鍾福金春學敢昭告于
土地尊神之位
城隍尊神之位
癘疫尊神之位
伏以關靈以西臺山之陽天藏地秘里戶蜂房里接一洞
山林闘荒尊靈赫赫在左洋洋禍福所召陰陽主張
二儀高位百神會皇明合日月位高城隍明合天地
位高瘟疫星杓戊建日吉辰良粢盛旣潔籬菜僅將
鼠毒不侵虎患遠藏除之六極降以百福五穀豊登
六畜曲糧鷄聲相開龍榜可揚脊酸簿具齊木苾香
神其保佑陰隱民康伏惟尊靈韻格適當　　尙饗

3. 봉산리 대광사와 용산2리 대웅전

봉산리 지칠지에는 1980년대 말에 창건되었다는 대광사 절이 있다. 대
웅전과 삼성각·승방·요사채를 갖춘 반듯한 사찰이다. 강릉시 주문진 보
광사에 있던 현재 50대 후반의 보살님과 보경 스님이 딸 하나를 데리고 와
서 이 절을 세웠다고 한다. 불공을 드리는 신도들은 대부분 서울과 원주
및 강릉 등지에서 많이 온다고 한다. 2009년 8월 하순에 우리가 그 절을 두
번째 방문했을 때는 서울에서 살다가 미국으로 이민 갔던 옛날의 여신도
한 분이 어머니를 모시고 와서 아버지의 명복을 비는 재(齋)를 올리고 있
었다. 반년 전에 우리가 처음 방문했을 때 대웅전 앞의 넓은 묘목밭은 주
차장 마당으로 확장되어 있었다. 마을 주민들 중에는 그 절에 오는 분이
별로 없고 외지에서 자가용차를 타고 오는 신도들이기 많기 때문에 주차
장을 넓혔다고 한다.

용산2리에도 주민들이 잘 모르고 있는 불교 사찰의 대웅전 하나가 있
다. 횡계리에서 수하리 쪽으로 가다가 용산교를 건너 용평스키장 리조트
입구 천문교 다리 앞에 이르면 작은 연못가 왼쪽에 아담한 대웅전 하나가
보인다. 용산2리 마을 사람들도 대부분 그 대웅전을 잘 알지 못하고 왜 그
것이 거기에 세워졌는지도 모른다. 그러나 대웅전 안내판의 설명이 그 사

<사진 15-5> 용산2리 용평리조트 천문교 연못가의 대웅전. 2010. 9. 30

연을 소상하게 알려 주고 있다. 그것은 경상북도 청송군 주왕산국립공원의 '주산지(池)'라는 연못 한가운데에 섬을 만들어 암자를 짓고, '봄 여름 가을 겨울 그리고 봄'이라는 제목의 영화를 촬영한 무대장치의 하나였다고 한다. 그 영화를 촬영하고 나서 어떤 동자승의 한평생 사연이 담긴 암자의 모습을 오래도록 보존하기 위해 용평리조트가 이곳에 옮겨 놓은 것이다. 한 천진난만한 동자승의 소년기(봄), 청년기(여름), 중년기(가을), 장년기(겨울), 노년기와 새로 태어난 동자승의 소년기(봄)에 이르기까지 파란만장한 인생의 비밀이 아래와 같이 사계절에 담겨 있다.

봄: 짓궂은 장난에 빠져 천진한 웃음을 터뜨리는 아이의 모습. 노승은 잠든 아이의 등에 돌을 묶어 둔다. 잘못을 되돌려 놓지 못하면 평생의 업이 될 것이라고 노승은 이른다.

여름: 산사에 동갑내기 소녀가 요양하러 들어온다. 소년의 마음에 사랑이 차오르고, 노승도 그들의 사랑을 감지한다. 소녀가 떠난 후 더욱 깊어

가는 사랑의 집착을 떨치지 못한 소년은 산사를 떠난다.

가을: 절을 떠난 후 배신한 여인을 죽인 살인범이 되어 산사로 도피해 들어온 남자. 분노와 고통을 이기지 못하고 불상 앞에서 자살을 시도한다. 노승이 그를 모질게 매질을 한다. 남자는 노승이 바닥에 써준 「반야심경」을 새기며 마음을 다스린다.

겨울: 중년의 나이로 폐허가 되어 버린 산사로 돌아온 남자. 노승의 사리를 수습해 얼음 불상을 만들고, 절을 찾아온 이름 모를 여인이 어린아이만을 남겨 둔 채 떠나간다.

그리고 봄: 노인이 된 남자는 어느새 자라난 동자승과 함께 산사의 평화로운 봄날을 보내고 있다. 동자승은 그 봄의 아이처럼 개구리와 뱀의 입속에 돌멩이를 집어넣는 장난을 치며 해맑은 웃음을 터뜨리고 있다.

16. 문 닫은 학교, 넓어진 생활권

1. 초등학교의 개교와 폐교

봉산리의 행정구역이 1973년 7월 1일 도암면에서 진부면으로 이관됨에 따라 같은 해 10월 15일 봉산리 산간벽지에 역사상 처음으로 학교가 문을 열었다. 진부면 거문국민학교 봉산분실로 인가되어 개교한 것이다. 학교부지 1,209평에 학교 건물(교실과 교무실) 50평과 부속건물(교사 사택) 16.6평의 매우 작은 학교로, 선생님 한 분과 학생 7명(남자 3명, 여자 4명)이 그 학교의 주인이었다. 봉산분실에 1975년 교사 발령을 받아 부임해서 1985년까지 10년 동안 봉산리 학생들을 가르친 고순희 선생님은 외지에서 정년퇴임을 하고 전직 교사 남편과 함께 다시 봉산리로 돌아와 집을 짓고 살고 있다. 개교 초창기 학생들의 나이는 초등학교 1학년 입학 당시 10세부터 6세까지 다양하였다. 거문초등학교 봉산분실은 1977년에 봉산분교장으로 승격했다가 1998년 3월 1일 개교 24년 5개월 만에 학생수의 감소로 폐교되었다.

개교 후 24년 동안에 16회의 졸업생수는 총 47명(남자 28명, 여자 19명)이었고, 졸업생이 한 사람도 없었던 해도 8년이나 되었다. 개교 후 2년 동안에는 입학을 기다렸던 학생들이 매년 7명씩 입학했지만, 그 다음부터는 매년 1명에서 3명씩만 입학하였다. 입학생이 한 명도 없는 해가 8년이었다. 결국 1997학년도에는 전교 학생수가 5명 미만이었기 때문에 폐교된 것이다. 학교 부지와 건물은 서울의 한 사업자에게 자연생태학습원 및 연

〈사진 16-1〉 용산초등학교 2학년까지 다녔던 최헌길 씨가 훗날 모교 방문 때 교문 앞에서 후배 학생들과 찍은 기념사진(자료사진). 1983

구소 용도로 임대했다가 2006년 7월 국지성 호우와 산사태로 학교 건물 및 부지가 모두가 유실되어 2008년 1월 평창군에 매각하였다.

용산2리에서 일부 통학이 가능했던 초등학교는 현재의 용산1리 알펜시아 스키장에 있었던 용산국민학교와 유천3리 원복동에 있었던 원복국민학교 두 학교였다. 그러나 실제로 학교까지의 통학거리가 멀었기 때문에 용산2리 학생들은 현재의 용평스키장 일대인 용산2리 사태골에서만 용산국민학교에 갈 수 있었고, 용산2리 노산동 학생들만 원복국민학교에 갈 수 있었다.

용산국민학교는 1949년 12월 1일, 도암국민학교 용산분교장으로 설립 인가를 받아 개교하였고, 1953년 8월 25일, 용산국민학교로 인가되었다가 학생수의 감소로 2000년 3월 1일, 반세기 동안의 역사를 마감하고 문을 닫았다. 학교 부지와 건물은 강원학생체육훈련장으로 자체 활용되다가 2007년 3월 5일, 알펜시아 스키장 건설을 추진하는 강원도개발공사에 매각되었다.

원복국민학교도 1951년 4월 10일, 도성초등학교 원복분실로 인가를 받아 개교한 이후 1966년 도성초등학교 원복분교장으로, 그리고 1973년 원복국민학교로, 또 다시 1983년에는 도성초등학교 원복분교장으로 통합되었다가 2001년 3월 1일, 소규모학교 통·폐합 계획으로 폐교되었다. 학교 부지와 건물은 농산물 저장소의 작업장과 회사직원 및 협력업체 연수시설로 임대하였고, 나머지 일부 학교 부지는 2009년 5월 1일부터 2014년 4

월 30일까지 경작용으로 임대하였다.

이처럼 산간촌락의 초등학교 폐교가 잇따른 것은 강원도 교육청에서 소규모 학교가 많은 지역 실정을 감안하여 본교는 재학생수 15명 이하, 분교장은 5명 이하면 폐교하고, 분교장 개편은 20명 이하로 기준을 새로 마련하였기 때문이었다. 강원도뿐만 아니라 전국적으로도 대부분의 농산어촌에서 1982년부터 2009년까지 27년 동안에 3,369개 초등학교가 문을 닫았다. 이처럼 농산어촌의 많은 초등학교들이 문을 닫은 이유는 초등학교 학령의 어린이들을 가진 젊은 층의 부모들이 일자리를 찾아 도시로 빠져나간데 비해서 귀촌한 사례는 매우 드물었기 때문인 것으로 해석되었다. 뿐만 아니라 농산어촌에서 학교가 문을 닫으면 마을에 남아 있던 소수의 학령아동과 그 가족도 외부의 학교를 찾아 떠날 수밖에 없었다. 그러니까 어린이 없는 마을이 늘어났고, 그런 마을에서는 노인들이 수명을 다하고 나면 자연스럽게 폐촌으로 끝날 가능성도 있을 것으로 예상된다.

〈사진 16-2〉 도성초등학교 원복분교장의 문 닫은 학교 안내문. 2009. 6. 2

그런데 역설적으로 우리나라 최대의 도시인 수도 서울 한복판에서도 벽지 산촌의 폐교와 비슷한 현상이 일어나고 있다. 서울시교육청의 보고에 따르면 1894년에 개교한 서울 종로구 교동초등학교는 2010년 현재 서울시 내 초등학교 중에서 재학생이 100명가량으로 가장 적은 학교가 되었다고 한다. 신입생이 매년 감소하여 2009년 15명, 2010년 12명이었는데, 2011년 에는 7명이 입학할 예정이어서 폐교 직전 상태라고 2011년 2월 7일자 중앙 의 일간신문들과 텔레비전 뉴스에서 크게 보도하였다(경향신문 11면). 그 까닭은 서울시내 도심의 공동화와 초등학령인구 감소 때문인 것으로 풀 이되었다. 비슷한 예로 서울 종로구 재동초등학교는 한창때인 1970년에 졸업생 830명을 배출했지만 2011년에는 70명이 졸업하고 31명이 입학할 예정이어서 재학생수가 계속 감소하고 있다. 그밖에도 종로구 매동초등 학교, 중구 남산초등학교와 신당초등학교 등이 매년 감소하는 신입생 때 문에 근근이 학교를 유지하고 있다고 한다.

2. 1960년대 용산초등학교 시절

용산초등학교 11회(1966년) 졸업생인 현재의 용산2리 반장 이길렬 씨는 1960년대 전반의 학교 상황과 학생생활을 다음과 같이 회상하였다.

우리가 학교 댕길 적에는 학생이 최고로 많을 때 400명이 좀 넘었어요. 그런데 교 실이 세 칸이라 2부 수업을 했어요. 한 교실에 2개 학년 학생들을 넣고, 한 시간은 1 학년 학생들을 가르치고, 2학년 학생들은 숙제를 하라고 했지요. 그렇게 번갈아 가 면서 한 교실에서 두 학년을 가르쳤어요. 겨울에는 교실이 추워서 우리 아부지들 이 나무 한 지게씩 해다 줘야지만 난로에 장작을 피웠단 말이에요. 그래도 학생은 많지 난로는 작지…. 교실에 들어가면 눈길을 오느라고 젖은 양말 말리다가 태워 서 잡아땡겨 늘쿼 가지고 신곤 했지요.
교실 청소를 시키면은 마루 바닥을 반들반들하게 닦기 위해서 어떤 친구들은 집에 서 기름을 조금 가지고 와서 자기가 맡은 청소구역만 애껴서 조금씩 칠해 가며 병 으로 밀어서 닦았거든요. 6학년 주번 감독의 검사를 받아야 하는데, 잘못 닦았으면 두드려 맞고, 합격해야 집에 가는데 거리가 멀어서 집에 오면 해가 다 떨어지는 거여… . 숙제를 안 해 가지고 왔다든가 말을 안 들었다든가 하면 최고 고역인 화장실 청소를 시키는데, 그것은 힘이 들기는 해도 외부 청소만 하면 되니까 최고로 빠르기 땜에 일찍 끝낼 수 있지.

옛날에는 어려운 시대 먹을 것이 없으니 감자밥에다 나물 섞어 가지고 도시락 싸 주었고, 학교에서도 운동장에서 6학년 선배들이 옥수수 가루로 죽을 쑤어 가지고 바께스로 날라다가 학생들에게 나눠 주는데, 빨리 먹는 아이들은 뜨거워도 번개처럼 먹어치우니 늦게 오면 죽이 없어요. 학교에서 집에 갈 때는 배가 고프니 남의 감자밭에서 흙을 파고 몇 개 따가지고 씻어 먹었지. 남의 밭에서 오이 몇 개 따먹다가 붙잡혀 가지고 두어 시간씩 기합을 받기도 했어요. 또 그때는 찌르(찔레)나무도 새순이 올라오기 무섭게 따먹어서 미처 크기 바빴어요.

나도 졸업 맡고 2년 동안 글방에 댕겼어요. 2년 댕기미 『명심보감』까지 읽었는데, 그 뒤에 술 먹고 담배 펴 가지고 지금은 머리가 어두워 하나도 생각나지 않아요. 그때 훈장님은 용산1리에서 모셔 온 박동식이라는 분이었어요. 우리 아버님보다 세네 살 우이었지요. 그때는 돈이 없으니까 학생 하나마다 연말에 옥수수 한 가마니씩 드리고 철따라 옷 해드리고 했어요. 한문 천자 한 권 띠면은 부모들이 떡을 해 가지고 막걸리 몇 병 가지고 와서 훈장님 대접했지요. 그날은 오전에 책 좀 읽고 우후에는 노는 거례요.

이와는 대조적으로 1960년대 후반 용산2리 사태골(지금의 용평스키장)에서 용산초등학교 2학년 학생이 통학했던 시절의 낭만적이고 즐거운 이야기를 소개한다. 그 마을 출신으로 초등학교 2학년을 마치고 부산으로 이사 가서 지금은 한 신호기기회사의 사장으로 성실하게 기업을 키워 온 최헌길 씨(52세)가 자녀들에게 편지 형식으로 전하는 「아빠의 편지」(2002년 8월 30일자, 14번째 '아빠의 고향') 내용이다.

아빠가 다니던 학교는 요즘 아이들이라면 걸어갈 엄두도 내지 못할 만큼 먼 곳에 있었지만, 걷지 않고는 학교라는 곳을 다닐 수 없었던 시절이었다. 아빠가 책보(책을 둘둘 말아 쌌던 보자기)를 메고 마당을 나서면 마당에 있던 강아지와 병아리가 바쁜 걸음으로 따라 나섰다. 아빠가 들어가라고 쫓으면 병아리들은 이내 마당으로 되돌아갔지만, 강아지는 꼬리를 흔들어대며 계속 아빠를 따라왔다. 아빠는 강아지가 결국은 따라올 것을 알면서도 장난기로 강아지보다 빨리 언덕을 뛰어내리곤 했다. 그 언덕이 지금 스키를 타고 내려오는 곳이다.

강아지는 아빠가 이제는 돌아가라고 몇 번을 손짓을 해도 이리저리 딴청을 부리다 다시 따라왔다. 결국 언덕 아래까지 따라온 강아지는 아빠가 마을길로 들어서 보이지 않을 정도가 되어서야 못내 아쉬운 모습으로 돌아가곤 했다. 학교에서 돌아올 때면 어디서 보았는지 뛰어 내려와 기다리고 있던 강아지에 대한 기억 때문에 아빠는 강아지를 키우는 너희들의 요구를 몇 번 들어 준 적이 있었다.

발길 따라 풀썩풀썩 흙먼지가 일던 작은 길가엔 길에 비해선 너무 커 보이던 백양나무 몇 그루가 서 있었고 나무가 없어지면 마을길도 끝났다. 말이 길이지 길이라고 표현하기도 어려울 만큼 좁은 길이었다.

그 길을 지나면 문둥이 굴이 나왔다. 산비탈에 뻐끔하게 뚫려 있던 굴은 문둥이가 산다는 소문 때문에 아이들은 아예 그 근처에 가지 않았다. 그러나 실제로 문둥이가 살았는지도 모르고, 본 적도 없다. 아빠는 그 앞에 이르면 잠시 걸음을 멈추고 등에 책보가 단단하게 매었는지 확인을 했다. 그리고 달리기 경주를 하는 사세를 취하고 마음속으로 '요-땅'을 외치면서 재빠르게 그 문둥이 굴을 뛰어 지났다.

그때쯤이면 들풀에 맺혀 있던 아침이슬이 아빠의 검정고무신으로 스며들어 발바닥에서 질퍽질퍽 소리가 났다. 그러나 아빠는 그것이 불편하다고 생각하지는 않았던 것 같다. 문둥이 굴을 지나면 산비탈의 끝자락에 샘물이 있었다. 샘물을 지나서부터 산길이 시작되었다. 길가에는 들풀과 들꽃과 곡식과 나무와 조그만 밭들이 다툼 없이 살았다.

아빠는 그 산길에 들풀과 함께 피어났던 꽃이 언제 피고 언제 지는지를 잘 알고 있었다. 내일쯤이면 꽃이 피겠지 하고 생각했던 꽃봉오리가 그대로 있는 날이면 가까이 다가가서 왜 피지 않았는지, 혹시 병이 들었는지 살펴보았다. 간간이 서 있던 강냉이가 수염이 붙고 살이 찌는 모습을 보다가, 언젠가 싹둑 잘려 버린 날이면 아쉽고 허전해서 힘이 빠지곤 했었다.

산굽이를 돌아 자작나무숲 뒤에 학교가 있었다. 하나의 작은 건물뿐이었던 학교는 자작나무숲 뒤에 숨어 있는 듯 보였다. 아빠는 징검다리가 놓여 있던 작은 개울을 발을 담근 채 건넜다. 그러면 고무신과 발바닥에 범벅이 되어 있던 이슬과 흙먼지가 자연스럽게 씻겨 나갔다.

아빠의 기억으로는 학교의 전체 학생은 100명이 채 안 되었던 것 같다. 학교의 선생님은 선생님이라기보다는 부모님과 같으셨다. 우리가 더러우면 학교 앞 개울로 데려가 씻기고, 선생님 사택에서 밥을 먹기도 했다.

그 시절 아빠가 학교생활을 즐겁게 할 수 있었던 것은 음악시간 때문이었다. 그렇다고 아빠가 특별히 노래를 좋아하거나 잘해서는 아니었다. 풍금을 치던 선생님과 그 풍금소리가 좋아서였다. 그래서 아빠는 음악시간에 자주 노래를 따라 부르지 않고 물끄러미 선생님을 쳐다보면서 풍금소리를 듣다가 지적을 받기도 했다. 풍금을 치시는 여선생님의 뒤창으로 하늘이 가득 들어와 있고, 새들도 이리저리 날며 같이 노래를 불렀다.

아빠가 아코디언을 배운 것도 그때의 영향이 크다고 보면 된다. 새삼스럽게 피아노나 풍금을 배우기는 어려우리라 생각되어 비교적 쉬운 아코디언을 배웠지만 아코디언은 결코 풍금이 되진 못했다. 너희들이 집에서 치는 피아노 소리도 그때의 그 풍금소리보단 못했다. 어쩌면 지금 풍금 소리를 듣는다 하더라도 아빠는 실망할 것이 분명하다. 풍금을 치는 사람이 그때 그 선생님이 아니고, 우리와 같이 노래를 부르던 새들이 없고, 교실 가득히 들어와 있던 하늘이 없으니 풍금 소리도 달라질 것이다. 무엇보다도 아빠가 그때의 아빠가 아니니 그 풍금 소리는 이미 다시는 들을 수 없는 소리가 되고 만 셈이다.

학교에서 집으로 돌아오는 시간은 배나 더 걸렸다. 마을 친구들과 함께 개울에서 가재도 잡고 산딸기도 따먹고 하는 일이 많았다. 아빠의 고향에는 특히 산딸기가 많았는데 지나가다가 딸기가 먹고 싶으면 그냥 숲에 들어가 딸기를 따먹으면 되었다. 딸기가 아무리 많이 있어도 우리는 먹을 만큼만 따먹었지 한꺼번에 딸기를 다 따서 집으로 가져가거나 하지는 않았다. 그럴 필요가 없었다. 그 모든 것들은 어차피 내 것이고 우리 것이었기 때문에 욕심을 낼 필요가 없었다.

그 시절 그곳엔 전등이 없었다. 아빠는 그때까지 전기라는 것이 있는지조차 몰랐다(자동차를 구경한 적도 없었다). 세상의 모든 사람들은 다 등잔불을 쓰고 사는 줄 알았다. 심지가 금방 타버리고, 조금만 바람이 불어도 꺼져 버리던, 그나마 어른거려서 글자를 제대로 알아보기 힘들던 등잔불 아래서 아빠는 숙제를 했다. 부드럽지 못한 연필심은 또한 매끄럽지 못했던 공책에 걸려 걸핏하면 공책이 찢어졌다. 숙제보다는 공책이 찢어지지 않게 글씨를 쓰는 데 더 신경을 써야 했다."

3. 그 시절의 선생님과 학생들

1960년대 말까지만 해도 한국의 열악한 환경에 있었던 초등학교에서는 미국 원조를 받아서 만든 강냉이빵이 급식되고 있었다. 그 당시의 허기진 학생들에게는 그 강냉이빵이 항상 기다려지는 소중한 간식이었다. 앞에서 인용한 것처럼 용산초등학교에 다닐 때의 주변 경관과 음악선생님에 대한 추억을 썼던 최헌길 씨가 「아빠의 편지」 2002년 5월 20일자, 열두 번째 글 '아빠의 스승님'에서는 부산의 철거민 판자촌 가정 형편과 강냉이빵에 얽힌 선생님과 학생들의 이야기를 다음과 같이 자녀들에게 전해 주었다.

20개 정도(기억이 정확한지 모르지만)의 빵이 바둑판처럼 붙어 있던 빵은 떼어내는 기술에 따라 크기가 조금씩 달라지곤 했는데 남의 빵 살갗이 내 빵에 뭉텅 묻어 오기라도 하는 날이면 시험지 100점 받은 것보다도 더 기분 좋아하던 그런 시절이었다. 지금 너희들이라면 거들떠보지도 않을 빵이겠지만 그 시절, 여전히 보릿고개가 기승을 부리고 쑥나물에 밀가루 버무린 것도 없어서 못 먹던 그때는 지금의 피자나 햄버거보다도 소중했던 빵이었다. 그러다 보니 대부분의 아이들은 받은 빵을 학교에서 먹어치우곤 했다. 그러나 우리 반에는 결코 학교에서는 빵을 먹지 않는 여학생이 있었다.

어머니날이었던 것 같다(지금은 어비이날로 바뀌었시만 그때는 어머니날이었다). 선생님은 우리 반의 모든 학생들이 어머니에게 보내는 편지를 쓰라고 하셨다. 그리고 그 시간이 지난 후 왠지 잔뜩 우울한 표정이 되신 선생님은 우리가 눈치 챌 수 있을 정도로 한 여학생에게 잦은 눈길을 보내셨다. 그러시던 선생님은 편지를 쓰고도 두 시간이 지났을 때 무슨 생각을 하셨는지 몇몇 학생들에게 아까 쓴 편지를 친구들 앞에서 읽도록 하셨다. 그 여학생이 포함돼 있었다. 여학생이 쓴 편지의 내용은 대충 이런 것이었다.

"엄마, 아빠가 돌아가신 후 저는 엄마도 돌아가시는 줄 알았어요. 아빠가 살아 계실 때는 아빠가 밉다고만 하시더니 아빠가 돌아가신 후 엄마가 아빠를 부르며 우시고 아파서 꼼짝 못하시는 걸 보니 엄마가 진짜 아빠를 싫어했던 게 아닌 것 같았어요.

이제 엄마가 다시 일어나서 공장에 가시는 게 다행스러워요. 저는 엄마가 일찍 마치는 공장에 다녔으면 좋겠어요. 재용이(남동생)는 괜찮은데 재희(막내 여동생)는 맨날 밤만 되면 무섭다고 울어요. 제가 동생들을 잘 보아야 하는데 어떨 때는 문을 잠그고 있어도 저도 무서울 때가 많아요.

엄마를 도와드려야 하는데 동생들 밥 챙겨 주는 것밖에는 도울 수가 없어서 미안해요. 엄마는 항상 우리가 걱정이라고 하지만 저는 엄마가 걱정이에요. 아무래도 엄마는 또 병이 날 것 같아요. 일찍 마치는 공장에 다니면 우리 키우기가 힘들다고 하시지만 그래도 엄마가 아플까봐 걱정이에요.

저는 이제 동생들을 더 잘 볼 게요. 엄마는 저보고 학교에서 빵을 다 먹고 오라고 하시지만 꾹 참고 집으로 가져가서 동생들과 같이 먹는 게 나아요. 며칠 전에는 집에 가는 길에 너무 배가 고프고 빵이 먹고 싶어서 다 먹고 갔는데 빵을 기다리고 있는 동생들을 보니 내가 너무 미워 얼마나 울었는지 몰라요. 이제는 절대로 빵을 혼자서 다 먹지 않고 동생들과 나눠 먹을 거예요.

내년이 되면 재용이는 학교에 입학하니까 빵을 받을 수 있어요. 그때는 재희하고만 나눠 먹으면 되니까 더 많이 먹을 수 있을 거예요."

그 여학생이 읽은 편지는 이보다는 더 길었던 것 같고, 엄마를 걱정하는 내용도 더 있었던 것 같다. 편지를 읽는 동안 고개를 푹 숙이셨던 선생님께서 이리저리 책상 사이를 걸어 다니시기도 했고, 우리를 등진 채 물끄러미 창밖을 내다보시기도 하셨다. 그 여학생이 편지를 다 읽은 후에도 선생님께서는 계속 교실 밖을 바라보고 계셨는데, 한참 후에야 교단에 올라서신 선생님의 눈에는 자욱하게 눈물이 고여 있었다.

그러자 여기저기서 아이들이 훌쩍거리기 시작했다. 내심 울고 싶어도 그때까지 참고 있었던 아이들이 결국은 소리 없이 배어져 나오는 선생님의 눈물을 눈치 채고서야 마음 놓고 울기 시작했으리라. 아마도 그 울음은 그 여학생의 삶만이 서글퍼서가 아니라 비슷비슷했던 처지의 아이들이 내 마음 같아서 울기도 했으리라.

아빠는 지금도 그때 그 여선생님의 표정을 생각하면 슬픔이란 바로 그런 것이라는 생각을 한다. 진정한 슬픔이란 한껏 토해 내는 것이 아니라 어금니를 깨물며 참다가 조금씩 아주 조금씩, 힘에 부쳐 어쩔 수 없이 흘려낼 수밖에 없는 그런 것이라고 생각한다. 선생님은 무슨 말씀을 하시기 위해 애쓰시는 것 같았다. 그러나 아빠는 그때 선생님이 무슨 말씀을 하셨는지 기억하지 못한다. 그건 아빠뿐만이 아니라 반 아이들이 다 그랬을 것이다. 제자들 앞에서 우는 모습을 보이지 않으시려고 이리저리 다른 곳을 보시기도 하고 고개를 숙였다 들었다 애쓰셨지만 결국 교단을 내려 가신 선생님은 출입문 쪽으로 돌아서서 손수건으로 얼굴을 가린 채 한참을 서 계셨다.

그날 이후 빵을 나눠 주는 시간이면 키가 작던 선생님은 잰걸음으로 이반 저반을 기웃거리셨다. 그 모습은 흡사 '혹시 내 몫의 빵을 못 받는 일이 생기지 않을까' 하는 조바심에 새까만 눈을 굴리고 앉아 있던 우리의 모습과 같았다. 선생님은 각 반에서 남는 빵을 얻어다가 그 여학생에게는 꼭 세 개를 안겨 주셨다. 어쩌다 다른 반에서도 남는 빵을 구하지 못하실 때면 우리 반에서 생활이 비교적 괜찮아 보이던 아이들에게 빵을 나눠 먹도록 하고 그 여학생의 몫으로 돌렸다.

그 여학생 말고도 빵 한 개가 소중했던 아이들은 더 있었을 것이다. 그러나 우리 반 아이들 중 그 여학생이 빵을 세 개 받는 것에 대해, 또 선생님이 다른 반에서 남는 빵을 구하지 못한 날, 자신의 몫이 반으로 잘리는 것에 대해서 불평을 하는 아이들은 본 적이 없다.

다른 반에도 어려운 아이는 있었을 텐데 매일같이 빵을 구하기가 쉬웠을까? 선생님은 아마도 내 자식 굶는데 이 체면 저 체면 가릴 형편이 못 되는 부모의 심정으로, 때로는 다른 반 선생님의 눈총도 받고 귀찮아하는 기색도 모른척하시면서 그렇게 두 개의 빵을 더 만들기 위해 애쓰셨을 것이다.

초등학교 2학년이면 아직은 내 배고픔이 더 절실할 나이다. 그런 나이에 집에서 기다리는 동생들이 눈에 밟혀 친구들이 빵을 먹는 동안 마른침만 삼켜야 했던 자식 같던 제자의 마음이 애처로워서, 딸의 그런 모습이 눈에 선해 혼자서 다 먹고 오라면서도 나머지 자식들이 안타까웠을 엄마의 처지가 안쓰러워 선생님은 엄마가 되고 같은 부모가 되고자 애쓰셨을 것이다.

이제 아빠 나이가 마흔 중반이 되어 사는 게 뭔지, 자식이 뭔지를 어렴풋이나마 알게 되니 그때 선생님의 그 애절했던 마음과 눈빛이 더 그립고 애틋해진다. 그리고 아마도 선생님이 그 여학생이 썼던 편지를 그대로 엄마에게 전하게 하진 않았으리라는 생각도 하게 된다.

작은 키에 흰 블라우스를 즐겨 입으시던 여선생님. 빵 두 개를 더 구하기 위해 그렇게 소리 없이 종종걸음을 치시던 선생님이 바로 아빠가 결코 잊을 수 없는 스승님 중의 한 분이시다.

4. 생활권의 확장

반세기 전에는 봉산리의 경우 학령기의 아동들이 통학할 수 있는 초등학교가 없었고, 용산2리에서도 일부 지역 소수의 학령아동만 이웃 마을에 있는 초등학교에 통학하고 있었다. 따라서 학교생활을 통한 주변의 다른 마을 동급생들 또는 선후배 동창생들 간의 연결망이 매우 제한되어 있었다. 더구나 조사지역의 두 마을은 지리적으로 고립되어 있는데다가 도로와 교통수단이 잘 갖추어져 있지 않았기 때문에 외부와의 접촉과 왕래 및 교류가 빈번하지 않았다. 그 당시에는 전화도 없었고 텔레비전도 없었다. 성인이 되어서도 군대 생활 이전에는 마을 주민들의 생활권이 좁은 범위에 한정되어 있었다. 지리적 고립의 정도로 볼 때 일반 농촌 사람들에 비하여 용산2리 주민들의 생활권은 확실히 제한된 범위에 한정되어 있었고,

봉산리 주민들의 생활권은 용산2리보다 훨씬 더 한정되어 있었다.

그러나 지금은 아예 봉산리와 용산2리에 학령아동 인구 자체가 없다. 따라서 필요에 의해 문을 열었던 초등학교가 다시 문을 닫게 된 것이다. 그럼에도 불구하고 두 마을 사람들의 생활권은 반세기 전과는 비교할 수 없을 정도로 확장되었다. 면도(面道)와 군도·국도·고속도로가 잘 정비되어 있고, 봉산리와 용산2리 주민들도 자가용차를 가지고 있기 때문에 지역 간의 지리적 이동 가능성이 크게 확대되었다. 봉산리와 용산2리에 농토와 농막을 가지고 있는 출입농민들은 진부와 대관령 일대는 물론 강릉까지 자주 왕래하면서 농사를 짓고 있다. 유선전화와 휴대전화(봉산리에서는 아직도 불통임)로 국내외 원거리 통신이 자유자재로 가능하게 되었다. 라디오와 텔레비전을 통한 전국 각 지방과 전 세계 모든 나라들의 소식을 시시각각으로 접할 수 있게 되었다. 국력과 지방재정 및 가계경제가 그런 가능성들을 현실적으로 실현시킨 것이다.

현재 봉산리와 용산2리에 상주하거나 주민등록이 되어 있는 주민들의 가구(家口)는 사실상 완전 가족이 아니다. 두 마을의 가구들은 거의 대부분 중년 이상 노인 부부 또는 1인 가구로 되어 있다. 기혼 자녀들은 물론 미혼 자녀들 대부분은 부모의 고향 마을을 떠나 객지에 나가서 학교에 다니거나 직장에 다니고 있다. 그렇게 나가 있는 자녀들은 거의 전부 외지 사람과 결혼하여 마을 외부에서 살고 고향 마을로 다시 돌아오지 않는다. 그러니까 현재 봉산리와 용산2리 주민들은 전국 각지에서 따로 살고 있는 자녀와 부모 일가친척 친지들과 폭넓은 연결고리를 맺으면서 살아가고 있는 것이다.

지리적 범위와 사회적 범주의 두 가지 측면에서 모두 조사지역 주민들의 생활권은 반세기 전에 비해서 상상할 수 없을 정도로 확장되었다. 한 가지 실례를 용산2리 박근선 씨의 사례에서 보기로 하자. 그 자신이 군복무를 서울에서 했고, 전국적인 연결망을 가지고 농산물 직거래를 했던 경력을 가지고 있다. 뉴질랜드와 일본 및 동남아 여러 나라들을 다녀왔다. 1

남6녀와 10여 명의 손자손녀들이 전국 각지에 흩어져 서로 다른 직업에 종사하면서 살고 있다. 그는 강릉의 한 병원에서 건강검진을 하다가 식도에서 작은 종양이 발견되어 서울의 큰 병원에서 수술을 받고 수개월 뒤에 완치되어 퇴원하였다. 서울의 병원에 입원해 있는 동안 간병인이 따로 있었지만 그의 부인과 따님들이 번갈아 가면서 간병하는 것을 보았다. 문병하러 온 사람들도 전국 각지 다양한 직종의 사람들이었다. 반세기 전에는 상상할 수도 없는 일이었다.

17. 마을을 떠난 사람들의 고향 생각

1. 그들의 근황

1960년 조사 당시 봉산리와 용산2리에 살았던 남성 주민이 그 이후 2010년까지 그 마을을 떠나 외부로 나가서 현재 생존하고 있는 사람들의 행선지와 근황을 알아본 결과 확인된 사례는 봉산리의 21명과 용산2리의 72명이었다. 여성들의 출가 후 근황을 알아보기는 거의 불가능했다. 1960년의 가구별 「산간촌락 조사표」 가족관계 문항에 기록된 가족들 한 사람 한 사람씩 모두를 짚어 가면서 마을 떠난 사람들의 근황을 확인해 준 주요 자료 제공자는 봉산리 반장(현재 57세)과 용산2리 반장(현재 59세)이었다.

봉산리 사람들이 가장 많이 나가서 살고 있는 곳은 평창군 대관령면 횡계리(8명)였다. 그들은 대부분 1968년의 울진·삼척 무장공비 침투사건 이후 1970년 정부가 산간의 외딴집들을 끌어내려 횡계리에 새로 건설한 정착촌 또는 독가촌(현재의 지르메마을)으로 들어간 사람들이었다. 그 당시 정부에서는 그들에게 집을 무상으로 제공했고, 화전정리사업으로 개간한 밭을 임대하여 줌으로써 생계대책을 마련해 주었다. 봉산리에서 독가촌에 들어간 사람들은 대부분 현재 고랭지 채소 재배 농업에 종사하고, 조경 일을 하는 사람과 택시기사로 일하는 사람들이 각각 1명씩 있는 것으로 확인되었다.

그 다음으로 봉산리 사람들이 많이 나간 곳은 평창군 진부면(3명) 신기리, 거문리, 하진부리였다. 하진부리에서 목공일을 하는 한 사람을 제외한 나머지 두 명은 농업에 종사하고 있다. 강릉시 주문진의 2명 중에서 1명은 이발사이고 다른 1명은 농사를 짓고 있다고 한다. 평창군 봉평면의 1명과 홍천군 내면의 2명도 모두 농사를 짓고 있다. 충남 논산으로 이사 간 50년 전 나의 친구 이덕수 씨(현재 72세) 형제는 그곳에서 농사를 짓고 가끔 횡계리의 고모 댁을 방문하기도 했다는데, 고모 댁에서도 전화번호와 주소를 몰라 연락을 하지 못했다. 서울에 사는 3명 중에서 2명은 운전기사이고, 나머지 1명의 직업은 확인되지 않았다.

용산2리를 떠나 밖으로 나간 남성들 중에서 강릉시(25명)와 부산시(9명)에 살고 있는 사람들은 대부분 성씨별로 안동 김씨와 동군(강릉) 최씨로 크게 나누어 볼 수 있다. 용산2리 안동 김씨 정의공파 계보(1960-2010, 〈그림 11-1〉)에서 1960년 조사 당시 용산2리에 거주했던 미혼 남성 (가), (나)부터 (파) (하)까지 14명 중에서 (마)와 (하)를 제외한 12명이 모두 강릉시로 가서 대부분 농사를 지으며 살고 있었다. (마)와 (하)도 주민등록상으로는 용산2리에 거주하는 것으로 되어 있지만, 실제로는 강릉시에 살면서 출입농민으로 용산2리에서 농사를 짓고 있었다. 그러니까 실제로는 50년 전 조사 당시 용산2리에 거주하고 있었던 안동 김씨 정의공파 14명의 미혼 남성들이 모두 강릉시로 나가 살고 있었다고 보아야 할 것이다. (가)와 (나)를 제외한 나머지 12명은 8촌 이내의 당내(堂內) 친족이다. 명절이나 혼인식 또는 시제 때 그들의 아들딸과 손자손녀들까지 모이면 도시의 대규모 친족임을 실감할 수 있었다. 용산2리를 떠나 강릉으로 이사 간 남성들 중에서 안동 김씨 이외의 나머지 11명도 농약상과 농산물검사원을 제외한 대부분의 사람들은 농사를 짓고 있었다.

용산2리 동군 최씨 종족 계보(〈그림 3-4〉)의 III(18세) 7형제 중에서 다섯째 (1) 찬옥(1919년생), 여섯째 (2) 찬오(1929년생) 형제와 둘째 찬만의 장남 (6) 명길(1928년생) 셋은 독실한 태극도 신자였기 때문에 그들의 아들 (가)부터 (바)까지 6명과 (카), (타), (파) 3형제를 데리고 세 가족 남성 12명이 모두 1967년에 용산2리의 집과 토지를 팔고 태극도 본부가 있는 부산 감천동으로 이사를 갔다. 특히 (6) 명길 씨는 자신의 할아버지(영식) 산소를 용산2리 산막골에서 부산공원묘지로 이장하였고, 아버지(찬만)의 묘를 감천동 옥녀봉으로 옮겼으며, 자기 자신은 태극도 신도회 부회장직을 맡았다. 그 자신도 사망한 뒤에는 감천동 옥녀봉에 안장되었다. 부인은 지금도 태극도 신앙심이 깊어 현재 강릉(동군) 최씨 문중에서 태극도를 가장 잘 이해하고 있는 것으로 알려져 있다. 그러나 장남(선인)은 부모님과 달리 태극도를 혐오하고 아버지에 대한 원망이 컸다.

명길 씨의 영향을 직접 또는 간접으로 받아 용산2리에서 부산으로 이사 온 동군 최씨 일가친척들의 수는 지금도 상당히 많다. 7형제 중에서 다섯째 찬옥 씨도 타계하여 부산공원묘지에 안장되었고, 여섯째 찬오 씨와 IV(19세)의 (가) (다) (라) (마) (바)와 V(20세)의 (카) (타) (파)를 포함한 9명이 생존해 있다. 부산에 온 뒤에 출생한 사람들까지 따져 보면 19세 길(吉)자 항렬만 해도 열댓 명 이상이고, 20세 선(善)자 항렬까지 치면 수십 명이 된다. 그러나 그들은 거의 전부가 현재 태극도를 믿지 않고, 조상들의 제사 때에도 진설과 제의가 서로 다른 것을 두고 견해 차이가 있어 사소한 충돌이 있다고 한다.

2009년 6월 23-24일 부산 방문 첫날에는 (다) 홍길, (마) 택길, (바) 헌길 씨를 만나 어릴 때 용산2리에서 살던 이야기와 부산 생활에 대한 이야기를 들었다. 그리고 다음 날엔 (마)와 (바)의 안내로 감천동에 있는 태극도장을 방문하여 도무원장(권오윤, 1960년대 초 강릉시 연곡면 출향), 총무원장(김지철, 1959년 횡성 출향), 전도부장(윤대한, 1953년 청주 출향), 교화부장(서용만) 등을 만나 태극도의 연혁과 현황 설명을 들었다. 태극도 진경과 통감 및 도주 조정산 전기 등의 자료도 얻을 수 있었다.

반세기 전에 용산2리에서 횡계리로 이사 간 남성 7명은 대부분 농업에 종사하고 있다. 진부면으로 이사 간 남성들도 7명 모두가 농업에 종사한다. 서울로 간 5명의 직업은 1명의 운전기사를 제외하고는 확인되지 않았다. 대관령면내 차항리(1명)에서는 목장을 경영하고, 경남 울산(1명)에는 회사원이 있고, 경북 포항(1명)에도 회사원, 춘천(1명)에는 강원도청 공무원, 영월(1명)의 광산노동자, 그밖에 유천3리(1명), 대화(2), 정선(2), 삼척(1), 태백(1), 동해(1), 속초(1), 홍천(1), 충북 음성(1), 경기도 여주(2), 성남(1) 등의 각지에 흩어져서 대부분 농사를 짓고 있는 것으로 확인되었다.

우리는 앞에서 50년 연속극 드라마의 변화를 일으킨 두 사람의 주인공 봉산리 송재복 씨(70세)와 용산2리 박근선 씨(69세)의 생활사를 살펴보았다. 여기서는 객지에 나가서 자기의 뜻을 펴고 고향을 그리워하는 또 다른 두 사람의 주인공 생활사와 고향 생각을 살펴봄으로써 현재에서 지난날의 고향 마을을 되돌아 보기로 하자. 한 사람은 용산2리 돌암에 살다가 같은 마을 사잇골로 잠시 이사했고, 1971년 27세 때 가족이 강릉으로 이사간 뒤에도 지금까지 자주 고향 마을을 왕래하는 한시 작가로 이름난 김원식(현재 66세) 선생이다. 또 다른 한 사람은 용산2리 사태골(土泰洞)에 살면서 용산초등학교 2학년을 마치고 1967년 부산으로 이사 가서 어려운 역경을 극복하고 자동화 신호전달기기 제조회사를 창업하여 국제적인 사업으로 키운 성실한 기업인 문필가 최헌길(현재 52세) 사장이다.

2. 한시(漢詩)에 담은 고향 추억

나는 1960년 여름방학 때 용산2리 김수진(당시 37세) 이장 댁에서 20일 동안 숙식하면서 마을을 조사했다. 그의 장남이 바로 오늘의 김원식(당시 16세) 한시 작가이다. 3남1녀 중 장남인 그는 초등학교에 다닌 적이 없다. 그 대신 서당에서 한문 공부를 6년간 계속했다. 본인의 말로 사서(四書)는 모두 읽었는데, 삼경(三經)은 읽지 못했다고 한다. 그리고 잠시 도암초등학교 부설 도암고등공민학교에 다니다가 1960년 4·19 이후 폐교되어 한 달반 만에 학업을 중단했다. 부모님과 함께 농사를 지으면서 20세 때 두 살 아래인 부인과 결혼했고, 1960년대 중반 군에 입대하였다. 1968년 6월에 제대하고 고향 마을에 돌아왔더니, 가족이 돌암에서 사잇골(현재의 용평리조트 제2초소 자리)로 이사를 갔더란다. 1971년에는 용평스키장 계획도 없을 때 부친께서 집과 농토(평당 100원씩 7천 평)를 모두 팔고 강릉시 교외지역 난곡동으로 다시 이사 가서 논 3천 평과 밭 500평을 장만하여 지금까지 농사를 짓고 있다. 용산1리에 있던 지금의 알펜시아 리조트 자리인 선산도 팔고 강릉 사천에 산을 새로 장만하여 선조의 산소를 모셨다. 김원식 씨의 표현에 따르면 "선친께서는 감자밥 안 먹고 쌀밥 먹으려고" 이사하셨다고 한다.

　김원식 씨 부인 신옥묵 여사는 병환 중인 노인 시부모를 극진히 섬긴 효성을 기려 1987년 어버이날에 대한노인회 강원도연합회 강릉시 지부장으로부터 효부상(孝婦賞)을 받은 것을 비롯하여, 1994년까지 대한유도회강릉시 지부장, 강원도지사 등으로부터 효부상을 계속 받았다. 시아버님은 70세에 돌아가셨고, 시어머님은 82세에 세상을 떠나셨다. 2남1녀를 모두 결혼시켜 현재 손자손녀가 다섯이고, 모두 따로 살고 있었다. 지금도 60대

〈사진 17-1〉 용산2리를 떠나 강릉시 난곡동에 정착한 김원식 한시 작가 부부. 2009. 4. 20

중반의 나이에 농사일과 살림살이를 직접 맡아 하고 있었다.

2009년 4월 19일, 어느 결혼식장에서 김원식 선생을 만나 피로연을 마친 다음, 함께 곤돌라를 타고 발왕산 정상까지 올라가 용산2리를 내려다보면서 지난날을 회상하고 기념촬영을 했다. 그리고 함께 강릉시 난곡동의 김 선생 댁으로 갔다. 반세기만의 해후 상봉이었다. 갑자기 들이닥친 나와 사진가 엄 선생 두 빈객을 하룻밤 쉬어 가도록 하면서 김 선생 부부가 극진한 대접을 해주었다. 1박2일 동안 우리는 여러 가지 이야기를 나누었다. 용산에서 강릉으로 이사 온 사람들은 연령층에 따라 갑계(甲契)를 조직하고 매월 곗날에 회식하며 즐긴다고 한다. 그 도암댁(道巖宅)의 대청마루 벽에는 가족사진과 함께 '노력견기상(努力見其上, 노력은 그 위를 보고) 생활견기하(生活見其下, 생활은 그 아래를 보라)'는 가훈(家訓)을 자필로 써서 액자에 넣어 걸어 두었다.

〈사진 17-2〉 50년 전 용산2리 이장의 장남 김원식 씨 가족사진과 가훈. 2009. 4. 19

김원식 선생은 강릉시 난곡동 동네 아이들에게 한문을 가르치기도 했고, 동사무소에 서당을 차려 훈장(訓長) 생활을 3년 동안 계속하기도 했다. 1986년에는 강릉농업협동조합 발전에 기여한 공로로 표창장을 받기도 했다. 1993년 49세 때 자동차 사고가 나서 6개월 동안 병원에 입원한 적이 있었다. 그때 병원 생활이 지루하고 무료하니까 소일삼아 어릴 때 서당에서 배웠던 한시 공부를 다시 시작했다고 한다.

그것이 계기가 되어 1995년부터 평창군의 한시 문인들 모임인 평창시회(平昌詩會) 회원이 되었고, 평창군의 가장 큰 축제인 노성제(魯城祭) 한시 백일장에 입상한 것을 비롯하여 매년 전국 각지의 문화원과 향교 등에서 시행하는 한시 백일장에 참가하거나 초대를 받기도 하여 수십 번 입상과 장원(壯元) 상을 받았다. 전국적인 시회 참가범위는 강원도의 평창, 강릉, 정선, 영월, 양양, 속초, 충청북도의 제천, 단양, 청주, 경기도 포천, 전라북도 전주, 정읍, 전라남도 순천, 경상북도 대구, 경상남도 진주, 마산에 이르고 2005년 10월 2일 서울의 경복궁에서 개최된 조선조 과거대전재현(科擧大典再現)에도 참가하여 문무 양과에 모두 급제하였다. 그 당시 시회의 회원들은 거의 대부분 연세가 80대 이상인데 60대 중반의 김원식 씨가 아주 젊은 축에 속했고 한다. 그는 최근까지 쓴 한시 380여 수를 묶어 『용산인 농헌시집(龍山人 農軒詩集)』이라는 제호(題號)로 편집을 마쳤으나 아직 출판은 하지 않았다. 우선 1995년 '노성음사(魯城吟社)'에 처음 참여하게 된 감회를 표현한 한시를 여기에 소개한다.

以文會友
魯城吟社大懸東 詩道傳乘一貫同
庸學不忘修五教 倫綱必守戒三風
晝耕事業金鍊裏 夜讀工夫玉琢中
勝友以文探究席 隱師得覺永充功

글로써 벗을 만나다
노성음사 큰 이름 동쪽에 달고 시도를 전하고 이어서 한 가지로 꿰었네
중용 대학 잊지 않고 오교를 닦고 오륜삼강 반듯하게 지켜 삼풍을 경계하네

낮에 밭을 가는 사업은 금을 다듬는 속으로 밤에 읽는 공부는 옥을 다듬는 것과 같
다
좋은 벗과 글로써 탐구하는 자리에 좋은 선생께 깨달음을 얻어 길이 공을 채워야지

용산인 김원식 선생이 노성제 한시 백일장에서 입상한 한시들 중에서
1995년의 시제(詩題) '노성회고(魯城懷古)'와 1997년의 시제 '노성추색(魯
城秋色)'은 평창문화원에서 연간으로 매년 발행하는 『노성의 맥(脈)』제10
집(1995: 155)과 제12집(1997: 229)에 수록되었다.
산촌생활의 심경을 드러낸 한시도 있고, 육순(六旬) 생일 아침에 읊은
한시도 있다.

山村卽事
卜地山村傍綠陰 變遷世事不關心
草堂對酒風流足 燈案吟詩道味深
遠望嵯巖千尺劍 閑開澗水七絃琴
功成富貴吾無慾 鑿井耕田是分尋

산촌 그 자체의 일
산촌에 살면서 녹음을 가까이하고 변천하는 세상일은 관심이 없네
초당에 술을 대하니 풍류는 족하고 등불책상 시를 읽으니 도의 맛이 깊네
멀리 깎아지른 바위 보니 천자의 칼을 깎았고 한가로이 흐르는 물소리 들으니 칠현
금이네
공을 이룬 부귀는 내 욕심이 없고 우물 파서 마시고 밭 갈아 먹으니 내 분수를 찾노
라

生朝自吟
龍山胎生歲甲申 無成今到六旬春
聊耕薄土先從業 幸習良書僅守眞
未報思親親己土 猶慙欺我我其人
心常壯健曾霜鬢 鈍步行程世夢伸

생일 아침 스스로 읊음
용산에서 갑신년에 태어났는데 이룬 일 없이 이제 육순 봄에 이르렀네
그럭저럭 박토를 갈며 먼저 업을 좇고 다행히 양서를 익히니 겨우 참됨을 지키네

보하지 못하고 어버이를 생각하니 어버이는 이미 흙이 되고
오히려 부끄러운 것은 나를 속였으나 나는 그 사람일세
마음은 항상 젊고 씩씩하나 희끗희끗한 머리 더하니 둔보로 가는 길에 세상 꿈을
펼치네

송아지를 길들이고 봄에 밭을 가는 한시에는 '멍에'와 '겨리' 또는 '보구
래' 등 용산 특유의 경작농기구와 소의 경작 노동용어 및 부부가 함께 일
하는 모습이 나온다.

馴犢
天地氤氳擇吉朝 調馴黃犢勢尤驕
荷軥後退驚前走 牽耒南奔急北跳
牽夫請休輕撫頰 耕夫促去脅鞭條
二三日習能成畝 使爾營農我奉饒

송아지 길들이기
천지인온에 좋은 날을 가리어 길들이는 누런 송아지 기세 더욱 교만하네
멍에를 메니 뒤로 물러섰다가 놀라 앞으로 달아나고
보구래 끄니 남쪽으로 달아났다가 급하게 북쪽으로 뛰네
이끄는 지어미 쉼을 청해서 가볍게 뺨을 어루만지고
밭가는 지아비 가기를 재촉해 위협으로 나뭇가지로 채찍질하네
이삼일 익혀서 능히 밭이랑 이루니 너를 부려 농사지어 우리 식솔 넉넉하네

春耕
負山抱水僻村居 欲稼春耕活計舒
陽厚田園誠播種 雨霏隴陌更治渠
兩牛緩步相牽耦 老叟奔忙與把鋤
勤勉三農歌擊壤 康衢煙月食糧餘

봄갈이
산을 지고 물을 안고 벽촌에 살고 있으니 심고자 봄을 갈아 살아갈 계교를 펴네
양지 두터운 전원에 진실로 씨를 뿌리고 비가 질펀한 농맥에 다시 도랑을 다스리네
두 마리 소 느린 걸음으로 서로 겨리를 끌고 늙은이 바쁘게 더불어 호미를 잡았네
부지런히 힘쓰는 삼농에 격양을 노래하니 강구연월에 식량이 남았네

산간벽촌에도 문명의 이기 휴대전화기가 들어와서 작고 간편한 기계를 주머니에 넣고 다니며 수시로 소식을 주고받으니, 다양한 기능이 일상생활을 얼마나 간편하게 하는지 그것이 보물상자라고 감탄하는 시를 썼고, 2018년 동계올림픽 대회를 자신의 고향인 평창(용산리 용평과 알펜시아 스키 리조트)에 유치하기를 바라는 시도 썼다.

電話機
電話文明僻遠覃 技機生活簡便譜
鳴鐘始旋回還軸 交信相開送受盦
親切音聲仁聲吐 溫和言語德情含
囊中僅少携行品 多樣多能寶物函

전화기
전화 문명이 외지고 먼 곳까지 뻗으니 기기가 생활에 간편함을 알겠네
종이 울리니 회환의 축을 돌리기 시작해서 소식을 전하니 서로 송수의 뚜껑을 열었네
친절한 음성은 어진 천성을 토하고 온화한 언어는 덕의 정을 먹음네
주머니에 넣고 다니는 아주 작은 물품이 다양하고 다능한 보물을 담았네

二千十八年冬期世界體典平昌誘致希望
幸福平昌是別天冬期體典願希年
桐場第一宣揚地客館無雙誘致筵
內治傾心回旺運外交注力有親緣
如斯大事成功後國威雄飛世界傳

2018년동계올림픽 평창유치 희망
행복 평창 이 별난 하늘에 동계올림픽을 원컨대 바라는 해이네
스키장이 제일로 선양하는 땅이요 손님 맞는 집이 무쌍하니 유치하는 자리이네
내치로 마음 기울여 왕성한 운이 돌아오고 외교에 힘을 쏟아 친한 인연이 있네
이와 같은 큰일을 성공한 뒤에는 나라 위상이 웅비하여 세계로 전하리라

3. 한 기업가 부부의 삶과 고향 생각

최헌길 씨가 나의 메일(2009년 3월 9일)에 대한 회신으로 내게 보낸 첫

답장(3월 31일자 메일)에 다음과 같은 내용이 들어 있었다.

고향을 떠나 온 지 42년이 지났습니다. 그동안 고향에 대해 관심을 가져주셨던 분이 없었던 터라 교수님의 크신 배려가 더 없이 애틋하고 고맙게 느껴집니다. 저는 몇 년 전 뇌출혈로 수술을 받은 후 작년 봄 자그마한 농장을 구입하여 건강관리에 전념하고 있습니다. 요즘은 갑자기 닥친 경기불황으로 직원들에게 맡겼던 일을 직접 챙겨야 하는 경우가 많아지고 있습니다. 4월 중순쯤이면 회사의 비상운영계획이 완료될 것으로 생각됩니다. 집사람이 교수님의 전화번호를 알고 있는지 모르겠으나 미리 연락을 드리고 찾아뵙겠습니다. 좋으신 분을 만나 뵙게 되어 행복한 마음입니다.

그 뒤로 서울(4월 28일)과 부산(6월 23-24일)에서 최 사장 부부를 직접 만나 두 분의 생활사 이야기를 직접 듣고 편지를 30회가량 주고받았다. 특히 부산에서는 (주)큐라이트(Q-Light, 자동화 신호전달기기), (주)큐라이트전자(특수형 리미트센서), (주)벅스북(온라인 평생교육원) 및 (사)한국독서문화재단(부설 글나라연구소·글나라도서관)을 참관하였고, 김해 공장과 삼랑진의 '토끼와 옹달샘' 농장 숲 속 도서관과 체험학습장에도 다녀왔다.

최 사장은 1958년 경기도 포천군 일동에서 태어났다. 그 당시 아버지는 거기서 장기 군복무를 하고 계셨다. 두 살 때까지 형(1951년생)과 함께 어머니 밑에서 살았지만, 아버지가 친어머니와 이별한 후 용산2리의 큰아버지(찬옥) 댁에 맡겨졌다. 그 후 아버지가 오랜 직업군인 생활을 마무리하고 새어머니와 용산2리로 돌아와 같이 살게 되면서 형제는 정서적 갈등을 겪게 되었다. 형은 결국 열두 살 때 집을 나갔다. 최 사장은 용산초등학교 2학년을 마치고 새 가족과 함께 부산으로 이사를 하였지만, 새어머니와 이복형제가 합쳐진 낯선 환경에 적응하지 못한 채 외롭고 우울한 생활을 할 수밖에 없었다.

우리가 부산에서 1박2일을 함께 지내고 나서 서울로 다시 돌아온 뒤에 최 사장 부부가 내게 편지를 보내왔다. 최 사장의 편지 내용에는 다음과 같은 어린 시절의 우울했던 생활과 그 기억을 지금까지 마음속에만 두고 있었던 심경을 토로하기도 했다.

두 분과 함께하면서 아프기만 했던 어린 시절의 기억을 떠올리는 게 잠시 힘들기도 했지만, 그러한 기억을 거리낌 없이 말할 수 있었다는 점에서 가족을 만난 듯 편안했습니다. 어렵게 애를 쓰고 살아온 날에 비하면, 지금의 결과가 부족하다는 생각도 들고, 더 많이 이룬 자들에 비하면 보잘것없다는 생각까지 들 때도 있지만 교수님을 뵌 후론 자신감을 가져야겠다는 생각도 하게 되었습니다. 앞으로는 작더라도 최선을 다한 지금의 결과를 아끼고 소중하게 생각할 작정입니다.

부인 이기숙 여사의 편지에서도 비슷한 사연을 발견할 수 있었다.

사실 지나온 길을 되돌아보기 두려워 피해 온 것도 사실입니다. 남편에게 횡계는 그립기도 하지만, 무척 우울하고 슬픈 곳이기도 합니다. 저 역시도 몇 번 다녀온 적이 있지만, 친어머님을 마음껏 뵐 수 없었고, 고향을 다녀온 사실도 숨겨야 하는 것이 큰 부담이었습니다. 하지만 교수님을 뵈면서부터 두려운 기억보다는 소중하고 귀한 기억들이 더 많다는 것을 깨닫습니다. 작은 가시덤불에 막혀 맛있게 익은 산딸기를 따볼 엄두도 못 냈던 것 같은 어리석음도 알게 되었고요. 행복한 기억이든 불행한 기억이든 마주 앉아야 할 소중한 것임을 새삼 깨닫게 되어 감사합니다. 오늘 남편은 솜털 보송한 유년의 마음과 모습이 되어 활기찹니다."

최 사장은 부산에서 초등학교 4학년 때 루시 모드 몽고메리의 소설 『빨간 머리 앤』을 읽고 크게 감명을 받아 외롭고 힘든 처지였지만 성실하게 열심히 공부하고 일하면 성공할 수 있다는 확신을 갖게 되었다고 지난날을 회상했다. 그는 공업고등학교에 진학했고, 재학 중에 독서회를 조직하여 회원들 간에 독회를 하면서 교양을 쌓았다. 부인 이기숙 여사를 처음 만난 것도 독서회에서였다고 한다.

그가 스무 살 때쯤 군 입대를 앞두고 고향 용산리를 찾았던 적이 있었다. 약 12년 만에 찾아갔던 용산초등학교에서 보았던 학생들의 모습에서 어릴 때 동화책 한 권을 읽을 수 없었던 자신의 어린 시절이 기억에 떠올라 강릉까지 가서 동화전집을 사다 준 이야기도 나에게 들려주었다. 그때 아이들이 보내준 편지가 있었는데, 가끔 그 편지를 읽으며 고향을 기억하곤 했었다고 한다.

그는 〈글나라〉 사이트에 「아빠의 편지」를 쓰게 된 동기('1. 아빠의 편지를 시작하며')와 '14. 아빠의 고향'에서 다음과 같은 이야기를 전했다.

아빠의 나이가 벌써 마흔넷이 되었다. 엄마와 결혼한 지는 17년이 되었고, 큰딸 수빈이를 낳은 지는 15년이 되었다. 그러니 아이를 키우기 시작한 지도 15년이 되었다는 얘긴데, 돌이켜보면 아빠가 우리 아이들을 위해서 한 일은 많지 않은 것 같구나….솔직하게 말해서 아빠는 지금까지 너희들에 대한 관심은 엄마의 몫이라고 생각해 왔다. 그러나 아빠의 나이가 마흔 중반에 접어들어 가끔은 삶이 힘겨워지고 엄마도 모르고 물론 우리 아이들은 더욱 모를, 아빠의 인생에 대한 초조감이 들기 시작하면서 이제부터라도 우리 아이들을 위해 무언가를 해야겠다는 생각이 문득문득 들곤 했었다. 오늘부터 아빠는 가끔씩 시간을 내어 너희들에게 편지를 쓰려고 한다. 아니, 편지라기보다는 너희들과 함께하는 시간에 대한 아빠의 기록이고 사랑이라고 표현하는 게 좋겠다. 생각대로 잘 될지는 모르지만 아빠가 쓰는 이 편지가 우리 가족의 웃음이 되고, 추억이 되어, 너희들이 자랐을 때 작으나마 힘과 위안이 되었으면 한다.(2001. 7. 22)

너희가 커가면서 때로 아빠의 고향이 어디냐고 묻는다. 아빠의 고향에 한번 가보자는 소리도 한다. 아마 부모님이 시골에 고향을 둔 아이들을 보고 부러운 마음이 들었을 게다. 그런 소릴 들을 때마다 아빠는 마음이 저리다. 아빠의 고향을 한번 데려는 가야겠는데 보여줄 것이 없다. 친척들도 이미 다 떠나 버려, 인사를 드리고 하룻밤 묵을 곳도 없다. 그 옛날 아빠 것이라고 생각했던 모든 것은 주인이 생겨 땅을 밟는 데도 돈을 주어야 한다. 스키장을 만드느라 형질이 변경되어 낯선 곳이 더 많다. 아빠와 그렇게도 친했던 산과 나무와 꽃과 새들은 이미 울긋불긋한 옷을 차려입은 도시 사람들과 친해져 그 옛날 여덟 살짜리 코흘리개를 알아보지 못한다. 어떤 것이든 옛날 그대로인 것은 없다. 그래서 고향은 언제나 '마음의 고향'일 뿐이라고들 말한다. 그러나 아빠의 경우처럼 고향이 송두리째 없어지고 보면 그 마음의 고향조차 잊혀져 가는 듯한 상실감이 문득문득 아픔으로 다가오기도 한다….아빠는 아직 아빠의 고향에 대한 이야기를 다하지 못했다. 다음 기회엔 '아빠의 겨울 고향'에 대해 이야기해 주려 한다. 아빠의 고향은 겨울을 빼고는 이야기할 수 없는 곳이기 때문이다. 그리고 자기가 촌놈인 줄도 모르는 진짜 촌놈이 갑자기 부산이라는 대도시로 내려와 겪었던 웃지 못할 이야기도 들려주마.(2002. 8. 30)

그러나 실제로 아빠(최 사장)는 자녀들에게 약속했던 '겨울 고향 이야기'와 '부산에서 겪었던 웃지 못할 이야기'를 8년이 지난 지금까지 아직은 들려주지 않은 것 같다.

최 사장의 부인 이기숙 여사는 두 살 때부터 할머니께서 홀로 키워 주셨다. 한국전쟁 때 할머니와 아버지가 함경도에서 피난하여 남쪽으로 내려오신 뒤에 부모님이 결혼하여 딸(이기숙)을 하나 낳고 두 살 때 아버지가 돌아가셨다. 어머니는 개가하였고, 할머니가 오직 하나뿐인 피붙이 손녀딸을 어렵게 키우고 공부시키셨다. 사회사업기관에서 손녀딸을 미국에 입양시키자고 제의해 왔을 때도 단호하게 거절한 할머니셨다. 직장에 나가면서 고등학교에 다닐 때 최 사장을 만났고, 결혼하기 1년 전에 두 사람이 횡계에 살고 계신 최 사장의 친어머님께 인사를 드리러 갔다. 그때 용산초등학교를 방문하여 두 사람이 학생들과 함께 기념촬영을 한 적이 있다. 그 다음 해 1984년에 결혼했고, 신랑(26세)과 신부(23세)가 신혼여행을 설악산으로 갔다가 또 용산리에 들렸다고 한다. 그때는 겨울이었고, 한창 용평스키장과 콘도 증축공사가 진행 중이었다고 한다.

두 분은 결혼한 뒤에 직장에 다니며 대학의 학부 과정에서 각자 영문학과 교육학을 전공했고, 이기숙 여사는 교육학 박사과정까지 수료했다. 큰딸 수빈(1986년생)을 가졌을 때에는 수입도 좋고 생활형편도 괜찮았다. 그러나 어려운 고비도 여러 번 겪었다. 사업 초기, 납품업체의 부도로 최 사장의 회사가 도산했을 때는 둘째 딸 유빈(1988년생)과 아들 승혁(선혁, 1990년생)이의 우유값을 걱정할 정도로 살림 형편이 어려웠다고 한다. 그 무렵 이기숙 여사는 독서지도 전문가 공부를 시작하였고, 이후 독서문화원을 운영하며 독서지도 전문가의 길을 걷게 되었는데, 부산방송과 한국방송 텔레비전에 출연하여 독서와 글쓰기 지도 과정을 강의하였다. 각 시도 교육연수원 독서 전문 강의도 진행하였다.

그런 경력을 바탕으로 이기숙 여사는 2001년에 〈글나라〉 홈페이지를 개설한 것을 비롯하여, 2004년에는 글나라연구소를 설립하였고, 2005년에는 사단법인 한국독서문화재단을 설립하여 현재까지 이사장직을 맡고 있다.

〈사진 17-3〉 (주)큐라이트 최헌길 사장 부부와의 면담. 2009. 6. 23

아동도서 6천여 권과 학부모(논술 글쓰기)도서 3천여 권을 갖춘 꿈꾸는 글
나라도서관도 개관하여 무료로 이용하도록 제공하고 있다. 그런 모든 사
업들을 운영하는 데에 소요되는 비용 매월 1천만 원가량을 최 사장이 운
영하는 (주)큐라이트와 (주)벅스북에서 지원받는다고 한다.

　최 사장은 자신의 회사를 설립할 때까지 다른 기계 제조회사에 근무하
면서 충분히 국산화할 수 있는 신호전달기기들을 비싼 가격으로 수입을
해야 하는 상황을 안타깝게 생각했다. 1990년대에 들어오면서 한국에서는
플랜트 설비 및 자동화 산업이 크게 발전하고 성장했지만, 설비의 자동화
에 꼭 필요한 신호전달기기의 혁신적인 개발과 다양화가 이루어지지 못
했기 때문이었다. 그런 문제점을 해결하기 위해서 최 사장은 1992년 큐라
이트(Q-Light) 회사를 설립하였고, 고품질의 신호전달기기를 생산하기 시
작하였으며, 국내 최초의 LED 광원 제품 등 250여 종의 신제품을 개발 보
급하면서 여러 분야에서 기술 특허를 획득하였다.

그런 공로를 인정받아 1993년에는 과학기술처 방폭형 경광등 국산개발 업체로 선정되었다. 그리고 국내의 최다 기종 생산, 최다 판매(시장점유율 65%)라는 성과를 올렸을 뿐만 아니라, 국제적으로도 품질경영 시스템(ISO 9001)을 통해 품질 고급화와 표준화를 실현하였고, UL과 CE 등 세계적인 인증기관에서 품질의 우수성을 인정받았다. 첨단 신호전달기기를 생산하는 중소기업으로서 그 회사에서는 2백 명 안팎의 직원이 연간 매출실적 300억 원가량을 올리고 있었다. 사장실에는 인사원칙(人事原則)으로 보이는 "용인불의(用人不疑, 일단 채용한 사람은 의심하지 않고) 의인불용(疑人不用, 의심스러운 사람은 채용하지 않는다)"이라는 글을 걸어 놓았다. 그리고 사훈(社訓)으로는 1. 국제적 사고, 2. 창의적이고 논리적인 사고, 3. 구체성과 치밀함을 바탕으로 한 능률적 사고, 4. 외양보다 내실을 중시하는 사고를 강조하고 있다.

현재 최 사장이 경영하는 회사는 크게 4개 회사로 구분된다. 첫째는 자동화 신호전달기기를 생산하는 (주)큐라이트, 둘째는 특수형 라이트센서를 생산하는 (주)큐라이트전자, 셋째는 중국에서 자동화 신호전달기기를 생산하는 상해큐라이트전자유한공사, 넷째는 온라인 평생교육원(글나라연구소, 글나라도서관, 〈글나라〉 사이트)을 지원하는 (주)벅스북이다. 한국본사는 부산시 서대신동에 있고, 공장은 경남 김해시 상동에 있으며, 서울시 구로동에 서울영업사무소가 있다. 중국 현지법인은 상해 공장 및 영업사무소(2001 개설), 심양 영업사무소(2002), 심천 영업사무소(2003), 북경 영업사무소(2007), 그리고 일본 나고야 현지사무소(2004)가 있다. 앞서 최 사장의 편지에서 밝힌 것처럼 수년 전 뇌출혈로 수술을 받은 후 2008년 봄 건강관리를 위해 샀다는 삼랑진의 농장이 바로 '토끼와 옹달샘'의 터전이다. 그곳은 현재 직원 연수원으로 사용하면서, 숲 속 교육현장 및 도서관으로 일반인에게 개방하고 있다.

이처럼 최 사장과 이 여사 부부는 각자 또는 힘을 합하여 엄청난 사업들을 일구고 과중한 업무를 수행하느라고 건강에 무리가 왔고, 최 사장의 뇌출혈을 계기로 가족의 소중함을 더 절실하게 느끼게 되었다고 한다. 그런 위기의 상황을 이기숙 여사가 내게 쓴 2009년 3월 12일자 편지에서 읽을 수 있었다.

약 2년 6개월 전 바쁜 업무와 해외출장, 업무 스트레스로 남편은 뇌출혈 수술을 받았습니다. 다행히 훌륭하신 박사님을 만난 덕분에 수술이 성공적이어서 완쾌 후 이전과 변함없는 활동을 할 수 있게 되었지만, 저희 가족에게는 충격과 걱정을 안겨 주었고, 지금도 격월로 병원을 방문하여 약물치료를 받고 있습니다. 때문에 남편은 건강과 회사일 두 가지를 성공적으로 해 나가기 위해 더 많은 노력을 하고 있답니다. 그리고 그때 저는 대학원 박사과정 마지막 학기여서 겨우 과정만 수료하고 되도록 고요히 지내고 있습니다. 그간 너무 바쁜 활동으로 남편과 가족을 너무 외롭게 했던 게 반성이 되어서요.

2008년 세계적인 경기 불황으로 어려워진 기업 환경이 쉽게 개선될 기미가 보이지 않아, 최 회장은 근자에 중국공장 방문이 잦은 편이다. 2009년 연말도 중국에서 지내다가 12월 31일 귀국했다. 경기침체를 극복하기 위해 많은 분야를 직접 챙기느라 피곤한 한 해였지만 2008년의 매출을 회복하는 수준에서 마무리되어 다행이었다고 전해 왔다. 2010년 9월 15일, 상해에서 최 사장이 쓴 편지에는 올해의 가족생활과 회사 경영 변화 및 미래 계획까지 압축해서 전해 주는 내용이 들어 있었다.

금년 1월 한평생 손녀만을 바라보고 사셨던 할머니(처조모)가 다음 세상으로 가셨습니다. 올해 아흔여섯이니 장수하셨지만 집사람은 여전히 슬픔을 떨치지 못하고 있습니다. 개인적으로는 손녀가 잘사는 모습을 보시고 가시게 된 점이 다행스럽다는 생각을 하고 있습니다. 큰딸 수빈이는 USC(남가주대학) 편입을 최종 결정 받고, 지금은 한국에 건너와 있습니다. 졸업 후 로스쿨에서 변호사 공부를 하는데 도움이 될 것이라며, 며칠 전부터 국가인권위원회에서 인턴 근무를 하고 있습니다. 작은딸은 제법 공부를 열심히 했는지 모든 과목에서 A학점을 받아 연말 좋은 학교로 편입 신청을 할 수 있을 것 같다고 합니다. 막내 승혁이는 올 7월에 공군에 입대하여 기본 훈련과정을 마치고 지금은 특기학교에서 훈련 중입니다. 아이들 모두가 집을 떠난 상황이라 집사람과 둘만 있으면 적적한 기분이 들 때도 많습니다. 집사람은 이런 상황을 나이 드는 연습과정이라고 합니다. 제가 해외에 있을 기간엔 집

사람이 혼자 있는 상황이라, 가급적 같이 나오기 위해 상해 공장 인근에 조그만 아파트를 임대할 계획입니다. … 회사는 올 한해 제가 실무 경영에 매진한 결과, 해외수출·국내내수·중국 판매 모든 분야에서 30~40퍼센트의 매출이 증가하여 매우 안정된 경영 상태를 유지하고 있습니다. 생산량에 비해 김해공장이 너무 좁아 효율성에 문제가 많았는데, 마침 옆 공장이 이사를 하게 되어 인수하기로 하였습니다. 공장이 추가 구입되면 작업장과 외국인 근로자 숙소, 그리고 식당까지 겸하게 되어 경영 효율이 높아질 것으로 예상됩니다.

최 사장은 삼랑진에 있는 '토끼와 옹달샘' 농장의 숲 속 도서관과 체험학습장 건설 사업에도 정력을 기울이고 있었다. 본관 신축건물을 짓기 위해 2009년 내내 토목공사를 진행하여 건물의 토대를 마련하였다. 건물의 신축은 1년 정도의 침하 기간을 기다렸다가 2011년 가을쯤 시작할 예정이라고 한다. 이렇듯 그는 매사에 장기적인 안목을 가지고 계획을 세우고 준비와 실행에 만전을 기하는 습성이 몸에 배었다. 자기 가족과 회사의 식구들을 끔찍이 사랑하고 뒷바라지해 주고 있다. 그뿐만 아니라 형제와 조카들은 물론 일가친척에 대한 배려가 남다르다. 어릴 때부터 함께 고생하면서 자란 일곱 살 위의 친형에게는 금사동 공장의 경영을 맡겼다. 네 살 아래인 이복동생이 세상을 뜨고 나서 조카가 애처로워 둘째 큰아버지로서 어떤 형태로든지 도와주려고 배려하는 모습이 역력하였다. 그 모습은 마치 자기 자신이 어릴 때 넷째 큰아버지께서 지극히 돌봐주셨던 은혜를 내리 갚으려는 마음씨처럼 보였다. 큰어머니와 큰고모, 작은고모 부부, 그리고 사촌들과 감천동 일가들에 대한 극진한 정성과 애정도 고향을 떠나 객지에서 살아오는 동안에 더욱더 마음속에 깊이 새겨진 것처럼 보였다. 2011년 3월 초에는 최 사장 부부가 미국에 있는 딸들을 방문하고 귀국하여 전화로 가족의 근황을 전해 왔다. 큰딸은 남가주대학교, 작은딸은 UC버클리대학교에서 유학하고, 부산대학교에 재학 중인 아들은 현재 공군 사병으로 복무하고 있다.

18. 50년의 파노라마

　지나간 50년(1960-2010) 연속극의 주요 장면들을 주마등처럼 돌려 가며 일별하여 둘러보았다. 첫 번째 연속극의 장면에서 보고 느꼈던 것이 지금까지 거의 변하지 않은 것도 있었고, 아주 사라진 것도 있었으며, 크게 변한 것도 많았다. 제1회 연속극의 장면에는 없었던 것이 중간에 새로 등장했다가 뒤에 없어진 것도 있었고, 다르게 변형된 것도 있었으며, 제50회 연속극에 이르기까지 이어져 내려오는 것도 있었다.

　거기에 더하여 나 자신이 50년 동안 너무 많이 변했다는 느낌도 들었다. 대학 2학년 때 군에 입대하여 학보(학적보유)병으로 1년 반 만에 귀휴 제대하고, 대학 3학년 여름방학 때 40일간 봉산리와 용산리에서 하루 세 끼니 감자를 주식으로 먹으면서 첫 번째 조사연구를 했던 것이 1959-60년이었다. 그리고 이번에 같은 지역을 다시 방문하여 조사연구를 했던 것이 2009-10년이었다. 그 동안에 나는 가정과 사회적으로 미혼의 20대 청년에서 기혼의 70대 노인이 되어 아내와 자녀 그리고 대학생 손자까지 두었다. 학업과 직업으로는 첫 번째 조사연구 자료를 이용하여 대학 졸업논문과 대학원 석사논문 그리고 전문 학술지에 수편의 논문을 썼고, 대학 강단에 선 지 38년 만에 교수직을 정년퇴임하고도 10년이 지났다. 이번의 조사연구 자료는 이 책 한 권을 쓰는 바탕이 되었다. 그 동안에 자연과 인간과 문화를 보는 나의 시각과 견해도 일부는 전과 다름없지만 변한 부분도 많을 것으로 생각된다.

　그래서 50년의 파노라마는 너무 길게 느껴지기도 하고 지나간 세월이 아쉽고 짧게 생각되기도 한다. 여기서는 지난 반세기 동안에 상대적으로 변하지 않은 현상들을 먼저 살펴보고 나서, 사라져 없어진 현상들, 변화한 현상들을 차례로 밝혀 보기로 한다.

1. 변함없이 이어져 온 것들

10년이면 강산도 변한다고 했는데, 10년이 다섯 번이나 바뀌고도 크게 변하지 않은 것은 무엇일까? 봉산리와 용산2리 두 산촌의 명칭과 경계, 그리고 그 안에 있는 자연부락과 골[谷]의 명칭은 50년 전이나 지금이나 고유명사 그대로 이어져 내려오고 있다. 반세기 전에는 행정구역상 두 마을이 모두 강원도 평창군 도암면에 속하여 이웃 간의 거리가 멀기는 했어도 두 마을 사람들의 왕래가 빈번하였다. 그런데 1973년 행정구역 개편에 따라 봉산리가 도암면에서 진부면으로 이관된 이후에는 전과 똑같은 거리에 살면서도 두 마을 주민들 간의 왕래가 거의 단절되었다. 그리고 2007년에는 도암면의 명칭이 대관령면으로 바뀌었다. 그럼에도 불구하고 봉산리와 용산2리 명칭과 경계가 그대로 있었기 때문에 50년 전과 후의 조사연구가 혼돈 없이 진행될 수 있었다.

더구나 50년 전에 두 마을에 살았던 사람들 특히 가구주 성명과 가족 및 친족관계를 가명이나 익명으로 쓰지 않고 실명으로 써서 지금까지 그대로 보존했던 사실은 반세기가 지난 뒤에 그들의 생애와 주거이동 및 후손들의 근황을 확인하고 추적하는 데에 결정적인 실마리가 되었다. 반세기 전에 봉산리와 용산(2)리에 살았던 사람들 중에 지금까지 계속해서 그 마을에 살고 있는 사람들이 있다. 봉산리에는 반장 김순남 씨(당시 6세)와 이장 손장수 씨(당시 5세)가 살고 있으며, 용산2리에는 반장 이길렬 씨(당시 8세)와 그의 어머니(당시 35세) 그리고 타계한 김복회 씨의 부인 이연종 씨(당시 27세)가 살고 있다.

두 마을 사이에 있는 발왕산(1,459m)과 봉산리의 박지산(일명 투타산, 1,391m), 두루봉(1,225m), 용산리의 용산(1,028m)은 아직도 두 마을을 산촌이라고 부를 만하게 우뚝 솟아 산골짜기를 이루고 있다. 또 두 산골 마을의 골짜기를 꿰뚫어 흐르는 봉산천과 용산천도 변함없이 그대로 흐르고 있다. 다만 옛날에는 봉산천과 용산천을 외나무 다리로 겨우 한 사람씩만 건너다닐 수 있었는데, 지금은 폭넓은 콘크리트 다리로 대형 트럭도 지나갈 수 있게 바뀌었을 뿐이다. 밭둑에 서 있던 돌배나무 고목들은 지금도 여전히 밭에서 일하다가 잠깐 쉬는 이들에게 그늘이 되고 있다. 마을의 언덕배기 숲 속에 듬성듬성 놓인 통나무로 만든 꿀벌통들도 예나 지금이나 다름없이 제자리를 지키고 있는 것 같다. 횡계리의 황태덕장도 50년 전이나 지금이나 해마다 11월부터 이듬해 3월까지 그 고장에서 볼 수 있는 명물로 남아 있다.

지명과 산천의 고유명사 및 자연경관뿐만 아니라 주민들의 공동체 신앙과 의례의 상징인 서낭당과 서낭제도 50년 동안 거의 변하지 않고 이어져 내려오고 있다. 봉산리 발왕동의 서낭목과 서낭당 및 서낭제는 지금도 전과 다름없이 반장 김순남 씨와 이장 손장수 씨에 의해서 그대로 존속되고 있다. 용산리에서도 돌암과 곧은골의 서낭목, 서낭신역, 서낭당, 서낭제가 같은 날 같은 시간에 공동체 신앙의 대상으로 치성을 다하여 모셔지고 있다. 2009년에는 돌암 서낭제를 박근선 씨(1960년 당시 21세)와 김광식 씨(1960년 당시 1세)가, 그리고 곧은골 서낭제는 반장 이길렬 씨와 황상기 씨(1960년 당시 6세), 그리고 중간에 이사 온 허찬 씨(2009년 당시 55세)가 함께 지냈다.

가족과 친족의 조상숭배 의례인 기제(忌祭)와 시제(時祭)도 예나 지금이나 거의 변함없이 거행되고 있다. 마을의 이장과 반장, 반상회, 부녀회, 영농회와 같은 공식적인 사회조직도 연속성을 가지고 있다. 옛날에 봉산리와 용산2리에 함께 살던 동년배 주민들이 지금은 횡계, 진부, 강릉 등 가까운 지역에 흩어져 살면서도 비공식적인 갑계를 조직하여 부부동반으로 친목회와 회식을 하면서 지난날을 회상하고 오늘을 즐기고 있다.

2. 사라지고 단절된 것들

지나간 50년의 옛일을 돌이켜볼 때, 그동안에 변하지 않고 지금까지 이어져 내려오는 현상보다는 그전에 있었던 것이 없어져서 단절된 현상이 더 많은 것처럼 느껴진다. 우선 내가 50년 전 두 마을에서 40일을 지내면서 직접 만나 질문하고 응답을 받아 적었던 가구주 107명(봉산리 38명, 용산2리 69명) 중에서 단 한 사람도 지금 그 마을에는 살고 있지 않았다. 그 당시 남성 가구주의 부인이었던 용산2리 반장의 어머니와 이연종 할머니만 그 마을에 살고 있다. 그리고 당시에 5-6세의 어린이였던 현재의 봉산리 이장과 반장 및 용산2리 반장만 그 마을에 상주하고 있다. 107명의 가구주 중에서 현재 다른 곳에서라도 생존하고 있는 것으로 확인된 이는 봉산리 38명 중 2명과 용산2리 69명 중 6명이었다. 봉산리에 살던 손길원 씨(당시 33세, 현 이장의 아버지)는 현재 홍천에 살고, 이덕수 씨(당시 21세, 미혼)는 논산에 살고 있는 것으로 확인되었다. 용산2리에 살던 최돈갑 씨(당시 44세)는 진부, 김명재 씨(당시 41세)는 강릉, 김선기 씨(당시 32세)는 진부, 이상렬 씨(당시 20세)도 진부, 김승기 씨(당시 20세, 미혼)는 강릉에 살고 있는 것으로 확인되었다. 그 밖의 다른 이들은 모두 별세한 것으로 확인되었다.

생계 활동과 관련된 현상들도 없어진 것들이 많다. 농업 노동의 형태 중에서 두레·품앗이·질짜기·울력·머슴과 새경 등의 관행이 오래 전에 단절되어 젊은 세대들에게는 그 명칭조차도 생소하게 인식되고 있었다. 전통적인 농기구 중에서 특히 극쟁이·홀치·발구·보구래(따비) 등과 소의 밭갈이 작업인 겨리나 호리 같은 것도 요즘엔 사라져 가는 것들이다. 농작물의 피해를 방지하기 위하여 눈 쌓인 겨울에 창으로 멧돼지 사냥을 했던 장면도 지금은 볼 수 없는 옛날얘기가 되고 말았다. 마을 사람들이 공동노동으로 떡갈나무와 풀을 베어 퇴비를 장만하고 월동준비로 장작더미를 높게 쌓아 올리던 일도 없어졌다.

옛날의 의식주 생활양식은 조사지역에서 가장 눈에 띄게 변하고 없어진 현상들이다. 남성과 여성 모두가 흰색 한복을 입고 미혼 남성이 머리를 땋아 등 뒤로 늘어뜨린 모습은 봉산리에서도 사라진 지 오래다. 오죽하면 내가 50년 전에 봉산리를 조사할 때 다섯 살이었던 지금의 봉산리 이장이 당시에 찍은 사진과 조사보고서를 보고, 과장해서 거짓으로 쓴 것이라고 부정하면서 그러면 안 된다고 강원대학교 인류학과 대학원생들에게 훈계까지 했을까 하는 세월에 따른 인간만사의 무상함을 느끼기도 하였다. 그 당시에는 일상의 평상복과 작업복 그리고 외출복이 모두 흰색 한복이었다. 서당 훈장과 어린 학생도 흰색 한복을 입는 경우가 많았다. 미혼의 소녀들도 대부분 한복을 입고 있었다. 성인 남자들은 바깥출입을 할 때 주루막(작은 망태기)에 먹을 것을 넣어서 등에 메고 다녔고, 일을 하러 나갈 때에도 호미와 낫, 찐 감자, 옥수수를 넣어 가지고 다녔다. 그러나 지금은 그런 옷차림을 어디서도 찾아볼 수가 없다. 삼을 재배하여 베어 가지고 삼구덕에 쪄서 껍질을 벗겨 삼실을 손질하고, 베틀에 날아서 삼베 길쌈을 하는 일도 봉산리와 용산리에서는 완전히 자취를 감추었다.

마을에 우물이 없어 개울물을 길어다 먹고, 개울에서 세수도 하고 빨래도 하며, 그 아래 멀찍이 떨어져 사는 이웃집에서도 그렇게 물을 이용하던 관행도 없어졌다. 감자를 캐기 시작할 때부터 옥수수를 먹기 시작할 때까지는 아침·점심·저녁 세 끼니를 주식으로 감자만 먹는 집이 지금의 봉산리와 용산리에는 없는 것으로 확인되었다. 곤드레·딱쭈기·누르대·고사리·취나물·청옥·머위·병풍·두릅 등의 산나물도 옛날엔 부녀자들이 일삼아 따다가 일상의 반찬으로 해 먹었지만, 지금은 남녀 똑같이 고랭지 채소를 재배하는 데 황금 같은 시간을 쪼개어 쓰느라고 산나물을 채취할 시간이 없고, 어쩌다 한 번씩 장거리에서 사다가 별식으로 먹는 것이 고작이었다. 산나물뿐만 아니라 거의 모든 식품을 자급자족하던 옛날의 식생활 방식은 없어졌고, 상업 작물을 팔아 식량을 대부분 사다가 먹는 것이 새로운 식생활로 바뀌었다.

눈에 띄게 가장 많이 사라진 것이 전통적인 산촌 주거생활이었다. 옛날의 귀틀집(통나무집) 구조를 그대로 유지하고 있는 집이 봉산리와 용산리에는 하나도 없다. 과거에는 소 없이 농사를 지을 수 없었다. 그래서 집집이 소를 키워 부엌과 외양간이 외부에 노출되어 있었으나 지금은 소를 먹이는 집이 거의 없어졌기 때문에 외양간이 필요 없게 되었다. 어느 집이나 난방과 취사에 기름과 가스를 쓰고 냉장고를 가지고 있기 때문에 부엌·측간·저장고 등의 바깥 부속건물 기능을 집 안으로 끌어들였다. 아궁이·부지깽이·구들장·굴뚝·등잔과 관솔불·고콜 같은 옛날의 난방 등화용 시설과 기구도 모두 없어졌다. 더구나 함께 사는 가족이 대부분 부부로만 구성되어 있기 때문에 옛날처럼 집의 칸막이를 사랑방·아랫방·안방·도장으로 나눌 필요가 없어졌다. 일반 농가는 아랫방과 안방으로 족하고, 아랫방을 거실 겸 주방으로 쓰고 있다.

마을에 상주하는 인구수와 가구수가 급격히 감소했고, 외부에서 들어온 주민들로 이질성이 커졌으며, 외부 사회와의 연계가 더욱 확대되었기 때문에, 전통적인 마을공동체 내부의 사회통제 및 도덕적인 제재의 기준도 훨씬 느슨해져서 사회통합의 기능이 축소되었다. 따라서 마을 주민들의 연대감과 공동체 의식도 약화된 것으로 보인다. 더구나 고랭지 채소 농업의 기계화와 상업화, 시장 지향성 때문에 개별성과 경쟁관계 및 이윤추구의 특성이 강화되는 경향이 있는 것 같다. 그런 특성들을 거꾸로 뒤집어보면 옛날 전통적인 산촌의 생계경제에서 흔히 볼 수 있었던 인간관계와 사회조직 및 협동 관행이 사라져 가고 있다는 것을 알 수 있었다.

신앙과 의례의 면에서는 개인의 한평생과 관련된 통과의례가 상징적으로 보여주었던 신성(神聖)이 세속화되거나 없어지는 경향이 뚜렷하였다. 임신 관리와 출산과정이 집안의 시어머니와 친정어머니 손에서 병원 의사에게 넘어갔고, 자녀의 양육과 훈육과 교육도 조부모를 비롯한 식구들 모두의 관심사에서 부모의 책임으로 돌아갔기 때문에 불확실성과 위험성이 감소되었다고 볼 수 있다. 집안의 신주, 터주, 조왕 등이 머물고 있다고 믿었던 성소(聖所)와 가신(家神) 신앙 및 의례도 가옥구조의 개량과 실용성, 과학적 사고방식에 의해서 약화되고 소멸되어 단절되는 것 같다. 50년 전에 용산리의 일부 주민들이 믿고 있었던 태극도와 성덕도의 신흥종교는 마을에서 완전히 자취를 감추었다.

서당과 초등학교가 문을 닫은 지도 오래다. 50년 전에는 두 마을에 초등학교가 없었고 한학을 가르치는 서당만 있었다. 용산2리에서는 마을 동쪽과 서쪽 끝자락의 일부 학령아동들만 용산1리의 용산국민학교와 유천3리의 도성국민학교 원복분교장에 다녔고, 중간의 사잇골(間洞)과 돌암(道岩) 아이들은 서당에만 다녔다. 봉산리에서는 10킬로미터 이내에 학교가 없어서 서쪽의 봉두곤과 동쪽의 거문골에 서당을 차리고 아이들에게 한학을 가르쳤다. 1973년에 진부면 거문초등학교 봉산분실이 인가를 받아 문을 열었지만, 학생수의 감소로 1998년에 문들 닫았다. 같은 이유로 용산초등학교가 2000년에 폐교되었고, 도성초등학교 원복분교장도 2001년에 문을 닫았다.

벽지 산촌의 고립성도 상대적으로 감소되었다. 자연지리의 절대적인 외부 사회와의 거리는 50년 전과 달라진 바가 없다. 그러나 도로와 교통운수 및 통신수단의 발달과 보급으로 외부 사회와의 상호작용 및 왕래 소요시간과 비용 등 사회적 거리와 상대적 거리가 과거와는 비교할 수 없을 정도로 단축되었다. 두 마을 모두 집집마다 대부분 자가용·전화기·텔레비전을 가지고 있다. 그런 의미에서 한국의 오지 중 오지였던 두메산골 봉산리의 고립성은 상대적으로 약화되었다. 그만큼 주민들의 생활권은 확대된 것이다. 옛날에는 멀게만 느껴졌던 약국과 병원도 비교적 쉽게 다닐 수 있게 되었다. 가벼운 질병이나 상처는 횡계와 진부의 보건소와 일반 병원 또는 의원에서 치료를 받을 수 있고, 좀더 큰 치료나 수술을 받으려면 강릉이나 원주 또는 서울의 종합병원으로 가기도 한다.

용산2리의 고립성은 봉산리보다 훨씬 더 완화되었고, 주민의 생활권은 더 넓어졌다. 따라서 두 마을 주민들이 외부 사회와 교류하는 빈도와 강도로 볼 때 지금도 봉산리가 용산2리보다는 상대적으로 더 고립되어 있다고 말할 수 있다. 용산리에서는 휴대전화가 아무런 문제 없이 잘 통하는데, 봉산리에서는 사방의 높은 산에 가로막혀 휴대전화가 불통이라 외부와의 통화가 안 되고 있다. 강원도 평창군 홈페이지 문화관광 포털사이트에 장장 200여 리의 두메산골 여행코스 중 핵심을 봉산리에 점찍은 것이 바로 그런 까닭에서다.

3. 달라지고 새로 생긴 것들

엄밀하게 따지면 지난 반세기 동안 봉산리와 용산2리 및 그 주변을 통틀어 자연과 인간, 넓은 뜻의 문화까지 절대적로 변하지 않은 현상은 거의 없을 것이다. 쉽게 변하지 않는다는 강산도 변했고, 도로·교량·농경지·주택·기타 시설물 등을 포함한 일체의 경관이 변했으며, 사계절의 기후도 변했다. 행정구역이 바뀌었고, 마을의 취락구조도 변했다. 가구수와 인구수의 감소로 마을 전체의 가옥수가 줄어들었다. 흉물스런 모습으로 무성한 잡초 속에서 금방이라도 무너질 것 같은 살다가 버리고 나간 폐가를 여기저기서 볼 수 있었다.

그와는 대조적으로 국지성 호우와 산사태로 다른 마을에서 가옥을 잃고 재해 보상을 받아 봉산리 발왕골에 들어와 이층 양옥 벽돌집을 산중의 외딴 곳에 짓고 사도(私道)에 안내판까지 세운 경우도 있었다. 용산2리 반장 댁의 이층 벽돌 가옥과 부속건물도 그 마을에서 50년 이상을 살아온 농민으로서는 처음으로 지은 화려하고 웅장한 농가였다. 바로 그 옆에는 황토 빌라 펜션 양옥 건물이 20동가량 몰려 있고, 외지인들의 호화 별장도 새로 들어섰다. 우리의 이번 조사기간 중에 완공된 용산2리 마을회관과 국기게양대는 하나의 새로운 마을의 상징물처럼 보였다. 봉산리 지칠지에는 대광사라는 불교 사찰이 1980년대 말에 새로 들어왔고, 용산2리 천문교 다리 앞 연못가에는 최근 대웅전 하나가 새로 경북 청송에서 옮겨져 왔다.

1975년에 용평스키장 리조트가 개장되었고, 영동고속도로가 개통된 이후 봉산리와 용산2리 가구수가 각기 3분의 1가량으로 감소한 반면에 주변의 횡계리 가구수는 10배 이상 증가했다. 봉산리와 용산리에 살던 사람들은 가까운 주변의 횡계, 진부, 강릉을 비롯하여 서울과 부산까지 전국적으로 흩어져 나갔다. 새로 들어온 사람들도 진부, 주문진, 강릉, 서울 등 다양한 지역 출신들이었다. 1960년에 평균 가구의 크기가 봉산리에서는 5.8인이었고, 용산2리의 경우엔 6.2인이었다. 그런데 2010년에는 봉산리가 2.4인이고, 용산2리 2인으로 평균 가구의 크기가 3분의 1가량으로 적어졌다. 세대별 가구 구성의 변화를 보면 과거에는 3대 또는 4대로 구성된 가구가 많았으나 현재는 청소년층이 거의 없고, 중년층과 노년층 1대 부부로만 구성된 가구가 대부분이다. 횡계리는 1960년 2개 리 175가구였던 것이 2010년에는 13개 리 2,051가구로 늘어나서 여러 가지 복합기능을 가진 작은 도시의 성격을 띠게 되었다.

조사지역 마을 사람들의 생업이 과거에는 주로 감자와 옥수수를 비롯한 식량작물을 재배하는 소규모 생계형의 농업이었으나, 현재는 시장 판매를 위한 셀러리·파슬리·비트·브로콜리·케일·양상추 등 고랭지 서양채소와 무·배추·양배추·감자를 재배하는 대규모 상업농으로 바뀌었다. 농가호당 평균 경지면적도 대규모로 확대되어 1960년부터 1993년까지 33년 동안에 두 마을에서 모두 3배가량 넓어졌다. 농가호당 평균 경지면적이 봉산리의 경우 4,002평에서 12,692평으로 늘어났고, 용산2리의 경우는 4,104평에서 13,091평으로 확대되었다. 호당 경작 규모가 3만 평 이상인 농가는 1960년 두 마을에 하나도 없었는데, 1993년에는 용산2리 전체 농가 22호 중에서 8호로 3분의 1 이상이었다. 그러나 봉산리에는 3만 평 이상의 농가가 전혀 없었다. 그 대신 버려진 농토가 많았다. 농기구도 사람과 소의 힘으로만 다루었던 호미·괭이·보구래·극쟁이·호리·겨리 등의 재래식 수동 농기구에서 트랙터·경운기·퇴비 살포기·비료 살포기·멀칭 피복기·농약 분무기 등의 최신식 자동 농기계로 탈바꿈하였다.

농업 노동력은 옛날의 소규모 가족노동에서 근래에 새로 생긴 대규모

인력회사 임금노동으로 대치되었다. 두 마을의 농가 형태도 1년 내내 마을에 상주하는 농가는 각 마을에 한두 농가에 불과할 정도로 크게 변했다. 농사철 농번기에만 마을에 들어와 농막에 거주하면서 농사를 짓다가 추수를 끝낸 겨울의 농한기에는 진부, 횡계, 강릉 등의 외지에 있는 본가에서 거주하는 출입농가의 형태가 새로 등장하였다. 뿐만 아니라 용산2리에는 마을의 상주농민도 아니고, 농사철에만 드나드는 출입농민도 아닌, 도시의 대규모 영농회사가 새로 들어왔다. 서울에 본사를 둔 영농회사는 용산2리에서 16만 평의 고랭지 채소밭을 임대하여 인력회사의 고용노동으로 무·배추·양배추를 재배하여 서울의 도매시장에 팔았다. 그 영농회사는 제주도에서도 100만 평가량의 임대토지에 채소를 재배했다고 한다.

두 마을 사람들이 주로 이용하던 시장이 50년 전에는 진부 오일장이었고, 진부장의 시장권(市場圈)과 장세(場勢)는 매우 넓고 우세하였다. 그러나 요즘에는 그 규모와 세력이 점차로 쇠퇴하는 경향이 있다. 그 원인은 시장권내의 인구감소와 상설 점포·슈퍼마켓의 증설, 자가용차와 버스의 운행으로 횡계, 강릉, 서울 등의 큰 장을 보기 때문인 것으로 해석되었다. 농산물의 유통체계와 시장의 연결망이 전국적으로 급속하게 발달된 것도 농산촌의 정기시장 세력을 약화시킨 원인으로 꼽힌다.

시장 판매를 위한 상업 작물 위주의 농업과 영농의 대형화, 기계화, 임금노동 등으로 농가의 대량생산이 가능해졌고, 총수입도 지난 50년 동안 크게 증가하였다. 그러나 농기계와 자재비용, 퇴비와 비료 및 농약 대금, 모종 대금, 인건비, 지대, 유통경비 등을 포함한 농가의 총지출 또한 크게 늘어났다. 그럼에도 불구하고 대규모의 영농으로 지난 반세기 동안에 조사지역 특히 용산2리 농가의 순소득은 도시 근로자의 연봉이나 중소기업의 연간 순수입에 못지않은 것으로 파악되었다. 농가의 소비생활 수준과 소비 유형도 도시화 경향으로 크게 달라졌다. 소비생활의 기본인 의복과 음식, 주거용품 일체가 시장에 의존하는 현금경제로 바뀌었기 때문이다.

우리는 앞에서도 조사지역의 고립성을 완화시키고 생활권을 확대시킨 요인으로 도로와 교통운수 및 통신수단의 발달과 보급을 살펴본 바 있다. 특히 1970년대 후반부터 개선된 도로와 승용차 및 화물차의 보급에 더하여 전기·텔레비전·냉장고·가스레인지·보일러·상하수도관·농기계·유선전화와 휴대전화·인터넷 컴퓨터 등의 편의시설 및 현대문명 이기는 조사지역 주민 생활의 모든 측면에 혁신적인 변화를 가져왔다. 그 변화는 생활의 모든 측면에 연쇄반응을 일으켰고, 통신과 정보의 장벽을 허물었으며, 생활권을 전국적으로 확대시키고 세계화로 더욱 넓혀 가고 있다.

이상과 같은 50년 연속극 드라마의 변화를 일으킨 주인공들의 사례가 있다. 봉산리의 송재복 씨는 군복무를 마치고 돌아와 이장 직책을 맡아 학교 설립을 위해 노력했고, 횡계리로 이사 가서 현재 2만5천 평의 감자 농사를 짓고 있는데, 1남3녀를 대학 졸업시키고 장녀는 미국의 병원에서 간호사로 일하고 있다. 용산2리 영농인 박근선 씨는 새로운 상업작물을 재배하여 농업 혁신을 일으켰고, 뉴질랜드 시찰을 계기로 축산 발전에도 공헌했으며, 지금은 대학에서 경영학을 전공하고 대학원까지 마친 1남6녀의 31세 외아들 이장(里長)과 함께 3만5천 평의 밭에 농기계와 고용노동으로 서양 채소를 재배하고 있다.

용산리 고향을 떠나 객지에서 자신만의 독자적인 지경(地境)을 개척한 사례도 있다. 반세기 전 용산2리 이장의 장남 김원식 씨는 초등학교에도 다닌 적이 없고 서당에서 한문만 6년간 배웠는데, 강릉으로 이사 가서 농사를 지으며 동사무소에 서당을 차려 훈장 생활을 했다. 지난 10여 년 동안 전국적인 한시(漢詩) 백일장에서 입상과 장원을 했을 뿐만 아니라, 서울 경복궁에서 개최된 조선조 과거대전(科擧大典) 재현에서도 양과에 모두 급제하였다. 용산초등학교 2학년까지 마치고 부산으로 이사 간 최헌길 씨는 어려운 가정환경 속에서도 역경을 극복하고, 1992년 34세 때 자동화 신호전달기기 제조회사를 창업하여, 지금은 4개의 회사와 교육사업을 총괄하는 기업의 회장으로서 중국과 일본에 여러 개의 해외 영업사무소를 운영하고 있다.

조사지역 일대에 가장 큰 변화를 일으킨 사건은 앞에서도 지적한 것처럼 영동고속도로의 개통과 용산2리의 용평스키장 리조트 및 용산1리의 알펜시아 스키장 리조트 건설과 그 파급효과라고 보아야 할 것이다. 특히 그 사건들이 용산리와 이웃 횡계리 내부에 영향을 주어 일으킨 변화는 지금까지 살펴본 자연·인간·문화 전반에 걸쳐 반세기 동안 사라져 단절된 현상과 변하여 달라지고 새로 생긴 현상들로 요약되었다.

조사지역 내부의 변화에 못지않게 외부의 변화를 일으킨 사건들은 한국이라는 나라 전체 국민의 관심과 아시아 및 세계의 관심을 집중시켰다. 국내에서는 각종 스키캠프, 스키학교, 전국스키선수권대회, 전국동계체육대회, 눈꽃축제, 뮤직캠프 페스티벌 등으로 전국 스키어들과 관광객들을 끌어들였다. 국제적으로는 동계아시아경기대회, 월드컵알파인스키대회, 동계올림픽 유치를 위한 드림 프로그램 등에 아시아와 전 세계의 동계스포츠 선수들과 임원 및 각국의 잠재력 있는 청소년들을 참여시켰다. 특히 기후조건으로 동계스포츠를 경험할 수 없는 나라 청소년들의 꿈나무 육성을 위한 드림 프로그램에는 2004년부터 시작하여 2009년까지 39개국 693명의 청소년이 참여하였다.

2018년 동계올림픽대회가 평창 대관령면 용산리 알펜시아에서 실현된다면 한국을 포함한 전 세계의 더 많은 나라에서 더 많은 선수들이 이 두메산골에 와서 그들이 갈고 닦은 기량을 한껏 발휘할 것으로 기대된다. 올림픽대회 기간에는 개막식을 비롯하여 그들의 신기록은 물론 폐막식에 이르기까지 모든 행사 소식이 평창 대관령면 용산리 알펜시아 경기장의 이름과 함께 다양한 언론매체를 통해 전 세계로 퍼져 나갈 것이다. 아직은 한국에서도 잘 알려져 있지 않았던 가장 오지 중의 오지 두메산골 평창 진부면 봉산리도 이웃 마을 용산리와 더불어 국내는 물론 전 세계에 널리 알려질 것을 기대한다.

산촌조사 관찰·질문 항목

1. 마을의 특성

　1. 위치: 인접 도시, 교통, 도로, 교량, 산, 하천, 경지, 가옥, 기타 시설물 분포, 지명 유래

　2. 자연: 기후 특히 고산지대의 특성 온도(최고저), 일조량, 바람, 서리, 안개, 강우량(일수), 강설량(초만설, 일수, 적설), 서리(초만상), 토지경사도, 토질, 한-수-풍해, 농사와 관련

　3. 행정구역과 자연부락 및 골의 관계, 역사(기록, 전설, 기타 자료)

　4. 마을의 배치: 거주구역, 채마전, 경작지, 묘지, 서낭당, 산신당, 사찰, 교회, 마을회관 등

　5. 마을 외부와의 관계: 교통, 행정, 경찰, 우편, 보건소, 병원, 출입

2. 마을의 주민

　1. 가구와 인구수: 성, 연도, 직업, 경지면적, 자소작별, 인구이동(이출, 이입, 어디, 왜), 출생, 사망 등 동태 통계, 폐촌의 위기, 입촌 이유, 애향심, 귀촌

　2. 姓씨별, 출신지별(본적)

　3. 대표적인 집을 하나씩 선정해서 장남, 차남, 그 이하와 딸들이 각각 어디 살고 있는가?

　4. 고향 마을에 남아 있는 사람과 객지로 나간 사람들, 내왕, 상호협조, 소식, 모임 등

3. 가족

　1. 전통적 가족의 복합구성: 성원, 집, 토지, 가구와 기물(대대로), 가축, 가신, 가세(평판), 가계 계승, 양자, 가계비 지출자, 제사, 상속과 재산분배(동산, 부동산, 부계-모계)

　2. 가족의 역할 분화: 위세, 평등, 불화(원인), 갈등의 해결방법, 분가, 성별 연령별 분업, 작업의 분담, 장남과 차남의 차이, 노부모 부양 의무, 가족들 간의 불화

　3. 가족관계: 부부, 부자, 모자, 부녀, 모녀, 시부모-자부, 형제, 자매, 시누이-올케, 방계, 처가, 동서, 조부모-손자손녀, 숙질, 4촌 등등

　4. 수양아들, 의형제 등의 관행

4. 혼인

　1. 혼인 요건과 형태: 연령, 계절, 통혼권(특히 명문가 자녀), 궁합, 서출, 반상 관계, 중매(누가), 연애, 조건(남녀 배우자, 며느리, 사위), 혼사 결정자, 통혼권, 근친혼

　2. 혼례 절차: 중매(연애), 양가, 상견례, 약혼, 예물교환, 약혼기간, 혼례식 장소와 절차, 비용, 신랑 쪽과 신부 쪽의 준비, 잔치(피로연), 손님 초대, 음식, 복장, 축하 방식, 신혼여행, 신행, 채담(무엇), 신랑 달기

3. 첩살이: 사례가 있었는가? 언제? 몇 건? 간통사건

4. 이혼과 재혼: 사례, 어떤 경우, 남성(홀아비)과 여성(과부)의 경우

5. 친족

1. 씨족 구성: 지배적 성씨, 씨족 관념, 동족의식, 이장 선거 등에 작용하나? 단결과 분열, 족보, 조상숭배

2. 인척관계: 통혼권과 상관, 마을 안과 밖, 모계, 처계, 사돈 관계

6. 농업

1. 자급자족의 정도: 특히 교통이 불편했던 과거와 현재 어떻게 다른가? 화전 개간, 휴경

2. 경지·임야·수리(보, 물고, 못): 이용, 크기와 총, 호당 면적, 토질, 토지매매와 가격 (타지와 비교), 상속

3. 지주소작관행: 과거와 현재 어떻게 달라졌는가? 땅 빌리는 조건, 계약문서, 지대, 세금, 쟁의, 가축 위탁사육, 농지와 택지, 가축 농기구 임차관계

4. 주산물: 작물종류, 축산물, 환금작물, 기타 작물 면적별 통계, 계절별, 재배기간, 주식량

5. 경작방식: 농사력, 작물별 파종, 제초(농약), 시비(퇴비, 인비, 축산, 금비), 수확, 운반, 탈곡, 포장, 이용, 판매, 기타 처분, 저장

6. 농기구: 경작용, 제초용, 시비용, 수확, 운반, 저장, 기타 (사는 것과 자가 제작), 겨리

7. 노동: 노동력, 형태(가족노동, 두레, 품앗이, 고용 1년 머슴 연고, 달머슴, 날품 등 명칭) 대우 (옷, 음식, 술, 담배 등 종류와 수량)와 노임(지불 방식, 선·후, 현금·현물 등), 연·계절별 노동력 배분, 외부 노동력, 여성, 아동, 노인 노동, 외부로 나간 노동력(농, 타 직종)

8. 부업과 특산물: 산채, 약초, 양봉, 양잠, 축산(소, 돼지, 닭, 개 등), 수렵 등

9. 농번기와 농한기(5. 농사력과 관련하여)

10. 농가소득과 부채: 농업, 농외(무엇), 투입-산출, 부채(원인, 금액), 구매-판매(종류, 얼마, 어디서, 어떻게)

11. 농업정책: 중앙 및 지방의 토지제도, 농업기술(종자, 병충해, 비료, 농기구, 축산, 원예, 시설), 세금, 농산물 가격, 비료와 농약, 농산물 구매와 판매, 저장, 운송, 농가부채와 금융 지원

12. 농업단체: 각종 조합(원예, 축산, 수리, 산림), 농협 등

7. 농업 이외의 생업: 생산, 분배와 교환(시장), 소비 행위

1. 직업 종류: 각 직업 내용. 하는 일, 수입, 고용인, 노임, 계, 농협과 은행 거래, 신용 등

2. 스키장, 펜션, 사찰, 기타 특수 기관

3. 시장과 매매, 교환행위: 장날, 가는 목적, 장세 변화, 순회상인, 점포, 슈퍼, 상점, 빈도, 팔고 사는 품목, 값, 외상, 교통과 관련시켜 볼 것, 계절별, 대목장, 마을 안의 상점, 행상, 진부시장 지도와 배치, 조직

4. 시장의 경제 외적 기능: 오락, 통신, 약속과 만남, 기타 무엇

5. 소비(생활)수준과 소비유형

8. 의식주의 생활양식

의복

1. 옷: 기성복과 자가 제조, 옷감 생산, 구매, 제조, 평상복, 작업복, 외출복, 예복, 성별, 연령별, 계절별, 한복, 양복, 수량

2. 신발, 설피, 모자, 핸드백, 브로치, 귀고리, 반지, 주루막, 기타 액세서리, 침구

3. 이발(소), 미장(원) 목욕(탕), 세탁(소), 세탁기, 빨래터

4. 보건 위생 질병: 가까운 보건진료소, 병의원, 치과, 약국, 병날 때 어디로(각 질병에 따라), 전통 재래 치료법, 의료비, 보험

음식

1. 식품: 일상 주식과 부식(아침, 점심, 저녁), 계절별, 명절별, 연중 최대 성찬(언제, 무엇), 자연산 채취(산나물), 수렵, 어로, 가축(닭, 돼지, 토끼, 개, 소 등), 사는 식품(주 부식), 동물성 식품(육류, 생선), 기름, 우유, 커피, 술, 기타 음료수, 기타 별식(무엇, 언제)

2. 음식 나눠먹기: 언제, 무엇, 얼마나, 교환범위, 회식,

3. 식수: 상수도 시설, 자연수, 개울물, 우물, 파는 물, 이 고장 특유의 별식

4. 식품의 저장: 간장, 된장, 고추장, 기타 장유, 김치 종류, 구덕, 항아리, 조록, 냉장고, 딤채, 기타 저장방법

6. 조리: 부엌 구조, 연료, 조미료, 주방기구, 식기, 찬장, 혼상·제례음식

5. 식탁에 앉는 순서: 둥근 식탁, 작은 반상, 남녀, 노소, 가족관계별로 차별 있는가?

주거

1. 전통-개량 민가: 귀틀집(통나무집) 외관, 구조, 신축 비용, 수명, 집터(택지), 주초, 뜰, 벽, 지붕, 물매, 부엌, 아궁이, 굴뚝, 온돌, 천정, 창, 문, 건구, 칸막이와 방 수(안방, 바깥방 뒷방, 사랑방 등), 대청, 대문, 울타리, 마당(안·바깥), 풍수 지관, 건축가 대목, 설계, 비용, 용재, 지붕 갈기와 온돌(몇 년에 한 번씩)

2. 방 배치, 가족, 손님 별 이용

3. 부속건물: 측간, 축사, 저장고, 건조대, 장독대

4. 광열: 연료와 등화(관솔, 석유, 등잔, 남포, 카바이트, 전기)

9. 사회조직

1. 마을 구성의 원리: 씨족, 반상의 신분, 경제적 계층, 원주민과 이주민, 기타 농경지와 주택지의 배치, 골의 경계, 마을 주민의 연대감 또는 공동체 의식, 동년배 학교(동창, 마을 간의 관계), 서당, 이웃관계(상호부조, 혼상제, 울력), 마을 공동사업

2. 공식적 행정 조직: 이장, 반장, 영농회, 부녀회, 기타 조직, 공유재산

3. 자발적인 조직: 각종 계모임이나 오락모임, 농악

4. 사회통제와 중재 제재: 비행, 범죄, 영좌, 대방, 청수 등 전통적인 것과 현대의 법적 소송(어떤 것)

5. 경제 집단: 작목반, 기타 무엇

6. 종교와 신앙집단: 교회, 사찰, 서낭당 등

7. 마을 주민의 단결과 분열: 원주민과 이주민, 부자와 빈자, 종교 간의 갈등

8. 지도자와 지도력: 행정적 공식적 지도자, 일반주민의 민간 지도자, 기타 어떤 종류? 지도자 특성, 선출방법, 각종 선거(지방자치, 중앙 정치), 씨족이나 친인척 관계 작용 여부, 그들의 지위와 역할, 보수

9. 회의: 종류, 목적, 장소, 시기, 빈도, 안건, 회식, 비용, 참가범위, 참여도(남성과 여성)

10. 의례와 신앙

개인 의례와 신앙 및 어린이 훈련

1. 임신(수태) 신앙과 의례: 삼신 신앙과 의례, 산모의 금기(음식, 성행위, 노동 등), 주의, 태아교육

2. 출산 신앙과 의례: 분만 (가정, 병원, 산파), 처치, 음식, 기원, 의례, 3, 37, 백일, 돌

3. 이름 짓기: 언제, 누가, 어떻게, 항렬 따라? 관혼상제(공동묘지, 화장, 납골) 등 통과의례

4. 수유관행: 모유, 우유, 이유(어떤 방식, 얼마동안), 아이 성격 형성에 관계 있다고 보는가?

5. 아이보기: 누가? 대소변 가리기는 어떻게 시키는가?

6. 잘못을 저질렀을 때 야단을 치거나 벌을 주는 관행은 누가, 어느 정도 심하게?

7. 남녀의 차별: 어떤 면에서, 왜

8. 가정교육: 학교가 있었을 때와 없었을 때 어떻게 달라졌는가?

가족 의례와 신앙

1. 의례와 신앙의 종류: 설, 대보름, 삼질, 한식, 단오, 유두, 칠석, 추석, 시향, 동지

2. 종교가정과 무종교가정의 의례와 신앙

3. 가신신앙과 의례: 성소와 신앙 및 의례(신주, 터주, 조왕, 재수굿 등)

마을 의례와 신앙

1. 성소와 신앙 및 의례 행사: 서낭당, 산신, 절, 교회, 신흥종교 교당(역사·신도·행사)

2. 천재지변과 관련된 의례와 신앙: 기우제, 수해, 한해, 풍해, 설해와 관련된 전설 신앙 의례, 풍수지리

3. 무속신앙과 의례: 무당과 복술, 점, 굿(종류, 목적, 형태, 독경)

11. 교육·문화·생활권

교육

1. 가정교육과 야학: 남녀별 유아기, 아동기, 청년기(종류, 방법, 효과, 이용), 문(文)자 이해도, 학령 아동수와 미취학자 수

2. 서당교육: 훈장(어떤 분), 학생(수), 비용, 장소, 연한, 내용

3. 학교교육: 초등(어디, 학생 교원 학급 수) 설립 개교와 폐교, 시설, 출결석, 졸업 후 진학, 중고교, 대학, 취업, 주민의 교육관념, 교육열

문화

1. 대중매체: 신문, 잡지, 라디오, 텔레비전, 기타 외부 소식 전달과 연극, 영화, 음악 미술, 문학 활동, 각종 연수, 강연, 도서관 이용 등 사회교육 기회와 접근 및 참여

2. 통신수단: 우편, 전화, 휴대전화, 전자우편, 신문, 라디오, 텔레비전 이용(언제부터 어떻게)

3. 놀이와 취미: 놀이의 종류(아동, 청장년, 노년, 남녀별), 연중행사, 마을, 면, 군, 장터 등의 집회, 흥행, 민속경연대회(농악, 민요, 전설의 재현 등), 평창문화원 사업에 대한 참여도

생활권

1. 마을 사람들의 생활권 (통혼권, 시장권, 외부 출입범위, 가족 친족 친지 왕래 포함)

2. 마을 주변 도시(진부, 강릉, 평창, 정선, 홍천, 횡성, 등) 및 원주, 춘천, 서울, 부산 등 대도시 왕래, 목적, 빈도

3. 용평스키장 리조트의 영향: 개발 초기부터 현재까지 ,어떤 면에서, 긍정적, 부정적

4. 고향과 객지에 사는 사람들의 생활사와 고향에 대한 생각 및 왕래, 동향인 친목회 등

지도·그림·표·사진 목록

사진

표제 사진. 송천 용산교 삼거리에 세워진 수하리(도암댐)와 용산리(용평·알펜시아 리조트) 도로 표지판. 2009. 3. 26

〈1-1〉 1960년 현지조사 노트 세 권.

〈1-2〉 조사표 질문 응답 자료의 부호화 지침 맥비 카드.

〈1-3〉 질문 응답 자료의 부호에 따라 펀칭을 끝낸 응답자 15번 카드.

〈1-4〉 질문 응답 자료의 부호에 따라 펀칭을 끝낸 응답자 68번 카드.

〈1-5〉 응답자 68번 용산2리 간동 김수진 씨의 「산간촌락 조사표」.

〈1-6〉 대학 졸업논문. 1961. 7.

〈1-7〉 봉산리 봉두곤 응답자 15번 최기영 씨의 「산간촌락 조사표」 가족관계자료.

〈1-8〉 봉산리에서 가장 오래 된 최필용 씨 주택 평면도와 스케치. 1960. 8. 2

〈1-9〉 현지 출발 직전에 작성한 산간촌락 조사일기. 1960. 7. 18

〈1-10〉 용산2리 전임 이장들과 함께 50년 전과 현재의 주민 대조 확인. 2009. 3. 25

〈1-11〉 부녀회원들과 함께 50년 전의 사진첩 인물 확인. 2009. 3. 25

〈1-12〉 박근선 씨 댁에서 돌암 서낭제 문서를 확인 중인 저자. 2009. 3. 31

〈2-1〉 자가소비용 생계작물 옥수수 감자밭. 1960. 8.

〈2-2〉 시장 판매용 상업작물 양상추 농장. 2009. 8. 22

〈2-3〉 지르메 산록 화새벌 개울가의 황태덕장. 2009. 3. 26

〈2-4〉 황태덕장. 2009. 3. 26

〈2-5〉 봉산리 지칠지에 있는 참판공 완산이공의 묘비. 2009. 6. 3

〈2-6〉 봉산리 발왕골 서낭목과 서낭당. 1960. 7.

〈2-7〉 봉산리 발왕골 서낭목과 서낭당의 현재 모습. 2009. 6. 3

〈3-1〉 봉산리 최기영 씨(48세) 가족. 1960. 7.

〈3-2〉 용산2리 김수진 씨(37세) 가족. 1960. 8.

〈4-1〉 봉산리 농민이 이사할 때 버려진 가옥과 토지. 1960. 7.

〈4-2〉 용산2리 농민이 이사할 때 버려진 가옥과 토지. 2009. 3. 3

〈4-3〉 소 두 마리가 큰 극쟁이를 끄는 겨리질. 1960. 8.

〈4-4〉 감자밭에서 소 한 마리가 중간 크기의 극쟁이를 끄는 호리질. 2010. 9. 30

〈4-5〉 지게 지고 산으로 가는 남정네들. 1960. 7.

〈4-6〉 물건을 실어 나르는 커다란 썰매 모양의 소발구. 1960. 7.

〈4-7〉 싸릿개비를 엮어서 만든 독모양의 저장용기 조록(채독). 1960. 7.

〈4-8〉 집 뒤란 돌담 밑의 토종 꿀벌통. 1960. 7.

〈5-1〉 봉산리 이덕수 씨(22세) 가족의 옷차림. 1960. 7.

〈5-2〉 봉산리 처녀들의 옷차림. 1960. 7.

〈5-3〉 용산2리 처녀들의 옷차림. 1960. 8.

〈5-4〉 깨끗이 씻은 삼 껍질 섬유를 햇볕에 바래기 위한 걸대. 1960. 8.

〈5-5〉 베틀에 앉아 베 짜는 처녀. 1960. 8.

〈5-6〉 새로 지은 단순한 통나무 귀틀집. 1960. 7.

〈5-7〉 버려진 통나무집의 벽과 출입문. 2009. 3. 2

〈5-8〉 봉산리의 전형적인 통나무집. 1960. 7.

〈5-9〉 봉산리에서 홀로 사는 전춘자 할머니의 움막. 1960. 7.

〈5-10〉 부엌 천장에 매달린 낡은 전등과 벽면에 움푹 파인 고콜. 2009. 3. 2

〈5-11〉 원두막 모양의 여름철 청년집회소 가건물 덕. 1960. 7.

〈6-1〉 용산2리 이장 댁 앞에서 마을 유지들과 찍은 기념사진. 1960. 8.

〈6-2〉 용산2리 마을회관 앞에서 마을 사람들과 찍은 기념사진. 2009. 3. 25

〈6-3〉 갯풀(퇴비) 품앗이로 베어 온 풀을 작두로 썰어 재는 장면. 1960. 7.

〈6-4〉 용산2리 농악대의 연주 장면. 1960. 8.

〈6-5〉 용산2리 농악대원들의 기념사진. 1960. 8.

〈7-1〉 봉산리 발왕골 서낭당. 1960. 7.

〈7-2〉 용산2리 곧은골 서낭당. 2009. 3. 26

〈8-1〉 봉산리 봉두곤 글방 훈장과 학동들. 1960. 7.

〈8-2〉 용산1리의 용산초등학교 운동장에서 풀 뽑는 학생들. 1960. 7. 21

〈9-1〉 50년 전 용산2리 이장 김수진 씨(37세)의 장남 김원식 군(16세). 1960. 8.

〈9-2〉 현재 강릉시 난곡동에 살고 있는 백발의 한시 작가 김원식 씨(66세). 2009. 4. 19

〈9-3〉 50년 전 용산2리 이장 김수진 씨의 장녀 김화자 양(15세). 1960. 8.

〈9-4〉 현재 강릉에 살고 있는 노년의 가정주부 김화자 씨(65세). 2009. 8. 22

〈9-5〉 잡초만 무성한 50년 전 옛집의 빈터를 가리키는 김원식 씨. 2009. 4. 19

〈9-6〉 50년 전의 소년이 성장하여 일가를 이루며 살아온 김원식 씨의 강릉 난곡동 집. 2009. 4. 20

〈9-7〉 용평스키장 리조트 정창주 사장과의 면담. 2009. 6. 2

〈9-8〉 부산 감천동 태극도 본부 도무원장(우), 총무부장(중), 전도부장(좌)과의 면담. 2009. 6. 24

〈9-9〉 발왕산 등산안내도에 표시된 진부면 봉산리와 도암(대관령)면 용산리. 2009. 3. 2

〈9-10〉 지금은 왕래가 끊긴 용산리-봉산리 간의 발왕재 오솔길. 2009. 8. 22

〈9-11〉 봉산리 봉산천의 외나무 다리와 농가. 1960. 7.

〈9-12〉 봉산리 봉산천의 철골 콘크리트 다리와 농가. 2009. 3. 2

〈9-13〉 2006년 국지성 집중호우로 발생한 산사태 흔적과 토사더미. 2009. 6. 2

〈9-14〉 청색 함석으로 지붕을 개량한 봉산리의 옛날 통나무집. 2009. 3. 2

〈9-15〉 봉산리 발왕골 50년 전 이장 댁의 폐가. 2009. 3. 2

〈9-16〉 봉산리 발왕골의 '사랑이네 집'이라고 이름붙인 최신 저택. 2009. 3. 2

〈9-17〉 봉산리 거문골 개울가에 지은 서울 사람의 별장. 2009. 3. 2

〈9-18〉 봉산리 지칠지에 1980년대 말 창건된 대광사. 2009. 3. 2

〈9-19〉 대관령면 횡계리 중심가. 2009. 3. 26

〈9-20〉 용산2리와 인접한 수하리 도암댐으로 생긴 도암호. 2009. 3. 26

〈9-21〉 용평스키장 슬로프와 리프트 및 숙박시설. 2010. 2. 28

〈9-22〉 완공 후 첫 개장을 한 알펜시아 스키장. 2010. 2. 28

〈9-23〉 알펜시아 스키장의 스키 점프대. 2011. 2. 20

〈9-24〉 용산2리 이연종 할머니 댁 춘설 경관. 2009. 3. 26

〈9-25〉 50년 전에 사용했던 용산2리의 물레방앗간. 2009.

〈9-26〉 봉산리에서 군입대 환송회 이후 반세기 만에 다시 만난 송재복·최기수 씨. 2009. 8. 21

〈9-27〉 도성초등학교 원복분교장 뒤뜰 숲 속에 세워진 이승복 군 동상. 2009. 6. 2

〈9-28〉 수하리 가는 길가에 세워진 무장공비 신고 안내판. 2009. 3. 26

〈10-1〉 대관령목장, 풍력발전기, 멀리 용평·알펜시아 스키장을 배경으로 한 선자령 산행 기념사진.
2010. 12. 18

참고문헌

고황경·이만갑·이효재·이해영, 『한국 농촌가족의 연구』, 서울: 서울대학교출판부, 1963.

국립민속박물관, 『강원도 시장민속』, 서울: 국립민속박물관, 1995.

김두헌, 『한국가족제도연구』, 서울: 서울대학교출판부, 1949.

김삼수, 「계의 제학설의 의미와 그 단체개념에 관한 사적 연구」, 『아세아여성연구』(숙명여자대학교 아세아여성연구소) I-1:141-306, 1962.

김용범, 『용평 Dragon Valley 1973-2003』, 평창 용산리: 용평리조트, 2005.

김원식, 『용산인 농헌시집(龍山人 農軒詩集)』, 미간, 1995-2010.

김택규, 『동족부락의 생활구조 연구』, 대구: 청구대학출판부, 1964.

손윤정·황현주, 「용산2리 마을 주민 인터뷰 내용」, 미간, 2007.

신중성·윤진숙, 「평창 산촌 가옥의 변모」, 『응용지리』(성신여자대학교 한국지리연구소) 7:252-261, 1984.

엄기종, 「평창 얘기 속으로: 대관령 황태 취재기」, 『노성(魯城)의 맥(脈)』(평창문화원) 20:249-253, 2005.

이강오, 「한국의 신흥종교 자료편 제1부」, 『전북대학교논문집』 7:113-161, 1966.

이덕성, 「한국 정기시장에 대한 인류학적 연구」, 『인류학논집』(서울대학교 인류학연구회) 2:69-97, 1976.

이해영·한상복, 「백령도의 사회학 및 인류학적 조사보고」, 『문리대학보』(서울대학교 출판부) 19:399-414, 1973.

이효재, 「서울시 가족의 사회학적 고찰」, 『이화여자대학교 한국문화연구원 논총』, 1: 1-27, 1959.

_____, 『가족과 사회』, 서울: 민조사, 1972.

장주근, 「한국의 신당 형태고」, 『민족문화연구』(고려대학교 민족문화연구소) 1:171-208, 1964.

전용선, 『평창의 오일장』, 평창: 평창문화원, 2001.

정명채, 오내원, 최경환, 박대식, 이상문, (한국 농촌 사회경제의 장기 변화와 발전

1985–2001) 특수연구보고 제16권 『제10년차 조사결과 종합보고』, 서울: 한국농촌경제연구원, 1995.

정명채, 오내원, 최경환, 박대식, 이상문, 제17권 『근교마을의 사회경제 변화: 대전시 기성동 중촌마을 사례』, 1996a.

_____, 제18권 『평야마을의 사회경제 변화: 논산군 채운면 야화2리 사례』, 1996b.

_____, 제19권 『중간마을의 사회경제 변화: 부여군 초촌면 송국2리 사례』, 1996c.

_____, 제20권 『산간마을의 사회경제 변화: 금산군 남이면 댜양2리 사례』, 1996d.

조선고서간행회, 『신증 동국여지승람』, 서울: 조선고서간행회, 1911.

주강현, 「대관령의 황태」, 『노성의 맥』(평창문화원) 20:240–245, 2005.

최헌길, 『아빠의 편지』(1–24회, 〈글나라〉 인터넷 사이트) 미간, 2001–2005.

평창군 도암면, 「도암면 면세일람」(등사판), 1959, 1960.

평창군지편찬위원회, 『평창군지』(상권·하권), 강릉: 평창군지편찬위원회, 2003.

평창군통계연보(인터넷 판), 1977–2005.

평창군 홈페이지 문화관광 포털사이트, 〈두메산골 여행〉.

평창문화원, 「도암면지」, 평창: 평창문화원, 1993a.

_____, 「진부면지」, 평창: 평창문화원, 1993b.

_____, 「방림면 삼베 삼굿놀이 최종 정리」, 『노성의 맥』, 22:79–85, 2007.

한상복, 「한국 산촌주민의 문화와 사회적 성격」(서울대 사회학과 졸업논문) 미간, 1961.

_____, 「한국 산간촌락의 연구: 강원도 태백산맥 중의 2개 산촌에 관한 구조적 분석」, 『사회학논총』(사회학연구회) 1:133–169, 1964a.

_____, 「한국 산촌주민의 의식주」, 『사회학보』(서울대 사회학과) 7:17–36, 1964b.

_____, 「한국 산촌주민의 의식(儀式)과 신앙」, 『한국사회학』(한국사회학회) 2:84–100, 1966.

_____, 「발왕산 계곡의 봉산 사람들」, 『산악회보』(서울대학교 문리과대학산악회) 16:12–13, 1974.

_____, 「강원도의 산업기술: 농경」, 『한국민속종합조사보고서(강원도 편)』 서울: 문화공부부 문화재관리국, 268–320, 1977.

현미선, 이재욱, 「봉산리 마을 주민 인터뷰 내용」, 미간, 2007.

大塚久雄, 『共同體の基礎理論』, 東京:岩波書店, 1955.

文定昌, 『朝鮮の市場』, 東京:日本評論社, 1941.

鈴木榮太郎, 「朝鮮農村社會瞥見記」, 『民族學研究』(民族學協會) 新I–1:47–73, 1943.

Brandt, Vincent S. R., *A Structural Study of Solidarity in Uihang NI. Unpublished doctoral dissertation*, Harvard University, 1969.

Han, Sang-Bok, *Korean Fishermen: Ecological Adaptation in Three Communities*. Seoul: Seoul National University Press, 1977.

찾아보기